LES

GRANDES JOURNÉES

DE LA CHRÉTIENTÉ

SAINT GEORGES, TYPE DU GUERRIER CHRÉTIEN

Tableau de Francesco Penni, dit le Fattore, conservé au musée de Dresde. xvᵉ siècle.

LES
GRANDES JOURNÉES
DE LA CHRÉTIENTÉ

PAR

F. HERVÉ-BAZIN

PROFESSEUR A L'UNIVERSITÉ CATHOLIQUE D'ANGERS

DEUXIÈME ÉDITION

PARIS

GAUME ET Cⁱᵉ, LIBRAIRES-EDITEURS

3, RUE DE L'ABBAYE, 3

1890

Droits de reproduction et de traduction réservés.

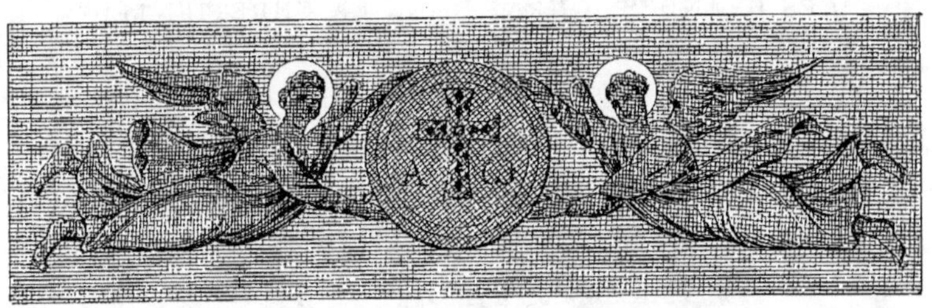

« Je suis l'alpha et l'oméga, le principe et la fin. »
D'après une mosaïque de l'église Saint-Vital, de Ravenne. Sixième siècle.

INTRODUCTION

I

Le cerf, image du fidèle venant se désaltérer
aux eaux baptismales.
Tiré des *OEuvres du B. François de Sales*,
Paris, Sébastien Huré, 1652.

CE livre a pour but de démontrer que dix fois au moins, dans les journées du pont Milvius, de Tolbiac, de Poitiers, de Pavie, de Jérusalem, de Las Navas, de Grenade, de Lépante, de Vienne et de Peterwardein, la chrétienté a sauvé le monde de la barbarie païenne, sarrasine, lombarde ou turque.

C'est pourquoi je le dédie avec reconnaissance à la Papauté, âme, base et centre de la chrétienté, et spécialement à S. S. Léon XIII, successeur de Pierre, actuellement et glorieusement régnant.

Et je le remets en toute humilité aux chrétiens d'aujourd'hui, successeurs des croisés d'autrefois, Français, Espagnols, Italiens, Allemands, Anglais, Hongrois, Polonais, etc., qui y retrouveront le récit des exploits de leurs pères, et verront comment, à la voix des papes, leurs ancêtres partaient et combattaient pour défendre la civilisation occidentale.

Puisse le souvenir de ces *grandes journées* convaincre nos contemporains que le christianisme a le dépôt de la grandeur matérielle et morale de l'Europe, que la papauté n'a jamais manqué à sa haute mission de tutrice et de gardienne de la paix et de l'honneur des nations, et qu'enfin il est temps, ne serait-ce que pour éloigner les guerres qui se multiplient depuis un siècle et pour arrêter par un commun effort la marche envahissante des barbares de l'intérieur, de reconstituer la chrétienté !

Puissent aussi ces quelques pages rappeler à tous ceux qui ont le cœur élevé et les aspirations généreuses que le service de l'Église catholique leur donnera de nos jours, comme autrefois, le travail le plus noble, les joies les plus vives et les satisfactions de conscience les plus intimes et les plus délicates !

Dieu veuille enfin pardonner à l'auteur de ce volume les imperfections du style et la faiblesse de la pensée, afin que le bien se fasse et que la lumière se répande en dehors de l'écrivain et pour ainsi dire malgré lui, par le seul effet des enseignements et des leçons qui jailliront de ces récits !

II

Avant d'étudier chacune des grandes journées et d'entrer dans les détails qui en font le charme, il est bon d'examiner les traits généraux de la chrétienté et d'embrasser d'un coup d'œil les siècles qui nous séparent aujourd'hui de la naissance du christianisme.

Et d'abord, qu'entendons-nous par la chrétienté ?

HERVÉ-BAZIN

PROFESSEUR D'ÉCONOMIE POLITIQUE A L'UNIVERSITÉ CATHOLIQUE D'ANGERS

Sa vie s'est dépensée et prématurément usée dans la formation chrétienne de la jeunesse à laquelle il était passionnément dévoué, et dans la direction d'œuvres sociales, dans l'apostolat par la parole, par la plume, par l'exemple. Sa mort précoce a provoqué des témoignages universels de regrets.

La chrétienté est la famille des peuples chrétiens réunie autour de son chef et de son père : le Souverain Pontife.

Ce qui caractérisait autrefois et ce qui devrait encore caractériser la chrétienté, c'est une même foi, un même guide et des intérêts communs.

Unité de foi, unité de direction, unité d'intérêts généraux, telles étaient les bases de cette corporation magnifique qui de la Baltique à la Méditerranée, du Danube à l'Océan, faisait battre à l'unisson les cœurs de dix ou quinze peuples différents.

Quand cette nouvelle courait de clocher en clocher, avec une rapidité étonnante pour les moyens de communication dont on disposait alors : *Les Arabes ont passé les Pyrénées !* ou bien : *Les vaisseaux turcs sont en vue de l'Italie !* ou bien encore : *Les Turcs sont à Vienne !* un même frémissement, une même ardeur agitaient tous les villages, soit en Italie, soit en France, soit en Allemagne, soit en Espagne, soit en Angleterre, et partout, dans les cours et dans les chaumières, on attendait le signal du Pape.

Et quand ce signal était donné, les rois suspendaient leurs querelles, et des soldats volontaires se présentaient partout pour aller, n'importe où, combattre les barbares et sauver l'Europe chrétienne.

A ces masses dévouées, mais sans cohésion, il fallait un chef. On l'attendait encore de Rome, et bientôt, en effet, le choix du Saint-Père se portait sur quelque général connu par ses talents et ses vertus, tantôt un don Juan d'Autriche, tantôt un Jean Sobieski, héros trois fois heureux, auxquels Dieu ménageait la plus belle et la plus pure de toutes les gloires !

Et sitôt ce nom connu, on ne murmurait jamais ; nulle part on n'objectait qu'il fût étranger, car il n'y avait pas alors d'étrangers, au sens actuel et cruel de ce mot, entre peuples qui parta-

géaient la même foi : il n'y avait que des frères, divisés parfois
sur leurs intérêts particuliers, mais toujours prêts à s'embrasser
et à s'unir pour le service du Christ, et l'on acceptait avec confiance le chef désigné par le Pape, on s'armait, on partait, et
après une glorieuse campagne on revenait chargé, devant Dieu,
de mérites, devant les hommes, de lauriers.

Telle fut la chrétienté ! Telle elle serait si les hommes
avaient encore la foi, et telle elle reparaîtra bientôt, si Dieu le
veut. Les siècles passaient, les dynasties se succédaient et les
sociétés se transformaient ; mais toujours la famille chrétienne
restait unie, et sitôt que le danger paraissait, elle se levait tout
entière à l'appel qui lui était adressé par le Père commun.

Sans cette organisation, sans la chrétienté, sans le dévouement et le zèle des papes, nous serions mahométans. Nous subi-
rions le sort qu'ont subi l'empire d'Orient, la Perse, l'Égypte,
les États barbaresques, si riches, si fertiles, au temps de saint
Basile ou de saint Augustin, si pauvres, si misérables aujour-
d'hui ! La civilisation chrétienne eût été étouffée dès son berceau. Deux fois au moins, sans qu'aucun historien puisse démentir le fait, à Lépante et à Vienne, sans le Pape, il y aurait eu à
peine résistance, et si les hordes turques n'avaient pas conquis
définitivement l'Europe, elles l'eussent au moins ravagée et
ruinée de fond en comble.

Aussi n'est-ce jamais sans un profond sentiment de tristesse
que nous entendons attaquer, critiquer ou dénigrer la chrétienté et la papauté. Quelle ingratitude et quelle erreur historique ! Les écrivains rationalistes n'ont donc jamais lu l'histoire
de l'Église, ou, s'ils l'ont lue négligemment, ils croient donc que
c'est de leur propre mouvement et pour servir des intérêts purement humains que les Charlemagne, les Godefroi de Bouillon, les Alphonse, les Ferdinand, les don Juan, les Sobieski,

tiraient l'épée ! Ils n'ont donc pas vu l'action constante des papes ! On ne leur a jamais dit au prix de quels efforts les souverains pontifes parvenaient à triompher des indécisions, des rivalités et de l'égoïsme des rois ! Ils ne comprennent donc pas que si, jadis, leurs propres aïeux n'avaient pas pris les armes, à la voix des papes, pour repousser les Sarrasins et les Turcs, ils ne seraient pas là aujourd'hui pour injurier l'Église, ils n'écriraient pas, ils ne recueilleraient pas les applaudissements de ceux qui sont, comme eux, aveugles et ingrats !

Mais nous avons tort de nous indigner. Après tout, ce n'est pas pour recevoir les hommages des hommes que l'Église sauve les peuples. Elle passe, au milieu des égarés comme au milieu des fidèles, tranquille et toujours calme, faisant le bien, l'œil ouvert sur les écueils, signalant aujourd'hui à l'attention des souverains le danger intérieur du socialisme et du nihilisme, comme autrefois, à l'extérieur, elle signalait celui du croissant, et, vigie incomparable, elle veille au salut du monde, sans souci des clameurs de ceux qu'elle abrite sur son navire et qu'elle a tant de fois sauvés dans les jours d'orage.

III

La Chrétienté ne s'est pas formée tout d'un coup. Elle est née des gouttes de sang qui s'échappèrent du Cœur du Christ et fécondèrent le monde ; elle apparut pour la première fois au pont Milvius, en 312, et elle se développa ensuite, peu à peu, dans les siècles qui accompagnèrent et suivirent les invasions.

Trois siècles après la mort de Notre-Seigneur, l'Église était encore dans les catacombes. Il y avait, dans l'empire, beaucoup de chrétiens, mais point encore de culte public pour le vrai Dieu. Le Christ, sauveur du monde, n'était adoré qu'en secret et les faux dieux recevaient partout, de Rome à Alexandrie, de Nicomédie à Carthage, les sacrifices et les hommages officiels. Le paganisme, auquel personne ne croyait plus, régnait encore dans la législation, dans les mœurs publiques, dans les palais et sur les forums. Vieil arbre desséché, ne poussant plus ni fleurs ni feuilles, il se tenait encore debout, attendant la cognée. Les chrétiens, ignorant les desseins de Dieu sur son Église, pensaient qu'il en serait toujours ainsi. Ils avaient, pendant trois cents ans de persécutions, donné leur sang et leur liberté pour la foi : ils s'apprêtaient à les donner encore. La dixième et dernière persécution, celle de Dioclétien, les avait cependant épuisés : de toutes parts, au commencement du quatrième siècle, le sang coulait, les familles pleuraient leurs morts, les agents impériaux redoublaient de zèle et de fureur. C'était la lutte suprême des ténèbres contre la lumière, de la barbarie païenne contre la civilisation chrétienne.

Tout à coup, l'horizon s'éclaircit, les nues se déchirent, un nouveau jour se fait. O prodige! un prince ami des chrétiens s'élance des rives du Rhin, franchit les Alpes, traverse en vainqueur la haute Italie et vient camper devant Rome, auprès du pont Milvius. Avec quelle anxiété les disciples du Christ et leur père, le saint pontife Melchiade, devaient suivre la marche du jeune héros, fils de Constance Chlore! S'il avait été vaincu par Maxence, le 28 octobre 312, dans cette première *grande journée,* non seulement ses légions gauloises et espagnoles eussent été massacrées, mais les chrétiens d'Italie et d'Afrique, coupables d'avoir prié pour son succès, eussent subi une onzième persécution, plus terrible encore que les précédentes!

Mais Dieu était avec Constantin. Le Christ avait jugé que ses disciples avaient donné un suffisant témoignage de sa divinité et que la fleur de pourpre formée par le sang des martyrs était assez belle pour être cueillie. Il intervint miraculeusement, et donna à Constantin et à ses légions le merveilleux drapeau qui devait leur assurer la victoire. La bataille fut livrée et gagnée, Maxence périt, et l'Église, jeune et radieuse, sortit des souterrains !

Quelle pacifique revanche du christianisme victorieux ! L'empereur chrétien laisse, par l'édit de Milan, les derniers païens à leurs dernières idoles ; mais il s'empresse d'adoucir la législation des esclaves, de rendre à l'homme sa liberté perdue, à la femme sa dignité, à la vierge son honneur et sa sécurité. Partout la paix se fait, les barbares étonnés reculent derrière le Danube et le Rhin, les basiliques constantiniennes s'élèvent en quelques années dans toutes les villes, un grand siècle s'ouvre pour l'humanité, et les poètes peuvent chanter avec ce Gaulois inconnu qui célébrait le triomphe de l'Église : « Salut, jour fortuné ! Le Crucifié d'hier règne partout aujourd'hui ! »

Mais le beau siècle de Constantin et de Théodose, du concile de Nicée, de saint Basile, de saint Ambroise, de saint Augustin, de saint Jérôme et de saint Martin, s'écoule vite. Dieu n'avait voulu que donner un répit à son Église, et encore ce répit fut-il singulièrement troublé par les fureurs de l'arianisme ; mais il avait d'autres desseins sur le monde. L'empire romain allait périr. Il avait rempli, à son insu, sa grande mission en facilitant, par son unité, l'extension du christianisme ; il allait maintenant disparaître pour faire place à d'autres nations qui n'avaient pas encore vu la lumière. Dans les décrets de la divine et bienfaisante Providence, il ne devait plus y avoir d'empire unique ni de maître unique du monde, mais une famille de peuples divers retranchés derrière les frontières que Dieu avait marquées d'avance, le Rhin, les Pyrénées, les Alpes, le Danube, l'Océan. Il est doux, à la lumière de la foi, d'entrevoir et d'admirer les secrets desseins de Dieu appelant les barbares et formant les sociétés européennes : dans le nouvel ordre de choses, l'homme devait avoir plus de liberté que dans l'ancien; la foi s'y maintiendrait ou s'y défendrait plus aisément, en franchissant au besoin une frontière pour trouver au delà la paix et la sécurité et, enfin, il devait y avoir moins de dangers pour l'Église et plus d'émulation pour le bien entre tous ces peuples rivaux.

Les invasions des barbares ne doivent donc pas nous étonner ni nous affliger. Elles ont été le premier germe de l'Europe. Sans elles, le monde n'eût connu que le despotisme impérial, et la liberté chrétienne ne se serait jamais développée.

Mais quelle lourde tâche pour l'Église! A peine sortie des catacombes, il lui fallait convertir les barbares! Elle avait mis trois siècles à vaincre le paganisme : combien lui en faudrait-il pour abattre la férocité des conquérants, et transformer en chrétiens les Wisigoths, les Vandales, les Francs, les Huns, les Hérules, les Alains?

L'entreprise paraissait impossible : l'Église s'y employa pourtant avec résolution. Ses évêques, partout, firent tête à l'orage et protégèrent leurs peuples; partout ses saints recommencèrent auprès des barbares l'œuvre des apôtres; partout, au milieu des incendies, des pillages, des meurtres, la croix étincela comme un gage de consolation et un signe d'espérance. Cette horrible et universelle nuit dura deux siècles; à la fin, en 476, l'empire romain s'écroula. A la nouvelle de sa chute, il y eut un frémissement général chez tous les chrétiens : qui donc, désormais, donnerait la paix au monde et mettrait fin à la sanglante anarchie des invasions?

C'était l'heure attendue par Dieu pour glorifier une seconde fois son Église aux yeux des nations.

Parmi tous ces peuples qui s'étaient partagé l'univers romain, Dieu fit un choix. Écartant les Vandales, les Wisigoths, les Huns, les Hérules, et d'autres, trop cruels ou voués à l'hérésie arienne, il jeta les yeux sur les Francs établis au nord de la Gaule, et décida que cette nation serait la première arrachée à la barbarie et donnée à l'Église. Un miracle fut, comme au pont Milvius, le signe de sa miséricorde.

Le jeune chef des Francs partait en campagne contre les Alamanni, en 496. Clotilde, sa pieuse femme, était restée au foyer et priait avec saint Remi, évêque de Reims, pour la conversion de son époux. Clovis rencontre l'ennemi : la bataille s'engage ; elle semble perdue ; le roi, désespéré, invoque le Dieu de Clotilde, et tout à coup la victoire se déclare pour lui. Reconnaissant d'un tel bienfait, Clovis revient à Reims et ne prend que le temps de s'instruire avant de recevoir le baptème, lui et trois mille de ses guerriers !

Avec quelle joie la papauté salua l'entrée des Francs dans le giron de l'Église, on le verra dans ces récits ! La barbarie était enfin vaincue : un peuple catholique était né, et dans la nuit de Noël 496 un lien d'amour s'était formé entre le Christ et le royaume très chrétien. « Courage, bien-aimé fils, écrivait à Clovis le pape saint Anastase ; votre avènement à la foi chrétienne nous apporte une joie immense. Que Dieu daigne étendre le secours de son bras sur vous et votre royaume ! Qu'il ordonne à ses anges de vous garder et vous accorder la victoire sur vos ennemis ! »

S. MARTIN PARTAGEANT SON MANTEAU AVEC UN PAUVRE

Tableau de Rubens, conservé dans la collection royale d'Angleterre.

Un jour (au milieu d'un très rude hiver), Martin, n'ayant sur lui que ses armes et son simple habit de chasse, rencontre aux portes d'Amiens un pauvre tout nu, qui implore la pitié des passants. Le saint, d'un coup d'épée, partage en deux sa chlamyde, en jette une moitié sur les épaules du mendiant et se revêt de l'autre moitié. — Le manteau, ou la chape de saint Martin, fut la première bannière de France; c'est celle qui se dressait derrière nos rois dans les champs de bataille où la monarchie commença par leurs mains la conquête de la patrie française.

L'Église pouvait bien se réjouir de la conversion des barbares ; elle avait héroïquement travaillé pour arriver à ce résultat. Ses papes, ses évêques, ses docteurs, ses saints et ses martyrs, les Damase, les Anastase, les Innocent, les Léon le Grand, les Épiphane, les Cyrille, les Grégoire de Nysse, les Hilaire, les Sidoine Apollinaire, les Remi, les Avit, les Césaire d'Arles et les Symmaque avaient réuni tous leurs efforts pour pénétrer jusqu'au cœur des conquérants et assouplir leur féroce nature. Après Tolbiac, tous les peuples tour à tour reçurent le baptême, et ceux qui étaient ariens renoncèrent à leurs erreurs pour redevenir catholiques. Dès la moitié du sixième siècle l'Église avait autour d'elle, en Occident, toute une couronne de nations chrétiennes, tandis qu'en Orient l'empereur Justinien maintenait encore l'unité catholique et reconquérait un instant les provinces d'Afrique.

Les mauvais jours étaient donc passés : nouveau répit, pendant lequel la chrétienté se développe, s'unifie, tandis que l'Église travaille à améliorer de plus en plus les mœurs et le cœur de ses nouveaux enfants.

Que ceux qui sont tentés de diminuer l'œuvre de l'Église à travers les siècles s'arrêtent un instant et voient combien cette œuvre de christianisation des nations barbares était pénible et difficile ! Intervenir à tout instant dans les Gaules entre les fils de Clovis, ceux de Clotaire et les deux reines ennemies Frédégonde et Brunehaut, qui déchiraient la patrie et donnaient l'exemple de tous les crimes ; établir et faire respecter le droit d'asile dans les églises et les chapelles comme un débris ou plutôt comme un germe de la liberté personnelle et du respect des faibles ; envoyer partout des missionnaires de la foi au milieu de peuples qui ne connaissaient d'autre loi ni d'autre morale que celles de la force ; appuyer la mission du moine saint Augustin en Angleterre, et celle de saint Colomban dans les montagnes de la Suisse ; en Espagne, prêter assistance à la monarchie wisigothe contre les révoltes de ses sujets ; en Afrique, disputer aux Vandales la vie des derniers chrétiens ; en Italie, lutter sans trêve contre les prétentions ou les exigences despotiques des Lombards ou des exarques de Ravenne ; en Orient, mettre fin à des hérésies sans cesse renaissantes, défendre contre l'ambition des patriarches de Constantinople la primauté du Saint-Siège, assister aux convulsions et à l'abaissement de l'empire, à la prise de Jérusalem une première fois par Chosroës et les Perses, une seconde fois par le calife Omar et les musulmans ; réveiller le courage et les espérances des églises orientales, ruinées par tant de fléaux ; armer les guerriers de l'Asie Mineure et de la Syrie pour les opposer au croissant qui flotte déjà sur les rives de l'Euphrate, du Jourdain et du Nil, et désarmer ceux d'Occident en les invitant à la paix ; avoir en un mot l'œil sur le monde entier et appliquer partout la politique qui convenait, en demandant à Dieu de bénir tant d'efforts : tel fut le travail de l'Église, au sixième et au septième siècle, travail qui créa l'Europe chrétienne !

Mais il ne suffisait pas de travailler en haut, près des rois barbares de l'Occident ou des souverains efféminés de l'Orient, il fallait encore agir en bas, auprès des peuples qui commençaient à reprendre la charrue. Pour cet objet, Dieu envoya à ses vicaires de grands saints qui moissonnèrent les foules et les attachèrent en gerbes sur le char de l'Église : au premier rang d'entre eux, il faut citer saint Benoît dont les disciples, partis du Mont-Cassin, répandirent dans toutes les nations le goût du travail et l'amour de la piété. A partir de ce moment, les moines d'Occident commencèrent leur œuvre patiente de moralisation des peuples, et l'on put entrevoir le jour où, grâce à eux, les forêts étant défrichées, les champs cultivés, les villes rebâties, les routes reconstruites, les hommes adoucis et les rois éclairés, la civilisation reparaîtrait enfin.

Mais voici que, tout à coup, un nouvel adversaire se dresse devant l'Église. Cet adversaire est armé d'une épée redoutable devant laquelle aucun peuple n'a pu tenir, et son cœur est plein de haine contre les enfants du Christ. C'est Mahomet et les califes, qui, déjà, ont envahi et conquis la Syrie, la Perse, l'Égypte, l'Afrique entière, puis, franchissant la mer, se sont jetés sur l'Espagne, ont détruit la monarchie chrétienne des Wisigoths, et se préparent à passer les Pyrénées pour asservir l'Europe et l'Église. Le temps n'est plus de policer le cœur des peuples : il faut courir au danger. La papauté voit que la chrétienté va périr : le cri de ses enfants arrive à son oreille. Saint Grégoire III fait appel au guerrier qu'il avait déjà salué, quelques années auparavant, du titre de *Prince très chrétien,* et il adjure Charles Martel de se porter, avec ses escadrons austrasiens, au-devant d'Abdérame et des bandes sarrasines.

Le duc Charles écoute la voix du Pontife et se précipite vers la Loire. Une troisième *grande journée* se prépare. Quel moment solennel dans l'histoire du monde ! Il s'agissait de savoir si l'Europe resterait chrétienne ou si elle deviendrait musulmane. Quelques heures d'une lutte terrible devaient en décider dans les plaines de Poitiers. A ne considérer que les apparences humaines, Abdérame devait triompher. Il n'avait jamais été vaincu. Les Arabes n'avaient reculé devant aucun ennemi : les dépouilles du duc d'Aquitaine remplissaient leurs chariots ; ils avaient pour eux le nombre, et cette force presque irrésistible

S. BENOIT, S. BERNARD ET S. FRANÇOIS D'ASSISE
Fresque de Fra Angelico dans la salle du chapitre, à Saint-Marc de Florence,
xv° siècle.

que donne une série ininterrompue de victoires antérieures. Mais Dieu combattait avec Charles Martel, et l'orgueil des musulmans devait se briser en ce lieu que les historiens arabes appellent encore le *pavé des martyrs !*

Voilà pourquoi le récit de cette bataille offre tant d'intérêt pour un lecteur chrétien. C'est qu'on y voit à chaque pas la preuve manifeste de l'intervention divine. Cette première rencontre auprès du tombeau de saint Martin, le recul des Arabes jusqu'à Poitiers, ces charges inutiles, ce désordre de la cavalerie d'Abdérame courant à la défense du camp, la mort d'Abdérame lui-même et, dans la nuit, la retraite précipitée, incroyable, de toute l'armée barbare vers les Pyrénées, tous ces événements ne sont pas d'ordre purement naturel, et l'on y aperçoit clairement la main de Dieu.

Certes, lorsque Charles Martel, dans un élan de piété et de reconnaissance que l'on ne rencontre pas toujours chez lui, envoya à saint Grégoire III, le soir de la bataille, un courrier spécial et des étendards pris sur l'ennemi, il ne faisait qu'acquitter la dette de l'Europe entière. Il y avait assez longtemps que la papauté travaillait à la pacification, à l'union et à la prospérité de la chrétienté occidentale pour que celle-ci, à son tour, lui fît honneur de la grande victoire qui venait d'être remportée sur les infidèles. Dans la plaine de Poitiers, c'est Charles Martel qui tenait l'épée, mais c'était déjà la chrétienté qui combattait et qui triomphait.

Les conséquences de la bataille de Poitiers furent considérables. Les empereurs d'Orient et les rois lombards, qui étaient sans cesse en lutte avec le Saint-Siège, apprirent avec stupeur qu'un nouveau peuple était né qui avait délivré l'Europe, embrassé la cause de l'Église, et avec lequel il faudrait désormais compter. Les papes se sentirent plus de puissance pour com-

battre les hérésies orientales, et notamment celle des iconoclastes. La chrétienté délivrée reconnut le secret de sa force et
s'affermit dans son union, les moines redoublèrent d'efforts, et
les peuples reconnaissants se groupèrent de plus en plus autour
de leurs évêques et de leurs prêtres.

Aussi voit-on, dès lors, l'Eglise marcher de progrès en
progrès et de nouveaux peuples sortir à sa voix des ténèbres de
la barbarie pour entrer dans la lumière de la civilisation naissante. Saint Boniface fut, en Germanie, le porte-flambeau du
christianisme. L'Allemagne, qui avait envoyé à Poitiers un
grand nombre de ses enfants, ouvrit ses forêts au vaillant
archevêque de Mayence. Trois nouveaux évêchés furent créés
à Wurtzbourg, à Burabourg et à Erfurth ; les disciples de saint
Boniface s'enfoncèrent jusque dans la Saxe, et des territoires
immenses furent conquis, sans violence et par la seule puissance de la vérité, pour l'Église de Dieu.

En France, Pépin le Bref continua l'œuvre de son père. Au
concile de Soissons, tenu en 744, il y avait vingt-trois évêques qui
délibéraient en paix, sous la protection du fils de Charles-Mar-
tel. Son frère, Carloman, vaincu par la grâce, lui abandonnait
ses États et courait avec joie s'enfermer humblement au Mont-
Cassin en même temps que Rachis, roi des Lombards. Aussi,
dès 752, Pépin, seul chef des Francs, était-il proclamé roi par
son peuple, à la place des rois fainéants de la race mérovin-
gienne, et le pape saint Zacharie confirmait la décision nationale : « Il nous paraît bon, disait-il, que celui-là soit roi qui,
sans en avoir le nom, en a la puissance, de préférence à celui
qui, portant le nom de roi, n'en a pas l'autorité. »

L'Angleterre, elle aussi, commençait à entrer dans le grand
mouvement des peuples occidentaux. En 747, un grand concile
national était tenu à Cloveshou sous la présidence de saint

Cuthberg, archevêque de Cantorbéry, et en présence du roi
Ethelbald qui en approuvait les décisions réglant, sur les usages
romains, la liturgie, les offices ecclésiastiques et les devoirs du
clergé. En même temps, l'archevêque d'York, Egboit, compo-
sait son *Pontifical* énumérant les cérémonies du sacre des rois.
La chrétienté s'enrichissait ainsi d'un peuple qui devait lui
donner tant de héros et de si illustres pontifes.

En Espagne enfin, les chrétiens réfugiés dans les montagnes
du Nord tenaient tête aux Sarrasins avec l'aide de Pépin le Bref,
qui conduisit ses troupes, en 753, jusqu'à Barcelone.

L'Occident donnait donc de grandes espérances à l'Église;
malheureusement l'Orient tout entier se perdait sous le règne
honteux de Constantin Copronyme, l'empereur iconoclaste,
l'ennemi persévérant du Saint-Siège. Les évêques eux-mêmes
se jetaient dans l'hérésie et défendaient aux peintres et aux
sculpteurs, sous peine d'excommunication et sans préjudice des
peines terribles portées par l'empereur, de représenter sur la
toile, le bois, la pierre, le marbre, l'or ou l'airain, aucun sujet
religieux. Le sang coulait dans les rues de Constantinople. Les
plus glorieux martyrs, saint Étienne, saint André le Calybite,
saint Pierre Stylite, donnaient leur vie pour la vraie foi; mais
vainement mouraient-ils, vainement le Saint-Siège multipliait-
il ses lettres, ses excommunications et ses prières, vainement
saint André Damascène, le père de la scolastique, protégé par
les califes ommiades qui admiraient son génie, écrivait-il ses
traités contre tous les hérétiques, iconoclastes, eutychiens, ma-
nichéens, nestoriens et monothélites, l'Orient, oublieux de sa
gloire, s'abîmait dans l'erreur et s'avilissait sous la servitude
du Bas-Empire.

Les efforts de la papauté, en Orient comme en Occident,
se trouvèrent alors entravés par un peuple que Dieu avait com-

blé de bienfaits et qui n'usait de sa force que pour opprimer l'Italie et le Saint-Siège. Deux fois déjà, en 754 et en 755, Pépin le Bref avait dû franchir les Alpes pour protéger le pape Étienne III contre les entreprises des Lombards et de leur roi Astolphe, et il avait profité de ses victoires pour fonder, par une donation solennelle, l'indépendance de la papauté. Mais, en 769, Didier reprit les projets ambitieux d'Astolphe. Il rassembla son armée, quitta le nord de l'Italie, marcha sur Rome, y pénétra en vainqueur, fit saisir et aveugler les plus illustres défenseurs du pape Adrien, emprisonna le Souverain Pontife, qui ne fut délivré que par l'héroïsme de quelques serviteurs, mit un intrus sur le siège archiépiscopal de Ravenne, et agit en maître, au spirituel comme au temporel, de l'Italie presque entière.

A cette nouvelle, un cri de réprobation s'éleva en Europe. La civilisation et la liberté naissantes allaient-elles donc périr sous les coups de la barbarie lombarde? Les crimes sans cesse renaissants des Lombards et de leurs rois resteraient-ils impunis? Heureusement, il y avait alors en Occident un jeune héros auquel la Providence réservait une gloire impérissable. A l'appel du Souverain Pontife, Charlemagne réunit à Genève ses ducs, comtes et barons : « Le roi Didier, s'écrie-t-il, a déchiré les traités qui avaient été conclus avec nos pères : il a occupé la ville de Rome et contraint le saint pontife Adrien à s'enfuir. Que vous en semble? — Franchissons les Alpes, répondent les guerriers francs, châtions les coupables et délivrons le Seigneur apostolique! »

Aussitôt Charles rassemble son armée et passe les monts. La terreur le précède; Didier s'enferme dans Pavie. Nos récits montreront l'émotion qui se répandit dans le midi de la France et dans la haute Italie à la nouvelle de l'arrivée

du héros chrétien. C'est une des pages les plus admirables
de l'histoire de l'Église, que l'entrée de Charlemagne et de
ses Francs en Italie, le siège de Pavie et de Vérone, le voyage
de Charles à Rome, la confirmation solennelle de la donation
carlovingienne et du pouvoir temporel des papes, la prise
de Didier, la chute de la monarchie lombarde après deux
cents ans de durée, et le triomphe du vainqueur posant sur
sa tête la couronne de fer, en attendant le jour où le pape
Léon III y posera, aux applaudissements du monde, la couronne impériale. Que le moine de Saint-Gall, en nous racontant
ces grands événements, ait mis dans son langage quelque
exagération poétique, qui s'en offenserait, qui s'en étonnerait,
alors qu'au simple récit de ces faits le cœur du chrétien,
après onze siècles écoulés, bat encore d'enthousiasme et de
reconnaissance ?

Dieu récompensa magnifiquement le grand empereur.
Toujours heureux dans ses expéditions, Charlemagne étendit
les limites de son vaste empire de l'Océan au Danube et de
l'Èbre à la mer du Nord. De ses mains puissantes il pétrit
l'Europe comme le potier pétrit l'argile. Après lui, toutes les
nations étaient définitivement créées, et toutes les races
fondues ou rapprochées. Entouré de savants, de poètes, de
législateurs, d'artistes, d'administrateurs qui portaient ses
instructions jusqu'aux limites de ses États, de guerriers dont
la bravoure était célébrée jusque dans les cours des califes
de Cordoue, du Caire ou de Damas, il passait comme un héros
bienfaisant, également aimé et servi par ses sujets. Grande
figure chrétienne, tellement supérieure à toutes celles que
l'histoire purement humaine a saluées de ses acclamations,
qu'il est à croire que nous n'en reverrons jamais une semblable !

Mais à peine Charlemagne est-il mort, que la nuit se fait
de nouveau sur le monde. Avant lui, tout était ténèbres;
après lui, tout redevient ténèbres. « Le grand empereur, dit
un auteur anglais, ressemble à un phare ou à un rocher
placé entre deux mers. Son sceptre est l'arc d'Ulysse que
personne n'a pu tendre après lui. Son règne forma comme
un point de repos entre deux époques de troubles et de
honte : ce règne ne contraste pas moins avec les temps de
la dynastie précédente qu'avec une postérité aussi indigne
qu'incapable de maintenir l'empire qu'il lui avait formé! »

Les neuvième et dixième siècles sont, en effet, les *siècles
de fer!* Les débiles successeurs de Charlemagne ne peuvent
soulever l'épée impériale, et les invasions barbares recom-
mencent. C'est un troisième flot de peuples inconnus qui se
précipitent sur l'Europe. En France, en Angleterre et dans
le nord-ouest de l'Allemagne, les Normands remontent les
fleuves, prennent et saccagent les villes, brûlent les églises,
les couvents, les bibliothèques, et emportent dans leurs barques
leur butin et leurs captifs; au centre de l'Europe et dans la
haute Italie, les Hongrois franchissent les monts Karpathes,
suivent le cours du Danube, battent les empereurs en bataille
rangée et, montés sur leurs chevaux rapides, vont porter le
fer et le feu jusqu'au-delà des Alpes; de Gênes à Naples et
dans la Sicile, les Sarrasins viennent piller les villes et ravager
les côtes; un peu plus tard, en Orient, les Rurikschs ou
Russes s'élancent de la Scythie jusqu'à la Corne-d'Or, et,
repoussés par Zimiscès loin des murs de Constantinople,
retournent s'installer sur les rives du Borysthène, dans les
vastes steppes de l'Europe orientale. Partout les peuples sont
en mouvement et en rumeur. L'empire de Charlemagne est
divisé. Les fils et les successeurs de Louis le Débonnaire

capitulent devant les nouveaux barbares. L'autorité royale a disparu, les seigneurs se font indépendants : l'anarchie règne en souveraine dans toutes les provinces, dans toutes les villes, dans tous les villages.

La papauté se ressentait vivement de cet état de choses et de cette décadence universelle. Ses conseils étaient partout repoussés, ses appels n'étaient plus entendus. En vain saint Léon IV, saint Nicolas le Grand, Adrien II, Jean VIII, et tant d'autres, pressaient les souverains et les peuples de s'unir contre les ennemis communs; Rome elle-même était la proie des factions, et un grand nombre de pontifes payaient de la vie leur courage et leur foi. Ces troubles universels durèrent près de deux siècles; aux approches de l'an 1000, les peuples crurent à la fin du monde, et un solennel recueillement vint tout à coup suspendre le cours des événements.

Dieu avait marqué ce moment pour la régénération de l'Europe. Les terreurs de l'an 1000 rapprochèrent les nations de l'Église et inspirèrent aux seigneurs et aux hommes d'armes, qui jusque-là n'avaient vécu que de pillages, de salutaires réflexions. Ce fut comme une résurrection universelle. On eût dit un autre monde s'ouvrant à la vie, et de nouvelles fleurs germant au soleil après un long hiver. C'est l'époque des cathédrales, de la chevalerie naissante, de la *Trêve de Dieu,* des croisades, des grands papes, des grands saints, des grandes œuvres et des grandes luttes. Tout est grand, aux onzième, douzième et treizième siècles : les monuments, les expéditions, les batailles, les pensées et la vie des hommes. Un pape illustre, saint Sylvestre II, est assis sur le siège de Pierre et préside aux nouvelles destinées de la chrétienté; les souverains donnent à leurs peuples l'exemple des vertus : en Allemagne, l'empereur saint Henri II et sa pieuse femme, sainte Cunégonde; en Hongrie, le duc saint Étienne, qui convertit son peuple au christianisme et reçoit du Pape, en récompense, la couronne royale; en Russie, saint Vladimir, qui se fait aussi l'apôtre de sa nation; en France, Robert

SAINT GRÉGOIRE VII

le Pieux, appartenant à la nouvelle race royale qui descendait de Hugues Capet, de Hugues le Grand et de Robert le Fort, le vainqueur des Normands; en Espagne, Sanche le Grand, roi de Navarre, qui refoule les Sarrasins vers le Sud. La grâce divine multiplie les saints parmi toutes les nations : en France, saint Gérard de Toul, saint Adalbéron de Metz, saint Thierry d'Orléans, saint Burchard de Vienne, saint

Fulbert de Chartres; en Allemagne, saint Wollgang de Ratis-
bonne, saint Guebhard de Constance, saint Adalbert de
Prague, saint Villigise de Mayence, saint Libentius de Ham-
bourg, saint Bernard et saint Godard de Hildesheim, saint
Vulpode de Liége, saint Héribert de Cologne, saint Hart-
wich de Salzbourg, saint Meinwerc de Paderborn; en Suède,
saint Sigfrid et saint Vilfrid; en Norvège, le saint roi
Olaüs, etc.

Mais une figure historique qui domine toutes les autres
est celle d'Hildebrand, saint Grégoire VII, qui règne de 1073
à 1085 et dont le génie transforme le monde. C'est Grégoire VII qui sauve la liberté des peuples; c'est lui qui lutte
héroïquement contre le despotisme impérial de Henri IV;
c'est lui qui détruit la simonie, maintient à l'Église les inves-
titures par la crosse et par l'anneau, réforme les mœurs,
multiplie les conciles, et rappelle aux souverains les notions
du droit et de la justice. Saint Grégoire VII mourut en exil,
loin de Rome qu'il aimait tant. En apparence, il était vaincu;
en fait, sa victoire était éclatante, car ses idées avaient pénétré l'Europe et ses luttes avaient préparé le triomphe de
l'Église. On l'a dit avec raison : rien n'a manqué à ce grand
homme : ni le rayonnement de la gloire, ni le retentissement
des grandes choses, ni la calomnie, ni l'éclat du malheur,
cette épreuve solennelle de la vertu et du génie.

Mais à peine saint Grégoire VII est-il dans le tombeau,
qu'un grand danger apparaît en Orient. Les Turcs Seldjou-
cides, de victoires en victoires, s'étaient avancés jusqu'à Constantinople, et, du haut des murailles de la cité de Constantin
on pouvait apercevoir leurs cavaliers, leurs drapeaux, leurs
chariots et leurs machines de guerre sur la côte d'Asie. Le
péril était grand. L'empire d'Orient semblait sur le point

de disparaître. L'empereur Alexis Comnène poussa un cri de détresse et écrivit au pape Urbain II des lettres pressantes qui furent lues au concile de Plaisance, en 1095. Ces Grecs orgueilleux, qui tant de fois avaient insulté la papauté et déchiré l'unité catholique, en étaient réduits à implorer la pitié des souverains pontifes et à réclamer les secours des nations fidèles à la chaire de Pierre, châtiment moral qui ne devait point changer leurs cœurs ni éclairer leurs esprits. Mais il fallait plus que les lettres d'un empereur aux abois pour enflammer l'Europe. Tout à coup paraît un moine, un humble, un des petits de la terre, revenant d'un pèlerinage à Jérusalem ; il raconte aux chrétiens d'Occident les souffrances des chrétiens de Syrie, la désolation des Lieux Saints, la cruauté des Sarrasins, et il les adjure d'aller délivrer le tombeau de Jésus-Christ. « Dieu veut, s'écrie-t-il, que vous veniez au secours de vos frères ! » Et sa parole ardente transporte les foules. « Dieu le veut ! s'écrie-t-on de toutes parts après lui : *Diex el volt !* » Le pape Urbain convoque un concile à Clermont, le 18 octobre 1095. Il choisit le sol de la France en souvenir de ces guerriers gaulois et francs qui combattaient pour Jésus-Christ aux journées du pont Milvius, de Tolbiac, de Poitiers et de Pavie. Sa confiance n'est pas trompée. Après avoir entendu Pierre l'Hermite, l'assemblée entière — 14 archevêques, 225 évêques, 90 abbés, les ambassadeurs de tous les rois chrétiens, une multitude immense de seigneurs et d'hommes d'armes — demande la croix.

Le Pape se lève alors : « Guerriers qui m'écoutez, dit-il, vous qui cherchez sans cesse de vains prétextes de guerre, réjouissez-vous, car voici une guerre légitime. Allez défendre la maison d'Israël ! Nous prenons sous la protection de l'Église ceux qui s'engageront à cette noble entreprise. Soldats

du Dieu vivant, n'écoutez plus que les gémissements de Sion,
brisez tous les liens de la terre, et souvenez-vous de ce qu'a
dit le Seigneur : « Quiconque abandonnera sa maison, son père,
« sa mère, son épouse et ses enfants pour mon nom sera ré-
« compensé au centuple et possédera la vie éternelle ! » A ces
mots, la foule, dans un même transport, demande à partir,
et les cris *Dieu le veut ! Dieu le veut !* retentissent au loin.
Urbain se lève encore, et au comble de l'émotion, étend les
mains pour imposer un instant le silence : « Que ces paroles :
Dieu le veut ! s'écrie-t-il, soient votre cri de guerre ! Que la
croix soit le drapeau de votre pèlerinage ! Portez-la sur votre
épaule ou sur votre poitrine, et qu'elle soit pour vous le gage
de la victoire ou la palme du martyre ! »

Spectacle sublime ! Enthousiasme chrétien dont nous avons
peine à nous faire une idée, même lointaine ! La papauté
convie la chrétienté à aller combattre en Orient contre l'islamisme, dans des pays inconnus, et la chrétienté docile part
et s'arme aussitôt. Princes, peuples, seigneurs, hommes d'armes, prennent la croix. Dans toutes les familles il y a un ou
plusieurs jeunes gens qui partent, souvent même des vieillards comptant encore sur un reste de vigueur, des femmes,
des enfants ! Dans tous les villages, on se prépare pour le
saint voyage qui doit durer plusieurs années ! On ne parle
plus que de la croisade, tout autre intérêt est oublié, toute
querelle humaine est effacée ; le peuple impose la paix aux
princes pour pouvoir plus librement courir au tombeau du
Christ, et l'on vit alors ce prodigieux phénomène : la fin
des guerres en Occident, pour faciliter la croisade. C'était
la première récompense que Dieu envoyait à ses fidèles,
avant qu'il bénît leurs armes dans les plaines de Dorylée,
d'Antioche et de Jérusalem.

FAÇADE DE L'ÉGLISE ABBATIALE DE LA MADELEINE, A VÉZELAY

où saint Bernard prêcha, en 1146, la seconde croisade. XIIᵉ siècle. (État actuel.)

O siècles de foi, de courage, de jeune enthousiasme !
quand vous reverrons-nous ? Faut-il que le monde vieilli
ise adieu sans retour à de telles scènes, à cette union in-

time de la chrétienté, à ces élans de l'âme des peuples vers Dieu, à ces grandioses épopées qui faisaient battre à l'unisson le cœur des hommes, sous la chaumière et dans les palais, en deçà et au delà des monts et de la mer, en France comme en Angleterre, en Allemagne comme en Italie ? Non, nous ne voulons pas le croire, et nous espérons qu'un jour la foi des nations d'Occident se réveillera comme à la fin du onzième siècle pour le triomphe de l'Église et la gloire de la chrétienté.

En l'année 1096, l'Occident jetait sur l'Orient 600 000 croisés, résolus à mourir ou à délivrer Jérusalem, et commandés par des chefs dont l'histoire chrétienne garde pieusement les noms : Godefroi de Bouillon, Robert Courte-Heuse, Raymond de Toulouse, Bohémond, Tancrède, Hugues de Vermandois et tant d'autres que suivait le légat du Saint-Père, Adhémar de Monteil, évêque du Puy. On franchit l'Allemagne, la Hongrie, le Danube, les Balkans ; on s'arrête un instant à Constantinople, dans la vallée de Bouyouck-Déré ; on passe ensuite le Bosphore, on entre en Asie, on bat les Turcs à Dorylée le 25 juin 1097, on prend Édesse, on s'empare d'Antioche après huit mois de siège et on s'avance enfin vers Jérusalem. Mais que de morts ont été semés sur cette route immense, qui effrayerait nos armées modernes ! On ne comptait plus que 50 000 guerriers !

Au mois de mai 1099, après trois années de marche, de fatigues et de combats, les croisés aperçoivent du haut d'une colline les murailles de Jérusalem : « O bon Jésus ! s'écrie Robert le Moine, témoin oculaire, lorsque vos guerriers virent cette Jérusalem terrestre, que de larmes coulèrent de leurs yeux ! » Mais, se relevant tous et retrouvant une ardeur nouvelle, ils coururent aux armes et répétèrent le cri

généreux du départ : *Dieu le veut ! Dieu le veut !* Quelques
jours après, la place était investie, et le soleil du vendredi
15 juillet 1099 éclairait cette *grande journée* qui rendit aux
chrétiens Jérusalem et le saint Sépulcre.

A partir de la première croisade, tout change de face
dans le monde. La chrétienté est à l'apogée de sa gloire et
de son union; les plus grands papes, tels qu'Alexandre III
et Innocent III la dirigent; une civilisation originale et
brillante éclate de toutes parts ; le commerce international se
développe dans ses relations avec le Levant; les arts, les
lettres, le droit, l'architecture, prennent tout leur essor.
Partout la foi des peuples se manifeste en témoignages de
reconnaissance à Dieu. C'est l'âge d'or de l'humanité, et
pour récompenser la chrétienté du sang qu'elle verse en
Orient sous la conduite de ses rois et de ses empereurs,
Dieu lui envoie, au douzième siècle, saint Bernard qui dirige
l'Europe du fond de sa cellule, et, au commencement du
treizième, deux saints qui valaient à eux seuls des armées :
saint François d'Assise et saint Dominique.

Certes, nous ne voulons point dire qu'il n'y eut pas, à
cette époque de foi, des guerres, des troubles, des révolutions ou des hérésies. L'homme est toujours l'homme, lors
même que la vertu l'emporte sur les vices. Les papes luttent
avec peine contre l'ambition des empereurs d'Allemagne,
Henri V, Barberousse et Frédéric II, et contre leur prétention de mettre la puissance spirituelle du Saint-Siège sous
leur dépendance; ils ont à réprimer des schismes, à condamner les erreurs doctrinales qui se font jour, à combattre
les hérésies sans cesse renaissantes des Pétrobursiens, des
Albigeois, des Cathares; à défendre Thomas Becket, archevêque de Cantorbéry, contre le roi d'Angleterre ; à soutenir

l'indissolubilité du mariage chrétien contre les passions des rois, et notamment contre celles de Philippe-Auguste ; à préparer enfin, à organiser et à maintenir les croisades générales ou locales. Mais tous ces travaux et tous ces embarras étaient amplement compensés par la joie de voir l'Europe s'élancer joyeusement dans les voies de l'ordre social chrétien, et les querelles ou les vices des souverains n'empêchaient pas les peuples, ouvriers et paysans, de vivre heureux et paisibles, à l'abri de la foi.

Au sud-ouest de l'Europe, la chrétienté avait un autre sujet de se réjouir. L'Espagne catholique retrouvait peu à peu sa liberté, et nous aurons à faire le récit de ces *grandes journées* dans lesquelles les Maures, écrasés par les héros chrétiens, durent reculer vers le Sud, et furent enfin jetés dans le détroit qu'ils avaient franchi sept cents ans auparavant.

Ce sont bien là, en effet, de *grandes journées* pour la chrétienté! A la voix du pape Innocent III, en 1212, l'Espagne se lève et les trois royaumes du Nord unissent leurs forces. Alphonse IX, roi de Castille; Pierre II, roi d'Aragon; Sanche VII, roi de Navarre, marchent au-devant de l'émir Mohammed, qui traîne avec lui une armée formidable. Dieu vient à leur aide, bénit leurs efforts, et la bataille de las Navas de Tolosa porte à la puissance maure un coup dont elle ne se releva jamais.

Un siècle après, en 143o, le pape Benoît XII prêche une nouvelle croisade. L'empereur du Maroc, le sultan Albohachem, a envahi l'Espagne avec 600 000 hommes. L'Europe entière, pressée par le Souverain Pontife, vient au secours d'Alphonse XI de Castille, d'Alphonse de Portugal et de Pierre d'Aragon. Les chevaliers de Saint-Jean de Calatrava

et de Saint-Jacques, les guerriers génois, français et allemands, une foule de chevaliers venus de toutes les nations
occidentales, se joignent à l'armée espagnole, qui écrase les
infidèles devant les murs de Tarifa et sur les rives du Salado.

SAINT DOMINIQUE

Fresque de Fra Angelico, dans la salle du chapitre, au couvent de Saint-Marc, à Florence.
xvᵉ siècle.

Glorieux succès qui réjouit la chrétienté et permit d'espérer
la prochaine délivrance de l'Espagne.

Malheureusement, les journées qui voient triompher la
croix sont souvent suivies d'une période de troubles qui sus-
pend le triomphe définitif. Cent ans après Tarifa, les Maures

étaient encore en Andalousie, dans le royaume de Grenade. Mais à la fin du quinzième siècle, Ferdinand d'Aragon épousait Isabelle de Castille, et après une guerre de dix ans, guerre dont nous raconterons tous les détails, les deux *rois catholiques* prenaient Grenade en 1492, et chassaient de la péninsule les Maures et leur roi Boabdil, le dernier des Abencérages.

La joie du pape Innocent VIII fut immense à cette nouvelle. Des prières publiques eurent lieu à Rome pour remercier le Dieu des armées qui rendait enfin une grande nation à sa complète indépendance; tous les princes chrétiens envoyèrent des ambassadeurs extraordinaires au roi Ferdinand et à sa vaillante femme, pour les féliciter de leurs succès, et les provinces organisèrent spontanément de grandes réjouissances. Dans la famille chrétienne, telle que l'avait formée la papauté, dès qu'il s'agissait du triomphe de l'Eglise, il n'y avait plus de jaloux, et les victoires d'un peuple sur les ennemis du Christ faisaient l'orgueil et le bonheur de toutes les nations.

Dieu récompensa magnifiquement l'Espagne catholique en lui donnant de grands saints : saint Ignace de Loyola et sainte Thérèse; de grands souverains : Charles-Quint et Philippe II; de grands capitaines : Gonzalve de Cordoue, le duc d'Albe, don Juan d'Autriche; de grands ministres, comme Ximenès; de grands et pieux navigateurs, comme Christophe Colomb; de grands peintres, comme Ribera. Quand la bénédiction divine descend sur un peuple, elle le comble de faveurs dans l'ordre moral et dans l'ordre matériel.

Déjà l'Église avait à combattre ailleurs. Jésus-Christ n'a pas promis la paix à son vicaire, mais seulement son assis-

tance dans la lutte. La barque de saint Pierre ne sera jamais submergée ; mais elle flotte incessamment au-dessus
des tempêtes, pour apprendre aux hommes que leur salut ne
sera que le prix des batailles de la vie. Pendant que les
chrétiens triomphaient en Espagne, ils étaient vaincus en
Orient. Depuis que les croisades générales s'étaient terminées avec le meilleur et le plus saint des rois, sous les murs
de Tunis ; depuis que l'enthousiasme chrétien avait baissé,
et que le luxe et l'amour des richesses avaient envahi les
nations catholiques, les Turcs n'avaient plus rencontré d'obstacles sérieux. Ils avaient reconquis toutes les villes d'Asie
et, se jetant sur le Bosphore avec Mahomet II, en 1453, ils
avaient pris Constantinople et mis fin à l'empire d'Orient.
Ils avaient fait plus encore. Mahomet II rêvait la conquête
du monde. Partant de sa nouvelle capitale à la tête de son
armée victorieuse, il avait franchi les Balkans, traversé rapidement les provinces danubiennes et mis enfin le siège devant Belgrade. Le danger était grand pour l'Europe. Dieu
y pourvut cette fois en envoyant à Belgrade deux hommes,
un moine et un héros, Capistran et Hunyade. En même
temps, le pape Calixte III ordonnait de sonner les cloches
dans toutes les églises, trois fois par jour, pour le salut de
la chrétienté. Mahomet vaincu dut lever le siège de Belgrade
et retourner à Constantinople ; son grand-vizir, Paléologue,
ne fut pas plus heureux à Rhodes, que Pierre d'Aubusson
sut défendre avec succès.

La mort de Mahomet II sauva l'Europe ; mais les troubles
suscités par Luther et la Réforme vinrent, au seizième siècle,
déchirer la chrétienté, diviser les nations, susciter les guerres
de religion et donner une nouvelle force aux successeurs de
Mahomet : Bajazet, Soliman et Selim. Qui dira jamais tout

le mal que l'hérésie protestante a fait aux peuples d'Occident, tant au point de vue de la foi et de l'union internationale, qu'à celui des arts, des lettres et de l'ordre social ? Les Turcs, encouragés par ces discordes, reprirent le chemin du Danube. La Hongrie fut écrasée à la bataille de Mohacs, en 1526; la Grèce fut conquise, et si Malte put résister, grâce à l'admirable tactique et à la valeur du grand-maître La Valette, Chypre fut prise en 1570, et ses deux villes, Nicosie et Famagouste, détruites par les généraux du sultan Selim, Piali et Mustapha. La flotte immense du Grand-Seigneur est désormais maîtresse de la mer; elle n'attend plus qu'un ordre pour se jeter sur l'Italie. L'Europe recommence à trembler et cherche un protecteur. Heureusement saint Pie V est là; il signe en hâte avec Philippe II, roi d'Espagne, et le doge de Venise une ligue offensive et défensive contre les Turcs, assemble une flotte, l'arme, désigne lui-même le généralissime, don Juan d'Autriche, et l'envoie au-devant de l'ennemi. Jamais la chrétienté n'avait couru un tel péril, et jamais la papauté ne l'avait mieux servie.

La bataille de Lépante est placée au milieu des *grandes journées* de la chrétienté et elle en forme, pour ainsi dire, le point culminant. C'est elle qui permet le mieux d'apprécier les services rendus à la civilisation européenne par la papauté, et c'est par elle et par ses résultats que l'on peut juger de l'ingratitude et des erreurs de ces historiens qui, systématiquement, dénigrent le Saint-Siège.

Le désastre de Lépante porta la terreur à Constantinople : si don Juan avait pu poursuivre sa victoire et si le pape Pie V n'était pas mort l'année suivante, en 1572, les Turcs auraient peut-être été dès ce moment chassés des rives du Bosphore. Mais l'Europe ne méritait pas un tel triomphe. Elle s'était détournée de la vérité, et une partie de la grande famille catholique avait déserté le foyer séculaire de la papauté pour se donner à l'hérésie. L'Allemagne du Nord avait écouté Luther, la Suisse avait accueilli Calvin, l'Angleterre s'était abandonnée aux passions de Henri VIII ; le Danemark, la Suède, la Norvège, avaient oublié les services que la papauté leur avait rendus jadis pour embrasser les nouveautés religieuses ; la France de Clovis, de Charlemagne et de saint Louis se débattait péniblement pour échapper aux hérétiques ; le sang coulait partout, les schismes se multipliaient, l'Église était insultée et reniée par ses propres enfants ! Seules, l'Espagne et l'Italie, grâce aux efforts et à la sagesse d'un grand pape et d'un grand roi, conservaient leurs traditions et ne souffraient que par contre-coup des sanglantes agitations qui remplissaient le reste de l'Europe.

A la faveur des guerres religieuses, les Turcs parvinrent à réparer leurs désastres et à refaire leurs armées. Un grand ministre, Kœprilu, remit de l'ordre dans les finances de l'empire et rendit du courage aux sultans. La guerre de Trente ans permit aussi aux musulmans de respirer à l'aise en contemplant de loin les déchirements de la chrétienté et de chercher, même au milieu des peuples d'Occident, des alliés ou des protecteurs du croissant ! Le temps des Croisades était bien loin ! Mais Dieu sut bientôt faire sentir aux nations ce qu'il en coûte d'abandonner son Église et de contracter alliance avec ses ennemis.

Au moment où Louis XIV venait de prendre en mains le gouvernement de son royaume et où l'empereur d'Allemagne, Léopold Ier, s'apprêtait à lui disputer la suprématie européenne, on apprit tout à coup que les Turcs, commandés par un habile guerrier, le grand-vizir Achmet Kœprilu, s'avançaient vers le Nord. La crainte se répandit aussitôt parmi les peuples, comme aux jours de Lépante, et le pape se hâta d'écrire aux souverains fidèles. L'empereur confia ses troupes au feld-maréchal Montecuculli, et Louis XIV envoya six mille Français placés sous le commandement du comte de Coligny et du vicomte d'Aubusson de la Feuillade. La rencontre eut lieu sur les rives du Raab, au village de Saint-Gothard, le 1ᵉʳ août 1664. Les Turcs furent vaincus et perdirent plus de 15 000 hommes. Le lendemain, Montecuculli à cheval, l'épée au poing, au milieu de ses bataillons, entonnait le *Te Deum*, et l'armée entière s'écriait avec son chef : *Rendons grâces à Marie !* La victoire de Saint-Gothard n'a pas l'importance des batailles de Lépante ou de Vienne qui la précédèrent ou la suivirent; mais elle n'en est pas moins une des journées qui honorent le plus les nations chrétiennes. Malheureusement, le grand-vizir prit sa revanche à Candie qui, malgré le dévouement des Vénitiens et des volontaires envoyés par l'Europe catholique, fut obligée de capituler en 1669. L'île de Crète tout entière fut conquise par les Turcs, et les Vénitiens, qui l'avaient possédée pendant 465 ans, durent la quitter en pleurant! A cette nouvelle, le pape Clément IX mourut de douleur, et l'on put prévoir que le jour n'était pas loin où les Turcs chercheraient en Europe de nouvelles conquêtes.

L'événement ne tarda pas à justifier ces craintes. Vingt années ne s'étaient pas écoulées depuis la chute de Candie, que le sultan Mahomet IV, sachant que les guerres de Louis XIV avaient affaibli l'empire, préparait une expédition formidable. La chrétienté inquiète se demandait sur quel point éclaterait l'orage. On espérait encore que le sultan dirigerait ses forces vers la Perse, lorsqu'on sut que 300 000 Turcs, sous le commandement de Kara-Mustapha, grand-vizir, avaient passé le

Danube, traversé la Hongrie et se précipitaient à marches forcées sur Vienne. Il faut lire les historiens du temps pour comprendre toute la terreur qui saisit les peuples à cette nouvelle.
La réputation des Tartares qui marchaient à la solde des
Turcs était faite depuis longtemps. On savait qu'ils pillaient
et brûlaient tout sur leur passage, et on craignait de les
voir apparaître, comme autrefois Attila, sur le Rhin ou les
Alpes, vers l'Europe centrale ou dans les plaines de la haute
Italie.

Pour comble de malheur, les nations catholiques étaient
à ce moment dans une extrême division. Oublieux des traditions
françaises, Louis XIV faisait des vœux pour le succès des Turcs,
afin d'assurer l'abaissement de la maison d'Autriche ; l'empereur n'avait plus d'armées ; son général, le duc de Lorraine,
était hors d'état de relever le moral de ses dernières troupes.
Pour ne pas être fait prisonnier par les barbares, Léopold s'enfuit pendant la nuit de sa capitale, avec les impératrices et la
cour. Il était temps : à la même heure, Kara-Mustapha paraissait devant les remparts.

Mais la papauté veillait toujours aux destinées de la chrétienté. Sans se préoccuper des secrets calculs ou des appétits
cachés des souverains, Innocent XI élève la voix, comme Urbain II au onzième siècle et saint Pie V au seizième ; il prêche la
croisade, envoie à l'empereur de l'argent et des volontaires, et
fait appel à l'héroïsme du roi de Pologne, le grand Jean Sobieski, le seul homme qui puisse encore soutenir le courage des
troupes impériales et faire reculer le flot musulman.

Innocent XI réussit, et l'on peut dire qu'en cette circonstance il sauva la civilisation occidentale. Sobieski accueillit favorablement les prières du souverain pontife, arma ses Polonais,
et, tirant de nouveau son épée qui plusieurs fois déjà avait

vaincu les Turcs, il franchit les monts de Bohême et descendit vers les contrescarpes de Vienne.

A cette nouvelle inattendue, il y eut un cri de joie dans toute l'Europe centrale, et déjà même avant la bataille, les deux noms d'Innocent XI et de Sobieski étaient unis dans la reconnaissance des peuples.

Nous raconterons cette *grande journée* du 12 septembre 1683 dans laquelle l'armée chrétienne, se précipitant des hauteurs du Léopoldberg, mit les Turcs en déroute et délivra la ville assiégée : journée vraiment grande, où l'action de la Providence se manifesta ouvertement, où la piété des héros chrétiens fut égale à leur génie, et dans laquelle les nations d'Occident furent délivrées du plus grand péril qu'elles eussent couru depuis l'invasion d'Abdérame.

La bataille de Vienne est un des principaux événements de l'histoire moderne. Par l'épée du héros polonais, Innocent XI venait de refouler à jamais l'islamisme loin du Danube. Quant à la Pologne, n'eût-elle donné à l'Europe que Sobieski, elle méritait un autre sort que celui que lui firent subir, un siècle après, les jalouses convoitises de ses voisins. On ne peut parler de la journée de Vienne sans saluer en passant le petit peuple auquel l'empereur dut sa couronne, l'Europe sa délivrance, la chrétienté sa gloire.

Après la défaite de Kara-Mustapha et la déroute de son armée, on croyait que les Turcs ne reviendraient jamais. « Ils se sont enfuis pour toujours, » disait-on. On se trompait. Les musulmans ne pouvaient accepter aussi facilement leur défaite définitive, et l'agonie de ce peuple qu'on appelle encore de nos jours *l'homme malade* était à peine commencée. Il y avait tant de ressources dans cet empire où la discipline était fondée sur un fanatisme aveugle ; tant de richesses dans ces provinces de l'Asie Mineure, de la Syrie, de l'Égypte, de la Macédoine, de la Grèce ; tant de guerriers répandus sur cet immense territoire ; tant d'ardeur et d'amour des combats chez ces populations musulmanes que de longs siècles avaient accoutumées au pillage et à la victoire !

La guerre continua donc entre l'empire et la Turquie, guerre impitoyable, mêlée de succès et de revers pour les deux nations, et il fallut encore deux *grandes journées* pour écraser définitivement les barbares et arracher enfin la chrétienté au péril turc.

En 1697, le sultan Mustapha II fait le serment de venger les désastres de son prédécesseur. Il rassemble une armée de 130 000 hommes, se met lui-même à leur tête et entre en Hongrie. L'Europe s'effraye de nouveau, et Innocent XII ordonne des prières pour le succès des armes chrétiennes. Heureusement l'empereur Léopold a encore un héros à opposer au croissant : c'est le prince Eugène de Savoie que l'orgueil de Louis XIV a jeté dans les bras de l'Autriche. Eugène accourt, s'élance sur les Turcs, les atteint à Zenta et leur fait éprouver une écrasante défaite. Vingt mille Turcs restent sur le terrain ou se noient dans la Theiss.

Pour la première fois, les barbares s'avouent vaincus, et la paix de Carlowitz, entre l'Autriche et la Turquie, inaugure la décadence de l'empire ottoman.

Mais les divisions de l'Europe redonnent encore du courage aux fils de Mahomet. La guerre de la succession d'Espagne a épuisé toutes les ressources des nations chrétiennes, et il semble que celles-ci n'aient plus ni armées ni argent pour résister à une nouvelle invasion. C'est le moment que choisit Achmet III, successeur de Mustapha II, pour déchirer le traité de Carlowitz, s'emparer de la Morée, et lever une

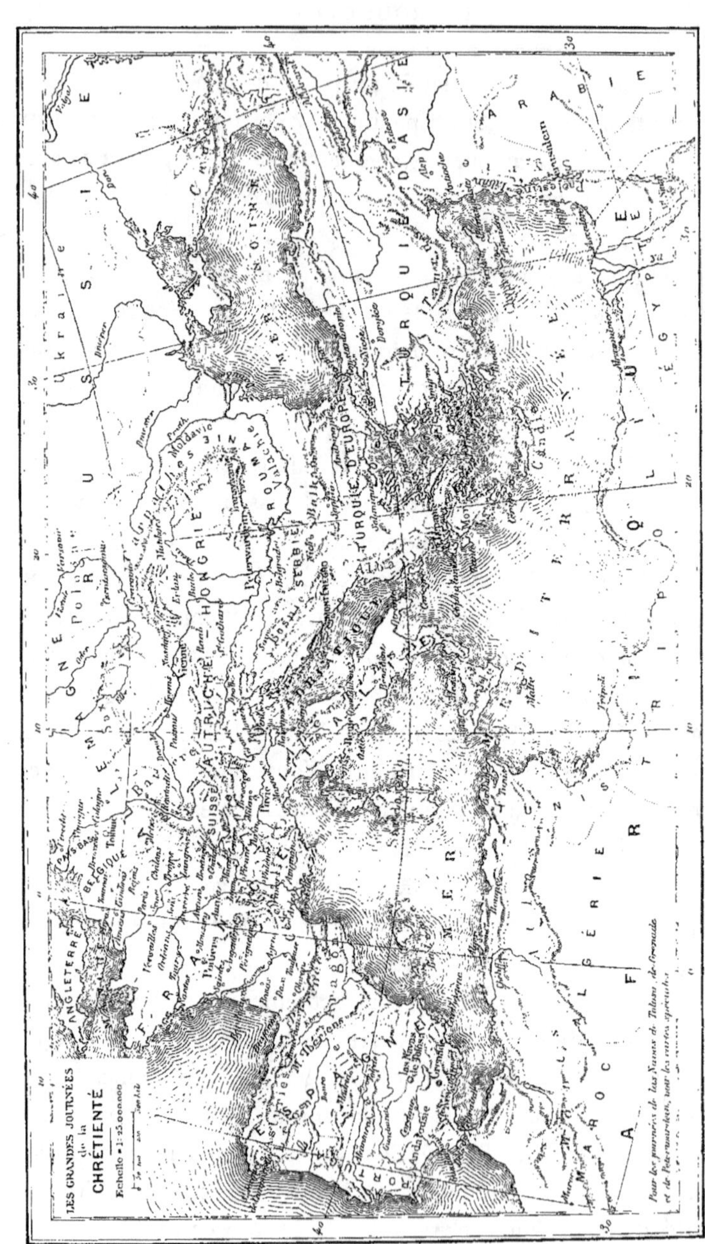

armée nouvelle destinée à effacer les hontes de Vienne et de Zenta.

Pour montrer sa résolution de triompher à tout prix et pour manifester sa haine contre le Christ, Achmet fait égorger impitoyablement les chrétiens de la Morée. Les cruautés des Tartares et des Spahis émurent toute l'Europe. Un cri d'horreur retentit de l'Archipel à l'Océan, mais plus douloureusement que partout ailleurs à Rome et dans le cœur du pape Clément XI. Aussitôt le souverain pontife fait appel à toutes les cours catholiques, envoie partout ses légats et ses brefs, et prêche la guerre sainte en Occident. A sa voix, l'Espagne, le Portugal, Gênes, la Toscane, l'ordre de Malte, envoient une flotte dans l'Archipel, et l'empereur Charles VI, pressé de secourir les chrétiens et de mettre à l'abri son propre empire, confie 60 000 hommes au héros de Zenta.

Alors eut lieu une merveilleuse campagne, que Napoléon lui-même ne se lassait pas d'admirer. Le prince Eugène, instrument de la Providence, chargé des bénédictions du souverain pontife et de son maître, part de Vienne, descend le Danube, atteint les Turcs à Peterwardein, et les écrase en cinq heures de combat. Puis, au printemps suivant, il repart et met le siège devant Belgrade, la dernière forteresse de l'empire ottoman sur le Danube. Il est sur le point d'ordonner l'assaut, lorsqu'une autre armée turque l'assiège lui-même, dans son propre camp, entre les remparts de la ville et le Danube. La situation de l'armée impériale semble désespérée. L'Europe s'inquiète, l'empereur ordonne des prières publiques, le pape et les cardinaux multiplient leurs invocations au Dieu des batailles. Mais le héros, sans se troubler, se retourne vers l'armée qui venait d'arriver, prend les dispositions les plus heureuses pour empêcher une sortie de la place, et, tout à coup, par un brouillard épais, fond sur les Turcs, les disperse et les met en déroute en leur tuant plus de 10 000 hommes. Quelques jours après, le 1er août 1717, la place, n'espérant plus aucun secours, capitulait, et le chemin de Constantinople était ouvert.

A cette nouvelle et à la vue des étendards turcs que le prince Eugène lui avait envoyés, le pape Clément XI se rendit, à la tête du Sacré Collège, à l'église Sainte-Marie-Majeure pour remercier Dieu, déposa lui-même les drapeaux musulmans sur l'autel de la Vierge, et entonna solennellement le *Te Deum*, qui fut chanté par tout le peuple. Puis il expédia au prince Eugène l'épée d'honneur que les souverains pontifes avaient coutume d'adresser aux héros chrétiens qui combattaient pour l'Église. Pieux usage qui honorait à la fois le vainqueur et la papauté.

Le prince Eugène songeait, dit-on, à s'emparer de Constantinople et à rejeter les Turcs en Asie. Rien ne l'arrêtait plus, en effet, et déjà le Divan, épouvanté, faisait en hâte fortifier la capitale, lorsque les grandes puissances, jalouses des progrès de l'Autriche, arrêtèrent la marche des Impériaux.

La paix de Passarowitz, qui enlevait à la Turquie Temeswar et Belgrade et la rejetait vers les Balkans, fut signée le 21 juillet 1718.

A partir de cette époque il n'y eut plus d'invasions musulmanes; le repos de l'Europe fut assuré à l'Orient comme à l'Occident, et, si les Turcs ont continué depuis lors d'occuper Constantinople, ce n'a été que grâce aux rivalités des nations chrétiennes.

Pour obtenir ce résultat, la chrétienté, armée par la papauté, avait dû lutter pendant quinze siècles !

Ne reverrons-nous plus de grandes batailles et de *grandes journées* semblables à celles que nous décrirons dans cet ouvrage ? Il faudrait être bien audacieux pour oser tenir un tel langage. Nul ne connaît les secrets de Dieu ; nul ne sait à quelle heure ni en quelles circonstances Constantinople sera rendue au christianisme ; nul ne sait si le monde musulman ne se soulèvera pas encore une fois dans une convulsion suprême ; nul ne sait si, de l'extrême Orient, quelque peuple ne menacera pas un jour la liberté de l'Église ; nul ne sait si les barbares de l'intérieur, qui rêvent de révolutions sociales, ne constitueront pas un jour une armée de l'anarchie, que la chrétienté devra combattre à coups de canon ; nul ne sait, enfin, quelles complications surgiront entre les nations de l'ancien ou du nouveau monde, ni à quelles secousses générales assisteront nos arrière-neveux. Déjà les peuples sont armés d'une façon inquiétante ; la notion de la force a reparu dans le monde ; la papauté est captive dans Rome ; le nouveau royaume d'Italie a repris les plus mauvaises traditions des Lombards ou de l'empire des Hohenstaufen, et les enfants de l'Église, Français, Belges, Anglais, Polonais, Espagnols, Canadiens ou Allemands, volontaires de la chrétienté affaiblie, ont dû venir défendre le patrimoine et la liberté de leur Père dans ces journées de Mentana et de Castelfidardo que l'écrivain rangerait volontiers au nombre des *grandes journées* de l'histoire. Si la papauté domine encore le monde comme au temps de saint Grégoire VII, elle ne le doit qu'à sa grandeur morale, à la fidélité et à l'amour de ses fils, et aux glorieux pontificats qui ont rempli le dix-neuvième siècle.

Sachons attendre l'heure de Dieu. D'autres écriront la onzième *grande journée* de la chrétienté, soit aux rives du Bosphore, soit dans quelque plaine de l'Italie, quand la foi des peuples se sera entièrement réveillée.

Jusque-là vivons de nos souvenirs, rappelons à nos contemporains les bienfaits de la chrétienté, et saluons avec reconnaissance la papauté qui, tant de fois, a sauvé la civilisation chrétienne et qui, de nos jours comme autrefois, ne cherche que le repos, l'honneur et la gloire de tous les peuples, ses enfants.

TRIOMPHE DE JESUS-CHRIST DANS L'HUMANITÉ

Jésus-Christ est assis sur le globe du monde. Son char est conduit par les animaux symboliques des quatre évangélistes et par les quatre docteurs de l'Eglise (S. Grégoire le Grand, S. Jérôme, S. Augustin, S. Ambroise).

La Vision de Constantin.

D'après une gravure d'Abraham Bosse, dans les *Œuvres du B. François de Sales*. Paris, Sébastien Huré, 1652.

CHAPITRE PREMIER

LE PONT MILVIUS

I

D'après une gravure tirée de la
Chalcographie.

U mois d'octobre de l'année 312, deux armées étaient en présence aux portes de Rome, sur la rive gauche du Tibre, dans la région du pont Milvius, appelé aujourd'hui Ponte-Molle.

Ces deux armées, sur le point d'en venir aux mains, offraient des aspects bien différents.

L'une était calme, silencieuse et disciplinée. Les vieilles légions des Gaules et de la Grande-Bretagne qui la composaient se tenaient à tout instant prêtes pour le combat ; l'autre était agitée et tumultueuse, on y sentait l'absence d'un commandement ferme et respecté. L'une occupait la plaine et faisait face à la Ville éternelle, dont les monuments se dressaient à l'horizon ; l'autre occupait les rives du fleuve et les hauteurs voisines.

La première était beaucoup moins nombreuse que la seconde : elle ne comptait que 40 000 soldats contre 170 000 fantassins et 18 000 cavaliers ; mais elle était homogène dans sa composition et dans ses cadres, et elle avait déjà remporté de brillants succès sur les barbares, tandis que l'autre était formée d'éléments variés, de prétoriens, de légions d'Italie, et de nombreuses recrues amenées en toute hâte d'Afrique et de Mauritanie.

La première suivait depuis le Rhin un jeune chef qu'elle aimait, qui vivait sous la tente comme un soldat, et dont le nom était déjà célèbre dans tout l'empire ; la seconde n'était commandée que par des lieutenants : son chef était resté à Rome parce qu'un oracle lui avait prédit la mort s'il osait franchir les portes de la ville.

La première, enfin, invoquait déjà le Dieu inconnu dont parlait saint Paul à l'Aréopage d'Athènes, et devant chaque légion flottait un mystérieux étendard, d'une forme nouvelle, qui devait, disait-on, assurer la victoire aux soldats de Constantin ; l'autre était l'armée du paganisme, et les prêtres de Jupiter offraient aux dieux des sacrifices pour le succès de Maxence, le tyran de Rome et l'ennemi des chrétiens.

Aussi n'était-ce pas seulement deux armées qui se rencontraient au pont Milvius, mais deux empires et deux mondes : l'empire des Césars et la monarchie chrétienne, le monde païen et le monde chrétien. La bataille qui allait se livrer, dit Chateaubriand, était du petit nombre de celles qui, expression matérielle de la lutte des opinions, deviennent, non un simple fait de guerre, mais une véritable révolution. Les anciens dieux du Janicule avaient, rangées autour de leurs

autels, les légions qui avaient en leur nom conquis l'univers ;
en face de ces soldats étaient ceux du Christ.

C'est pourquoi cette journée devait avoir une si grande
importance sur le sort de la civilisation et de l'humanité.
Mais il serait impossible d'en mesurer toute la portée si l'on
ne savait par quel concours extraordinaire de circonstances
les légions de Maxence et celles de Constantin allaient engager cette lutte définitive.

II

Pendant trois siècles, l'Église de Dieu avait traversé tous
les orages : dix persécutions générales, un grand nombre de
persécutions locales, vingt-neuf hérésies, trois schismes et les
sophismes de la philosophie néoplatonicienne n'avaient pas
amoindri ses forces ni ralenti sa marche.

Dès l'origine, cette religion nouvelle, annonçant un Dieu
unique au milieu des autels innombrables du polythéisme,
prêchant la pureté, le renoncement et la charité dans un siècle abandonné à la luxure et à l'égoïsme, relevant la dignité
de la femme et de l'esclave dans un monde qui reposait sur
le droit de vie et de mort reconnu à l'époux et au maître,
proclamant l'égalité des hommes devant Dieu au sein d'une
société dont tous les empereurs étaient inscrits au nombre
des dieux, cette religion déplut aux Césars et fut vouée à la
proscription.

Les apôtres de Notre-Seigneur n'avaient pas achevé leur
mission que déjà Néron, pour détourner de lui la vengeance
du peuple, accusait les chrétiens de l'incendie de Rome et les
mettait à mort. Saint Pierre, saint Paul et une foule de chrétiens témoignaient alors par leur martyre de la vérité de l'É-

vangile qu'ils avaient annoncé à l'univers. La dernière année du premier siècle voyait sous Domitien la seconde persécution. Quatre ans après, Trajan, Trajan lui-même, lançait un troisième édit de proscription. Alors mouraient dans d'affreux tourments saint Siméon, saint Ignace, saint Timothée, saint Tite, saint Évariste, sainte Symphorose et ses courageux fils. En vain Pline le Jeune, gouverneur de Bythinie, écrivait-il à l'empereur son ami : « J'ai voulu examiner moi-même la conduite des chrétiens ; ils ont coutume de s'assembler à un jour marqué avant le lever du soleil et de chanter ensemble des hymnes en l'honneur du Christ qu'ils révèrent comme un Dieu, s'obligeant par serment à éviter tous les crimes, à ne commettre ni fraude, ni vol, ni adultère, à ne jamais manquer à leur parole, et à ne pas nier un dépôt ; la proscription qu'on dirige contre eux met en péril une multitude de personnes de tout âge, de tout sexe et de toute condition..... On abandonne les temples des dieux, les sacrifices solennels sont interrompus et nul n'achète plus de victimes. » L'empereur, croyant le sort de l'empire lié à celui du polythéisme, répondait à son ami par ce décret inouï dans les fastes du droit et de la jurisprudence universelle :

« Qu'on ne recherche pas les chrétiens ; mais, s'ils sont dénoncés et convaincus, qu'on les châtie ! *Conquirendi non sunt ; si deferantur et arguantur, puniendi sunt !* » Étrange décret, s'écrie Tertullien, qui en défendant de rechercher les chrétiens reconnaissait leur innocence, et qui ordonne néanmoins de les punir, comme coupables, sur une simple dénonciation !

La Providence accorda un moment de repos à l'Église pendant le règne d'Antonin ; mais à peine le stoïcien Marc-Aurèle fut-il monté sur le trône, qu'il s'empressa, au nom de la philosophie païenne, d'ordonner, en 162, la quatrième per-

LA VISION DE CONSTANTIN

Fresque de Raphaël au Vatican. XVᵉ siècle.

sécution. « Nous avons appris, dit-il, que ceux qui de nos jours s'appellent chrétiens violent impunément les lois de l'empire et les ordonnances de nos prédécesseurs. Qu'on les arrête et, s'ils ne sacrifient aux dieux, qu'on les punisse par divers supplices. » Alors moururent sainte Félicité et ses sept fils, saint Polycarpe, saint Justin, saint Symphorien et les glorieux martyrs de Lyon. Le miracle de la légion Fulminante désarma la fureur impériale. Quelques années plus tard, le troisième siècle s'ouvrait avec la cinquième persécution, sous Septime Sévère, et la sixième, sous Maximin. Une foule de martyrs, dont les noms ne seront pas oubliés, donnèrent à cette époque leur vie pour le Christ : sainte Perpétue, saint Irénée, sainte Marcelle, saint Valérien, saint Tiburce, sainte Cécile. Cependant l'Église vivait toujours et s'étendait de plus en plus. L'empereur Décius employa un moyen nouveau. « Les persécuteurs, dit saint Augustin, avaient reconnu que, plus ils mettaient de chrétiens à mort, plus il en renaissait de leur sang. Ils craignaient de dépeupler l'empire. Les édits de Décius ne portent donc plus l'ancienne formule : *Quiconque se confessera chrétien sera mis à mort,* mais seulement : *sera tourmenté jusqu'à ce qu'il renonce à sa foi!* » Jamais tempête plus formidable ne s'était soulevée contre l'Eglise ; jamais danger plus grand n'avait menacé son existence. « Les chaises de fer ardentes, dit saint Grégoire de Nysse, les ongles d'acier, les bûchers, le glaive, les bêtes, tous les instruments inventés par la cruauté des hommes, déchiraient jour et nuit le corps des martyrs. Les familles étaient décimées, les villes demeuraient désertes, et les déserts se peuplaient ! » L'Eglise pleura de trop nombreuses défections, surtout en Afrique ; mais d'innombrables martyrs la consolèrent : saint Alexandre, saint Babylas, saint

Maxime, saint Pierre de Lampsaque, saint Polyeucte, les sept Dormants d'Éphèse, saint Cyrille, sainte Agathe, et tant d'autres inscrits au livre de Dieu. C'est alors que saint Acace exposait devant le proconsul Marcion la politique chrétienne, définie par saint Paul : *Obedite præpositis vestris, etiam dyscolis*, lorsqu'il s'écriait : « Qui aime l'empereur mieux que les chrétiens ? Nous prions sans cesse pour lui, afin qu'il vive longtemps, qu'il gouverne avec justice et que son règne soit paisible ! »

Quelques années plus tard, en 257, Valérien ordonnait la huitième pérsécution générale qui vit périr saint Cyprien et saint Laurent, et Aurélien la neuvième, en 274 : les Gaules méritèrent alors la paix que Dieu leur accorda dans la suite et l'honneur immortel de former l'armée de Constantin. Valérien était en Gaule pendant qu'on exécutait l'édit de proscription. La province entière fut ensanglantée. Jamais, disait plus tard une chanson populaire, jamais un homme ne boira autant de vin que ce César a bu du sang ! C'est à ce moment que furent égorgés sainte Colombe à Sens, saint Patrocle et saint Savinien à Troyes, saint Revérien à Autun, saint Priscus à Auxerre. Le troisième siècle s'achevait au milieu de ces horreurs. Trois cents ans de martyre ! trois cents ans de catacombes ! trois cents ans de prières et de glorieux témoignages de la divinité de Jésus crucifié ! Le ciel était rassasié de joie et la terre de souffrances. L'heure allait venir, le bras divin s'abaissait, l'homme choisi pour exécuter les desseins providentiels était né ; mais une dernière fois Dieu voulut éprouver le courage de ses serviteurs et les purifier pour la victoire.

Le 23 février 303, Dioclétien ordonna la dixième pérsécution générale, la plus terrible de toutes, qui s'étendit en un clin d'œil de Nicomédie jusqu'en Asie Mineure, en Afrique et

en Italie où régnaient Galérius et Maximien Hercule. Une foule
immense de martyrs prit son vol vers les cieux. Chaque province, dit Chateaubriand, eut son supplice particulier : le feu
lent en Mésopotamie, la roue dans le Pont, la hache en Arabie,
le plomb fondu en Cappadoce. Quelquefois, fatigués de brûler séparément les fidèles, les païens les précipitaient en foule
dans le bûcher ; les ossements des victimes, réduits en cendres, étaient jetés au vent.

Lactance nous a raconté, dans son admirable ouvrage *De
Mortibus persecutorum*, la triste fin de ces persécuteurs : Dioclétien se laissa mourir de faim, et vomit, avant de mourir, sa
langue rongée de vers ; Prisca sa femme et Valeria sa fille
furent décapitées et jetées à la mer ; Maximien fut étranglé ;
Galérius enfin mourut, comme Antiochus, d'une plaie affreuse
qui lui rongea tout le bas du corps ; sa femme et son fils furent
égorgés par Licinius. Cependant un des Césars avait désobéi
aux ordres de Dioclétien : ses provinces, la Gaule et la Grande-
Bretagne, étaient heureuses et tranquilles. Il avait nom Constance Chlore ; sa première femme s'appelait Hélène, et son fils
Constantin. Un rayon de soleil, présage d'une grande lumière,
perçait enfin cette terrible nuit.

Mais l'Église n'avait pas eu seulement à triompher de ses
persécuteurs : dans l'état où la laissaient les édits de proscription, cachée dans les catacombes, voyant périr, jeunes encore,
ses plus grands docteurs, elle faisait face aux hérétiques qui
entreprenaient de déchirer la robe sans couture du Christ. Et
c'est là, dans cette lutte si pénible et si difficile pour le maintien
des traditions apostoliques, qu'on voit briller l'infaillible Église
de Rome, la chaire de saint Pierre, invoquée tour à tour par
toutes les autres Églises du monde. La seule énumération des
hérésies nées pendant ces trois premiers siècles effraye l'ima-

LA BATAILLE DE CONSTANTIN CONTRE MAXENCE

Fresque de Raphaël, au Vatican. xvᵉ siècle.

gination : c'est le *prédestinianisme*, de Simon le Magicien et de Ménandre, qui veut que les œuvres soient inutiles et que la grâce suffise au salut des hommes, sans correspondance de leur part; ce sont les *Ébionites*, les *Nazaréens*, les *Corinthiens*, qui considèrent comme nécessaires les cérémonies de la loi juive ou qui soutiennent que Jésus-Christ ne fut le fils de Dieu qu'après son baptême; au second siècle, c'est *Thébutis*, qui enseigne que le baptême et les sacrements sont insuffisants ; c'est surtout le *Gnosticisme* que certains philosophes, notamment Valentin, présentent comme une combinaison scientifique, repoussant les fables idolâtriques et séparant par les émanations des trente éons, parmi lesquels ils ne craignent pas de placer l'éon Jésus, le *plérome*, ou monde supérieur, du monde animal et matériel; c'est *Cerdon*, c'est *Marcion*, admettant déjà le principe du dualisme manichéen et prêchant une morale d'une désespérante rigidité ; ce sont les *Archontiques,* les *Adamites,* les *Caïnites,* les *Antitactes* et les *Ophites*, végétation impure du gnosticisme, qui rendent un culte abominable au désordre, au vice, au serpent ; ce sont les *Encratites,* les *Sévériens,* les *Apotactiques*, qui enseignent le renoncement absolu et obligatoire et condamnent déjà la propriété, comme nos socialistes modernes ; c'est *Bardesane* et le semi-gnosticisme ; c'est *Montan*, dont l'hérésie inexorable, rejetant la pénitence et donnant comme inspirées les prophétesses Priscille et Maximilla, devait plus tard entraîner dans la chute le beau génie de Tertullien ; ce sont les *Hermogéniens*, précurseurs des matérialistes, enseignant que la matière est éternelle, les *Théodotiens* et les *Melchisédéciens* proclamant que la tradition a été corrompue par les papes, et que le Verbe n'est pas Dieu ; les *Patripassiens*, dont le chef Noët affirmait que Dieu le Père avait été uni à Jésus-Christ et avait souffert avec lui ; les

Elcésaïtes, qui enseignent qu'on peut dissimuler sa foi et adorer les idoles, pourvu que le cœur ne prenne pas part au sacrifice; les *Origéniens*, qui se réclament de l'autorité du grand homme qui avait rendu tant de services à l'Église en écrivant ses six mille volumes, et dont on disait : *Ubi bene, nemo melius ; ubi male, nemo pejus ;* c'est *Bérylle,* évêque de Bosra, qui vers la moitié du troisième siècle, attaque la divinité du Verbe; ce sont les *Rebaptisants,* trompant un instant le grand évêque de Carthage, saint Cyprien, qui troublent l'Eglise d'Afrique et que deux conciles régionaux appuient de leur autorité contre le Pape; ce sont les *Sabelliens,* qui nient la distinction des trois personnes divines de la sainte Trinité ; c'est Paul de Samosate, évêque d'Antioche et précurseur des Nestoriens ; ce sont les *Hiéracites,* qui nient la résurrection de la chair ; c'est enfin le manichéisme, greffé sur la religion de Zoroastre; qui fait son apparition en Orient et en Afrique, avec ses deux dieux éternels, le bon et le mauvais, la Lumière et les Ténèbres, sa haine de la sainte Vierge et des reliques des saints, et ses apparentes austérités. Et combien d'autres, dont l'histoire ne nous a pas gardé les noms, qui troublaient la conscience des fidèles et, poussés par l'orgueil, donnaient leur nom à quelque secte; mais toujours et partout, sans faiblesse et sans colère, Rome intervenait, Rome définissait; Rome, éclairée par les saints docteurs de l'Église, tranchait les têtes sans cesse renaissantes de l'hydre des hérésies, comme si Pierre eût toujours été là, où plutôt comme si Jésus-Christ lui-même eût occupé le siège de l'apôtre et maintenu la vérité.

Pour que rien ne manquât aux épreuves et à la gloire de l'Église naissante, des schismes longs et opiniâtres se produisirent à la même époque : le premier antipape, Novatien, fut élu par quelques prêtres de Rome, au temps de saint Corneille, en 251 ; au même moment, Novat, Félicissime et plusieurs autres prêtres et diacres de Carthage et d'Italie se séparaient brusquement de la communion romaine ; plus tard, dans les premières années du quatrième siècle, les Donatistes et les évêques traditeurs plongeaient l'Église d'Afrique dans un trouble profond. De son côté, la philosophie païenne venait en aide aux persécuteurs et aux hérésiarques et entassait sophismes sur sophismes contre le christianisme ; dès le second siècle, sous les Antonins, Lucien, railleur et sceptique, décrivait les chrétiens, dans son *Pérégrin Protée* : Ces pauvres gens, disait-il, s'imaginent qu'ils sont immortels, corps et âme ; ils méprisent la mort et beaucoup d'entre eux la recherchent. » Quel plus bel hommage peut être rendu à l'héroïsme des martyrs ? Celse le philosophe, son ami, publiait un ouvrage contre la religion du Christ. « A leurs autres folies, s'écriait-il dans son *Discours de vérité*, les chrétiens joignent l'absurde prétention de voir leur superstition devenir, un jour, la foi générale du monde ! » Ce cri du paganisme ne relève-t-il pas l'éclatant miracle de la conversion des peuples ? Au troisième siècle, Porphyre, disciple de Plotin, écrivait quinze livres contre la religion chrétienne, cherchait des contradictions dans les prophéties, et, sans nier les miracles du Sauveur, les attribuait à la magie. Jamblique enfin et Philostrate cherchaient aussi à expliquer les miracles et faisaient un nouveau Messie d'un imposteur, Apollonius de Tyane. Toutes ces objections, ces calomnies ou ces railleries furent réfutées victorieusement par des écrivains et des docteurs tels que saint Justin, Tatien, Clément d'Alexandrie, Origène, Tertullien, saint Cyprien, dont la plupart signèrent leurs écrits de leur sang, et ces grandes luttes, où l'acharnement d'un côté répondait à l'ardeur de l'autre, mettaient de plus en plus en relief la divinité de Jésus-

Christ, les splendeurs morales du christianisme et le complet accord de la raison et de la foi.

En dépit de tant d'obstacles, l'Église, poussée par le souffle de l'Esprit-Saint, affirmait de plus en plus son caractère d'universalité. Dès le premier siècle, les apôtres avaient parcouru tout l'empire romain, l'Asie Mineure, la Grèce, l'Italie, l'Afrique, l'Espagne, les Gaules et l'Angleterre. Ils avaient même dépassé ses frontières : saint Mathias était allé en Colchide, saint Jude en Mésopotamie, saint Simon en Lybie, saint Matthieu en Éthiopie, saint Barthélemy en Arménie, saint Thomas jusqu'aux Indes, saint André chez les Scythes. L'époque apostolique est celle de la fondation d'une foule d'Églises. Au commencement du quatrième siècle, toutes les villes importantes avaient leurs sièges épiscopaux ; la chrétienté existait, ses disciples étaient répandus par milliers sur toute la surface du monde connu ; son gouvernement, sa discipline, son culte et sa hiérarchie étaient depuis longtemps constitués et solennellement reconnus ; l'Église était alors ce qu'elle était dès le premier siècle, ce qu'elle est aujourd'hui, ce qu'elle sera jusqu'à la fin des siècles ; mais le monde officiel la repoussait encore et mettait à mort ses enfants. Réduite au silence et au secret, elle vivait dans les ténèbres des catacombes, elle n'avait point de culte extérieur et public, et le vrai Dieu n'était adoré que dans les cryptes souterraines ou dans les déserts de la Thébaïde. Cette situation pouvait-elle durer ? Les temples des faux dieux devaient-ils plus longtemps se dresser sur les places publiques ? Le monde demeurerait-il officiellement païen et secrètement chrétien ? Les persécutions sanglantes et le martyre devaient-ils être l'état normal des sociétés humaines ? Telles étaient les grandes questions qui se posaient en 312, lorsque l'armée de Constantin arriva sous les murs de Rome.

III

Les desseins de Dieu sur les nations restent longtemps obscurs : les contemporains ne peuvent guère les connaître. Les années de l'homme sont trop courtes pour que nous discernions les causes profondes des grands événements et sachions distinguer l'épreuve, gage de miséricorde, de l'expiation, signe fatal de la colère divine. Mais quand les siècles sont passés, les brouillards se dissipent, la lumière se fait, le regard de l'historien embrasse un horizon plus vaste, et les plans de la Providence se détachent clairement sur un fond de batailles qui assombrit le tableau.

A la distance où nous sommes de la journée du pont Milvius, on est saisi d'admiration en voyant comment Dieu avait préparé, depuis un quart de siècle, le grand drame qui allait se dénouer aux portes de Rome.

En 285, l'empereur Dioclétien, ne se croyant pas assez fort, même avec le concours de son collègue Maximien Hercule, pour défendre l'empire contre les barbares qui l'attaquaient de toutes parts, créa deux Césars, Galérius, un géant à demi barbare, et Constantius, fils du sénateur Eutropius et appelé par ses contemporains Constance Chlore, à cause de la pâleur habituelle de son visage. Galérius épousa la fille de Dioclétien, et Constance fut contraint de répudier sa première femme, qui devait porter dans l'histoire le nom glorieux de sainte Hélène, mère de Constantin, pour épouser Théodora, belle-fille de Maximien. Les quatre souverains se partagèrent ensuite le monde : Dioclétien se fixa à Nicomédie, Maximien à Rome, Galérius en Pannonie, et Constance Chlore à Trèves.

Or, pendant que ses trois collègues se livraient à de honteuses débauches et montraient sur le trône la luxure unie à la cruauté, Constance Chlore donnait l'étonnant spectacle d'un prince juste et pur. Il refusa de persécuter les chrétiens et se borna, pour ne pas exciter la colère de Dioclétien, à quelques

BAPTÊME DE CONSTANTIN
Fresque de Raphaël, au Vatican. xve siècle.

mesures de pure forme. « Ses vertus, dit l'historien Eusèbe, évêque de Césarée, faisaient l'admiration du monde. Il reconnaissait le dogme de l'unité de Dieu et condamnait hautement l'impiété du polythéisme. Il considérait les prières des chrétiens qui peuplaient son palais comme le plus ferme appui de son trône. Sa famille, son épouse, ses enfants, tous ses serviteurs, devaient avant tout se montrer fidèles à Dieu. Son palais ainsi réglé ressemblait à une église. Pendant qu'en dehors le nom des chrétiens était proscrit, des ministres de Jésus-Christ, renfermés dans l'intérieur du palais, priaient chaque jour pour la prospérité du prince. Dieu récompensa magnifiquement ses vertus. Il lui assigna le premier rang parmi ses collègues. Enfin, quand après une heureuse vieillesse il dut quitter ce monde, Dieu permit que, du consentement unanime de ses autres fils, il désignât pour lui succéder le plus grand et le plus illustre des empereurs, Constantin. »

Le plan de Dieu est ici manifeste. Pourquoi le fils de sainte Hélène est-il préféré aux enfants de Théodora, la seconde épouse, belle-fille de Maximien Hercule, sinon parce que la Providence ne veut pas mêler le sang des persécuteurs au triomphe de son Église ? Mais l'action divine se montre encore mieux dans d'autres faits. Lorsque son père fut nommé César, Constantin, âgé de dix-huit ans, fut envoyé comme otage à la cour de Nicomédie. Il apprit là les secrets du gouvernement, prit part à plusieurs expéditions militaires en Égypte et en Asie, et se fit connaître des peuples qu'il devait gouverner un jour. L'historien Eusèbe le vit pour la première fois en 290 et fut frappé de son aspect : « Il se tenait à la droite du souverain, dit-il ; on remarquait sa haute taille, la beauté de ses traits, la vigueur de ses membres, et je ne sais quel air royal qui respirait en lui. » Seize ans plus tard, en 306, apprenant que son père était malade, Constantin échappa à la jalouse surveillance de Galérius en faisant couper, de poste en poste, les jarrets des chevaux dont il s'était servi pour fuir, et revint dans les Gaules. Il arriva juste à temps, Constance allait mourir. Mais, avant de rendre le dernier soupir, il fit appeler ses officiers, et leur désigna son fils aîné comme son successeur. L'évêque de Césarée nous a raconté cette grande scène : « A la vue du jeune prince, dont l'éloignement lui avait fait verser tant de larmes, Constance

fit effort pour se soulever sur son lit de douleur : « Je meurs,
« disait-il, mais je bénis Dieu de m'avoir rendu mon fils bien-
« aimé. » Il le serra sur son cœur et lui remit le pouvoir suprême. Il bénit ensuite ses autres enfants, rangés comme une
couronne d'honneur autour de lui ; après quoi il expira. » A partir de ce jour, sainte Hélène ne quitta plus son fils et l'accom-
pagna dans toutes ses expéditions.

A cette époque, Dioclétien n'était plus empereur; un nouveau César, Maximin Daïa, régnait en Orient. Maximien Hercule avait abdiqué, à l'exemple de son collègue. Galérius pouvait donc se considérer comme le maître absolu de l'empire. Il
ne consentit qu'avec répugnance à accorder à Constantin le titre
de César, et le refusa à Maxence, fils de Maximien. Mais les Romains étaient las de subir le joug des empereurs de Nicomédie.
Maxence profita habilement de ces dispositions, souleva le
peuple et s'empara de Rome. Galérius, furieux, donna la pourpre à un de ses généraux, Sévère, qui marcha aussitôt contre
l'usurpateur. Mais les projets de l'empereur furent déjoués.
Maximien sortit de sa retraite, rallia ses légions, s'assura la neutralité de Constantin en lui donnant pour épouse sa fille Fausta,
et marcha avec son fils au-devant de l'ennemi. Sévère, vaincu,
fut contraint de s'ouvrir les veines. Galérius accourut en personne et ne fut pas plus heureux. Maximien et Maxence l'atten-
dirent à Rome, et gagnèrent à force de présents deux de ses
légions. Le vieil empereur s'enfuit honteusement, ravageant
tout sur son passage pour éviter une poursuite, et mourut peu
de temps après, ayant créé un nouveau César, Licinius, et mis
fin, par un tardif repentir, à la dernière persécution générale.

Maxence sut profiter de ses victoires. Il envoya en Afrique
son préfet du prétoire, Volusianus, qui battit et détrôna un
usurpateur nommé Alexandre. Le monde se trouva encore par-

tagé entre quatre maîtres : Constantin dans les Gaules, l'Es-
pagne et la Grande-Bretagne ; Licinius en Illyrie ; Maximin en
Orient, et Maxence au centre de l'empire, en Italie et en
Afrique.

A partir de l'année 3o8, les événements se précipitèrent.
Maximien Hercule se brouilla avec son fils et chercha à le détrôner ; mais les prétoriens demeurèrent fidèles à Maxence, et
le vieil empereur dut s'enfuir à la cour de son gendre Constantin. Il était dans les desseins de Dieu que les princes païens don-
nassent l'exemple de tous les crimes. A peine arrivé en Gaule,
Maximien séduisit quelques légions de Provence et s'empara du
pouvoir. Constantin accourut des bords du Rhin, battit son
beau-père, et le dépouilla de la pourpre en le gardant près de
lui, dans son palais. L'impunité enhardit le vieillard. Il fit promettre à Fausta de laisser ouvert l'appartement de l'empereur,
et, la nuit, il s'approcha et perça à coups de poignard un corps
endormi : c'était celui d'un eunuque que Constantin, prévenu
par sa femme, avait fait coucher dans son lit. Maximien, pris
sur le fait, le poignard à la main, fut forcé de choisir lui-même
son genre de mort et s'étrangla de ses propres mains.

Cette condamnation si juste fut le prétexte de la guerre
déclarée par Maxence à Constantin. En réalité, le tyran de
Rome avait conçu le projet de s'emparer des Gaules. Pour
toute déclaration de guerre, les statues des fils de Constance
Chlore, qui figuraient à Rome entre celles de Licinius et de
Maximin, furent abattues et traînées dans la boue. Les peuples ne s'y trompèrent pas : l'un des deux Césars devait périr.

Constantin prit aussitôt ses dispositions pour la lutte, et
s'assura la neutralité de Licinius, en lui promettant la main de
sa sœur paternelle Constantia ; puis il réunit ses légions à
Arles et sa flotte à Marseille. Au printemps de l'année 3i2, il

franchissait les Alpes Cottiennes, battait en diverses rencontres les lieutenants de Maxence dans la haute Italie, entrait à Turin, à Milan, à Vérone, et se dirigeait à marches forcées sur la capitale du monde.

Maxence n'avait aucun doute sur l'issue de la campagne. Ayant précédemment battu Galérius et Sévère, il se flattait de vaincre aisément le César des Gaules. Fier du succès de ses armes en Afrique, et se reposant avec confiance sur sa puissante cavalerie et ses nombreuses légions, il se croyait sûr de la victoire. Aussi faisait-il célébrer avec pompe les fêtes quinquennales en l'honneur de son avènement au trône et livrait-il avec joie aux bêtes de l'amphithéâtre ces chrétiens dont Constance et Constantin s'étaient proclamés les protecteurs et les amis. Jamais la couronne n'avait été souillée de plus de vices. « Cet usurpateur, dit Eusèbe, une fois maître de Rome, donna le spectacle hideux d'une volupté effrénée jointe à une férocité sans nom. Chaque matin un édit impérial prononçait le divorce de quelques patriciennes dont la beauté avait attiré les regards du tyran. Des émissaires allaient arracher ces malheureuses à leurs époux et à leurs enfants, pour les livrer comme une proie aux outrages de Maxence. Cependant la terreur étouffait toutes les plaintes. Il fallait cacher ses larmes et les dissimuler aux espions. Nul n'était à l'abri des fureurs du tyran. On souffrait en silence, dans l'espoir que cette soumission passive ôterait au monstre couronné le prétexte d'un massacre général. Cette illusion s'évanouit. Un jour, à propos d'une rixe légère, les prétoriens reçurent l'ordre d'exterminer à leur guise les malheureux Romains. On vit des milliers de citoyens désarmés tomber sous le glaive des soldats. Les sénateurs furent égorgés de préférence, et Maxence se hâta de confisquer à son profit les biens des victimes. » Tel était l'homme en qui se résumait le suprême effort du paganisme. Cherchant à se rendre les dieux favorables, il fit, dit l'histoire, égorger des enfants nouveau-nés, afin de chercher des oracles dans leurs entrailles palpitantes ; il dépeça des lions, il évoqua les démons dans des mystères impurs, et, sachant que la bataille allait bientôt s'engager, il donna ses derniers ordres et, pour obéir à l'oracle, s'enferma dans son palais.

IV

Constantin n'était pas aussi confiant que Maxence dans le résultat de la bataille. Le petit nombre de ses troupes l'effrayait. Il avait fait d'avance le sacrifice de sa vie ; mais il ne pouvait penser sans inquiétude au sort qui attendait ses légions dans le cas d'une défaite. Pas un homme ne regagnerait les Gaules et ne reverrait ses foyers. Il sentait vaguement, c'est Eusèbe qui nous le dit, la nécessité d'un secours plus efficace que celui de ses soldats pour combattre les prestiges et les ressources de l'art magique dont le tyran s'environnait. Il voulait s'appuyer sur une force plus grande encore que celle de son armée : il comprenait que Dieu seul donne la victoire. Mais quel dieu invoquerait-il ? Ses collègues avaient placé toute leur confiance dans le culte des idoles ; ils avaient chargé de victimes et d'offrandes les autels du paganisme. On les avait vus, après des oracles qui leur promettaient le succès et la gloire, n'aboutir qu'à l'infortune, aux désastres et à la mort. Ces pensées agitaient l'âme du héros. Il se rappelait que son père, seul entre tous les Césars, avait abjuré les traditions idolâtriques. Cette conduite avait été récompensée par une prospérité sans nuage, tandis que les autres empereurs, livrés à toutes les passions, avaient fini déplorablement leur vie, sans laisser à leurs descendants une seule des couronnes qu'ils avaient portées. Il se rappelait aussi les expéditions de Galérius et de Sévère contre Maxence. Entreprises toutes deux sous les auspices de l'idolâtrie, l'une avait échoué honteusement, l'autre avait entraîné la mort de son chef. A mesure qu'il déroulait ces souvenirs, il arrivait à se convaincre que les dieux de l'empire étaient de vains fantômes et le Dieu de son père le seul Dieu véritable.

Telles étaient les préoccupations et les prières de l'empereur lorsqu'un prodige surnaturel vint frapper ses regards. « Si le récit que je vais faire, dit Eusèbe, m'eût été transmis par une autre bouche, il pourrait trouver des auditeurs incrédules. Mais je le tiens de l'auguste prince lui-même. Bien des années après, quand j'eus l'honneur d'être admis dans son intimité, il me raconta le fait et m'en attesta plusieurs fois par serment l'authenticité. C'est sa narration que je vais reproduire, et bien téméraire serait celui qui oserait s'inscrire en faux contre un pareil témoin, au sujet d'un prodige que les événements survenus depuis ont d'ailleurs suffisamment confirmé. »

Ainsi parle l'historien chrétien, et le récit qu'il nous donne et que nous allons rapporter est confirmé implicitement par Nazarius, l'orateur païen chargé du panégyrique de Constantin neuf ans après la bataille, et explicitement par Lactance, précepteur du fils de Constantin. Le prodige eut lieu, d'ailleurs, devant l'armée entière ; l'évêque écrivait quelques années seulement après la mort de l'empereur ; de nombreux témoins vivaient encore, et toute supercherie eût été vivement relevée et raillée par les auteurs païens.

C'était, d'après Lactance, quelques jours avant la bataille. L'empereur, sachant que le combat était prochain, sortit du camp un peu après midi et gravit une colline, pour étudier la situation de l'ennemi. Ses officiers l'entouraient. Longtemps le prince demeura à la même place, examinant avec soin la plaine et le cours du Tibre. Déjà le soleil s'abaissait sur l'horizon. Tout à coup les officiers jetèrent un cri de surprise. Constantin leva les yeux et resta stupéfait. Une croix lumineuse se déta-chait dans les airs, au-dessus du soleil : une inscription en lettres grecques se lisait distinctement sur la croix : εν τουτω νικα, ins-cription que les siècles ont traduite : *In hoc signo vinces*, tu vaincras par ce signe ! L'armée entière aperçut le signe cé-leste, et l'étonnement fut au comble. La croix n'était point alors un symbole connu de l'empire, et l'inscription paraissait inexplicable. Longtemps l'empereur, silencieux, chercha la signification d'un événement si extraordinaire. On entendait au loin le bruit des fêtes du cirque. Le spectacle était saisis-sant et grandiose. Constantin était encore plongé dans ses réflexions, quand la nuit vint le surprendre et l'obliger à descendre de la colline et à rentrer au camp. La nuit, le pro-dige fut expliqué. Le Christ, Fils de Dieu, apparut au prince, pendant son sommeil, avec le même signe qu'il avait vu res-plendir dans les airs, et lui ordonna de faire reproduire cette image sur les drapeaux, comme un gage certain de la vic-toire. Constantin n'hésita pas. Dès son réveil, il appela des orfèvres et leur décrivit l'étendard sacré. Ils en exécutèrent un modèle enrichi d'or et de pierreries. C'était une *haste* allon-gée, munie d'une antenne transversale à l'instar de la croix ; au sommet de la haste était une couronne portant en son milieu le monogramme du Christ : l'antenne soutenait un tissu de pourpre, formant un carré parfait, sur lequel l'empereur fit gravé son buste et plus tard celui de ses enfants. Chaque légion reçut un étendard dessiné sur ce modèle : Lactance nous dit même que le signe céleste fut reproduit sur le casque et le bouclier de chaque soldat.

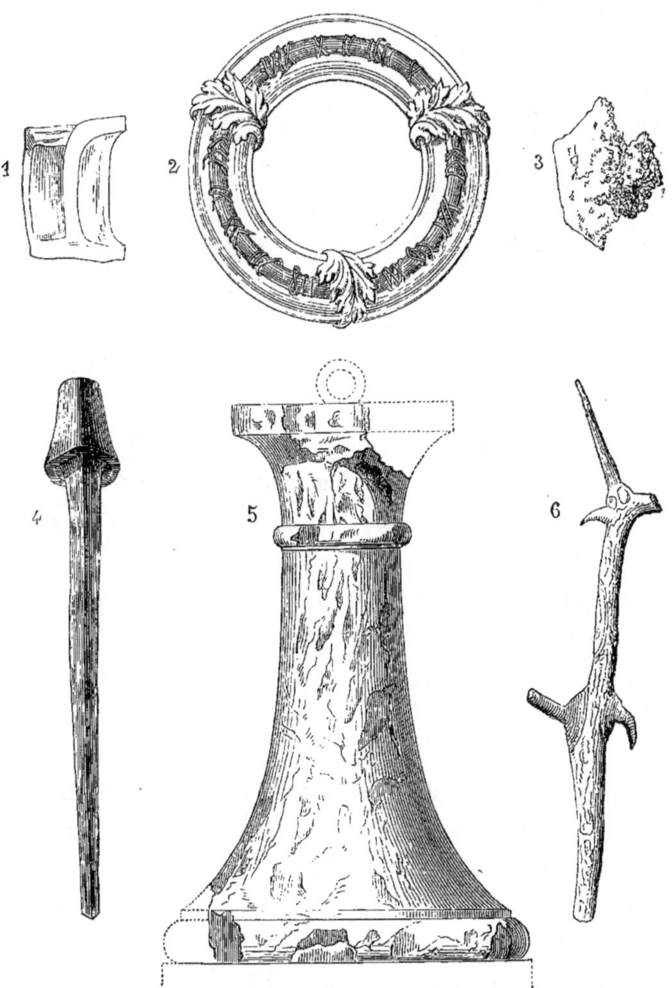

LES INSTRUMENTS DE LA PASSION

DÉCOUVERTS PAR L'IMPÉRATRICE HÉLÈNE, MÈRE DE CONSTANTIN

D'après le *Mémoire* de M. Rohault de Fleury. Paris, 1870, in-4°.

1. Relique du roseau, à la cathédrale de Florence. — 2. La couronne d'épines, donnée par saint Louis à la Sainte-Chapelle de Paris : elle se compose d'un anneau de petits joncs réunis en faisceau. — 3. Relique de l'éponge, à Sainte-Marie du Transtévère, à Rome. — 4. Un clou, à la cathédrale de Trèves. — 5. La colonne de la Flagellation, à Sainte-Praxède de Rome : elle est en marbre noir veiné de blanc; au sommet était scellé un anneau de fer. — 6. Une épine de la couronne, à l'église de la Spina, à Pise.

Tel était le labarum. Après tant de persécutions et d'outrages, la croix, réservée jusque-là comme instrument de supplice pour les criminels, triomphait du monde et devenait l'étendard des légions romaines. « Quand, après trois siècles de tortures, dit le P. Lacordaire, du haut du mont Mario, Constantin vit dans l'air le *labarum*, c'était le sang des chrétiens qui avait germé dans l'ombre, qui était monté comme une rosée jusqu'au ciel, et qui s'y déployait sous la forme de la croix triomphante ! » Aussi le labarum est-il resté, depuis cette époque, le symbole d'espérance et le signe de ralliement des chrétiens : les peintres ont à l'envi reproduit la grande scène, les poètes l'ont chantée, et de nos jours encore une des plus grandes œuvres catholiques a choisi pour insignes et pour devise la croix et l'inscription constantinienne : *In hoc signo vinces !*

Quelques jours après, Constantin, dont le visage respirait enfin la confiance, rangeait son armée en bataille. Il parcourait les rangs et excitait le courage de ses troupes. Sur son casque étincelait le monogramme d'or ; devant chaque légion flottait le labarum.

Les soldats, surpris d'abord, étaient maintenant pleins d'espoir et d'ardeur. Leurs acclamations saluèrent un instant le futur maître du monde. En face d'eux, l'armée de Maxence franchissait le Tibre et s'établissait sur ses rives : faute énorme, car au moindre échec les soldats devaient être précipités dans le fleuve. Mais Maxence était tellement sûr de vaincre, qu'il dédaignait de se ménager une retraite. Il avait fait disposer sur le Tibre un pont de bois composé de deux parties mobiles. Son plan était d'attirer Constantin sur ce pont, d'en séparer alors les deux côtés et de noyer ainsi son ennemi dans les flots. Le fils de Constance Chlore, dressé à l'école de Dioclétien, sut profiter de ces fautes : il groupa ses légions dans la plaine, suppléa par l'habileté de ses dispositions au nombre qui lui manquait, et donna enfin le signal de l'attaque.

V

La bataille s'engagea le 28 octobre 312. Constantin, suivant son habitude, se précipita à la tête de ses gardes sur l'infanterie de Maxence. Entraînées par son exemple, ses légions le suivirent. En un instant l'action devint générale. « Le combat, dit Lactance, s'engagea de part et d'autre avec une égale vigueur et demeura longtemps incertain. Au début même, les troupes de Maxence eurent quelques succès. Le nombre menaçait de l'emporter. »

C'est alors que Constantin put admirer pour la première fois cette protection merveilleuse que le labarum accordait à ses troupes, et dont l'empereur racontait plus tard les effets à Eusèbe, après la défaite de Licinius : en tous les endroits où paraissait l'étendard de la croix, les ennemis prenaient la fuite... L'empereur s'en étant aperçu le fit porter à la tête des troupes, qui commençaient à plier et à lâcher pied, et à l'heure même elles reprirent courage et se sentirent animées d'une ardeur toute divine. Eusèbe nous donne en cette circonstance des détails qui doivent s'appliquer également à la bataille du pont Milvius, où tout parut merveilleux. « Constantin, dit-il, avait choisi parmi ses gardes environ cinquante de ceux qui surpassaient les autres en force de corps, en grandeur de courage et en piété, et il les chargea de garder continuellement l'étendard et de le porter tour à tour. Le désordre s'étant mis dans l'armée au milieu de la chaleur du combat, celui qui portait le labarum eut peur et le donna à un autre pour éviter le péril. Mais il n'en fut pas sitôt déchargé qu'il reçut un trait dans le corps, dont il mourut sur-le-champ en punition de sa lâcheté et de son infidélité. Celui qui s'était chargé de l'étendard en sa place en fut protégé ; quelque quantité de traits que jetassent les ennemis, aucun ne tomba sur lui. C'était une chose merveilleuse à voir que tous les traits demeuraient dans le bois de la croix, quoiqu'il fût fort étroit et qu'aucun ne toucha jamais ceux qui portèrent le signe de notre rédemption. Ce récit, ajoute l'historien, n'est pas de moi, il est de l'empereur, de la bouche duquel je l'ai appris. »

Cependant les heures s'écoulaient, la bataille continuait toujours, et les messagers de Maxence ne lui apportaient pas, comme il l'avait espéré, la nouvelle d'une prompte victoire. L'inquiétude le saisit. D'autre part, le peuple réuni à l'amphithéâtre commençait à croire que les dieux se déclaraient contre le tyran. Le bruit du combat, l'arrivée des messagers, leur allure précipitée, excitèrent les esprits. On oublia les jeux du cirque, et une émeute éclata à l'intérieur de la ville. Le peuple, dit Lactance, cria : « On ne vaincra pas Constantin ! » On entoura le tyran ; on lui reprocha de n'être pas avec les combattants, et son abstention fut traitée de trahison ouverte.

Maxence, éperdu, sentant sa couronne lui échapper, et n'osant cependant désobéir à l'oracle, qui lui avait défendu de quitter Rome, réunit à la hâte quelques sénateurs dévoués à sa cause, et fit consulter les Livres sibyllins. Leur réponse fut celle-ci : « En ce jour, l'ennemi du peuple romain doit périr. » Maxence interpréta à son avantage cette parole ambiguë. Dans l'espérance d'une victoire, il sortit de Rome, franchit le Tibre et rejoignit l'armée. Le pont fut coupé derrière lui.

A l'arrivée de Maxence, la lutte redoubla d'ardeur, et Constantin put juger, en entendant les cris poussés par l'ennemi, que son adversaire venait de prendre le commandement. Il invoqua de nouveau le labarum, et, décidé à en finir, il rallia ses légions et s'élança avec elles sur le point où se trouvait Maxence. Le choc fut formidable ; mais alors se réalisa l'inscription merveilleuse : *In hoc signo vinces!*

« La main de Dieu, s'écrie Lactance, éclata visiblement. » L'armée de Maxence, saisie d'une panique singulière à la vue du labarum qui flottait devant l'armée de Constantin, culbutée par les légions gauloises, fut mise en déroute. Maxence lui-même, entraîné par les soldats et contraint de fuir, se précipita vers le pont rompu. Une multitude immense en encombrait déjà l'abord. Le tyran se fraya un passage et parvint jusqu'au pont, mais, pressé par la foule des fuyards, il fut précipité dans le fleuve. La guerre était finie, la bataille était gagnée. Le labarum dominait les aigles : le Dieu des chrétiens avait tenu parole à Constantin.

Cependant les légions victorieuses poursuivaient leur triomphe et se présentaient aux portes de Rome. Les habitants n'osaient encore témoigner la joie de leur délivrance. La terreur du nom de Maxence était si grande, que d'abord on n'avait pas voulu ajouter foi à la nouvelle de sa mort dans la crainte d'une redoutable vengeance si le bruit était faux et venait à se démentir. Mais le corps du tyran, qui était resté enfoncé dans la vase, ayant été retrouvé et reconnu, fut porté dans la ville entière. Aussitôt les transports d'allégresse éclatèrent, et tout fut préparé pour l'entrée triomphale de Constantin le Grand.

Cette entrée eut lieu le lendemain matin. Le labarum fut porté devant l'empereur. La foule avide se pressait pour contempler le visage du vainqueur tout rayonnant de gloire. Les sénateurs, les chevaliers et le peuple délivré de la servitude accoururent au-devant de lui et le saluèrent comme leur libérateur. « Jamais, dit l'orateur Nazarius, aucun jour depuis la fondation de Rome ne fut plus heureux que celui-là ; aucun des triomphes dont l'antiquité nous a laissé la description ne saurait entrer en comparaison avec le triomphe de Constantin. Ce ne sont pas les captifs étrangers qui ont fait la décoration de cette fête, mais Rome elle-même remise en liberté. A la place des prisonniers de guerre que le vainqueur avait dédaigné de placer dans cette pompe, chacun substituait par la pensée une autre sorte de captifs ; on croyait voir attachés au char de triomphe les monstres les plus terribles, l'impiété domptée, la perfidie vaincue, la cruauté, l'orgueil et la débauche enchaînés. »

L'orateur païen ne croyait pas si bien dire : c'était, en effet, la civilisation chrétienne qui succédait au paganisme. C'était le souffle du christianisme qui était appelé à présider aux destinées nouvelles de l'humanité. Les peuples, arrachés aux superstitions idolâtriques, allaient s'élancer, sous la conduite de leurs pasteurs dans les voies de la grandeur morale, inconnues aux nations païennes. Dans les plis du labarum montant au Capitole flottait la liberté. L'esclavage était frappé à mort. L'homme retrouvait enfin sa dignité native. La force brutale était remise à sa place, au service du droit. C'est ce qu'on pouvait comprendre en lisant les paroles gravées pour la première fois sur un arc de triomphe élevé à la gloire de Constantin : *Instinctu Divinitatis, mentis magnitudine!* « Il a vaincu par l'impulsion de Dieu et la grandeur de son génie ! » Sous ces paroles était cachée la plus heureuse révolution qu'ait jamais vue le monde !

VI

Pour apprécier toutes les conséquences de la grande journée que nous venons de raconter, et mesurer la distance qui

L'ARC DE CONSTANTIN, DÉDIÉ VERS L'AN 315, A ROME

Au frontispice de l'arc on lit en latin l'inscription suivante : « Au très grand empereur Flavien Constantin, César Auguste. Le Sénat et le peuple romain ont dédié cet arc de triomphe pour avoir, sous l'inspiration de Dieu et par la grandeur de son âme, vengé à la tête de son armée la République, en abattant du même coup le tyran (Maxence) et tout son parti.

sépare l'ère nouvelle de celle du paganisme, il faut étudier les premiers actes de Constantin.

A peine le vainqueur fut-il entré dans Rome, qu'il appela près de lui le représentant de la royauté spirituelle, le pape saint Melchiade. A partir de ce jour il y eut deux souverainetés reconnues et proclamées dans le monde. La véritable gloire de Constantin fut de comprendre et de remplir à merveille le rôle d'empereur chrétien qu'il définissait ainsi lui-même, en s'adressant aux Pères du concile de Nicée : « Vous avez été établis par Dieu évêques pour le dedans de l'Église, et moi, je l'ai été pour le dehors. » Cette notion si juste de la monarchie chrétienne n'abandonna jamais le héros du pont Milvius : c'est elle qui le guida dans ses réformes législatives, dans son intervention au concile de Nicée, dans ses ordonnances relatives au culte chrétien : aussi, les évêques donatistes s'étant adressés à lui pour obtenir un jugement, leur fit-il cette réponse qui devrait, dit avec raison l'abbé Darras, être écrite en lettres d'or : « Eh quoi! vous me demandez des juges, vous, évêques, à moi qui suis dans le siècle et qui attends moi-même le jugement de Jésus-Christ ! » Le prince qui parlait ainsi avait une idée bien haute et bien rare de ses devoirs et de sa mission.

Deux mois après la bataille, Constantin se rendit à Milan pour le mariage de sa sœur avec Licinius, son collègue, et c'est de cette ville que fut datée la grande charte de la liberté chrétienne : « Nous, Constantin et Licinius, empereurs augustes, réunis à Milan, dans notre sollicitude pour les grands intérêts du bien public, nous accordons la liberté absolue, pleine et entière du culte chrétien. Cette concession, faite aux chrétiens absolument et simplement, s'étend aux autres cultes, car il convient à la gloire et à la tranquillité de notre règne que chacun de nos sujets jouisse de la liberté religieuse et qu'on ne puisse nous soupçonner de mettre des entraves au culte de la divinité. Mais, par faveur spéciale envers les chrétiens, nous décrétons que les lieux où ils avaient autrefois coutume de se réunir, et qui ont été violemment confisqués, leur seront restitués. Ainsi demeurera perpétuel et stable le témoignage de notre reconnaissance et de notre amour envers le Dieu qui nous a couverts de sa protection. »

Par cet édit fameux, Constantin se reconnaissait l'obligé de Dieu, décrétait l'émancipation de l'Église et rendait justice aux chrétiens dépouillés; mais il ne répondait aux trois siècles de persécution que par la liberté laissée aux païens de suivre leur religion. On peut juger par là de la différence entre les deux civilisations : le paganisme tuait les serviteurs du vrai Dieu ; le christianisme déclarait que la foi religieuse ne s'impose pas par la violence. Il n'y a point de gloire plus brillante ni plus pure pour l'Église.

Après avoir frappé ce grand coup, qui retentit d'un bout à l'autre de l'empire, les deux souverains se séparèrent, et Constantin s'occupa presque aussitôt de mettre la législation en complet accord avec les doctrines du christianisme, en évitant toutefois la violence et la brusquerie. Ce monument législatif, après tant de siècles écoulés, excite encore notre admiration.

« Désormais, déclare Constantin, les condamnés aux mines ne seront plus marqués au front. La face humaine, créée à l'image de la beauté divine, ne doit point être ainsi déshonorée. »

« Il est temps, dit-il encore, d'arrêter la barbarie des pères dénaturés qui donnent la mort à leurs enfants. S'il se trouve des parents qui ne puissent nourrir leurs enfants, qu'on prenne ce qui sera nécessaire sur le trésor public ou sur mon domaine privé. »

Au préfet de Rome l'empereur écrit : « Désormais, le maître qui aura mis à mort son esclave sera puni comme homicide. »

Un édit supprimait la prison et la flagellation pour dettes; un autre interdisait les combats de gladiateurs : « Il ne convient pas que le sang humain soit versé en pleine paix, comme un passe-temps à l'usage des oisifs. » Un décret solennel punissait les hommes qui mutilaient leurs semblables pour avoir des eunuques, et affranchissait les esclaves victimes de ce crime; une autre loi abolissait le supplice de la croix. L'homme retrouvait enfin sa dignité et sa liberté. La civilisation naissait au moment où l'Eglise sortait radieuse des Catacombes.

A mesure que l'empereur connaissait davantage la vérité, il modifiait ou abrogeait les lois civiles qui paraissaient contraires au droit naturel ou à l'ordre social chrétien. Cette partie de la législation constantinienne, dans l'ordre économique aussi bien que dans l'ordre moral, est extrêmement remarquable et pourrait encore servir de type. C'est en l'étudiant qu'on voit à quel point l'action du pouvoir est juste et bienfaisante lorsqu'elle se conforme au plan divin, et combien grande est la différence entre les procédés despotiques des gouvernements qui n'ont en vue que l'intérêt matériel, et ceux de l'Etat qui cherche avant tout le bien des âmes.

Les lois païennes, par exemple, avaient frappé durement le célibat. La loi Papia Poppæa privait ceux qui n'avaient pas d'enfants des successions auxquelles ils avaient droit. Cette matière avait été réglementée dans les plus grands détails. L'empereur abrogea cette législation et protégea la virginité catholique.

En même temps il commençait à saper l'esclavage avec prudence et habileté; il proclamait d'abord le principe éminemment chrétien que même soixante ans de servitude ne pouvaient prescrire contre la liberté humaine. Il levait tous les obstacles qui avaient été apportés par la législation païenne à l'affranchissement, et permettait de rendre aux esclaves leur liberté dans l'église, en présence du peuple et des évêques, ne demandant qu'une attestation des ministres de l'Eglise. Il défendait aux juifs d'avoir des esclaves chrétiens, disant qu'il n'était pas juste que ceux qui avaient été rachetés par le Sauveur demeurassent sous la puissance de ceux qui l'avaient tue, et enfin il ordonnait à ceux qui connaîtraient des personnes injustement retenues en servitude d'en avertir les magistrats.

En l'année 316, l'empereur alla plus loin. Il sanctionna l'observation du dimanche pour tout l'empire. Les tribunaux durent vaquer le premier jour de chaque semaine, *dies dominica,* et les travaux industriels et commerciaux durent être interrompus. Bienfait immense, dont, après tant de siècles, nous ne pouvons qu'avec peine mesurer toute la portée. Le chômage obligatoire du dimanche et des grandes fêtes apportait au peuple, aux esclaves, aux ouvriers, aux déshérités de ce monde, un repos délicieux et le temps nécessaire pour songer à la vie future. Toutes ces ordonnances furent couronnées par la loi du 23 juin 318 qui permettait aux parties de décliner la juridiction des magistrats de droit commun pour s'en rapporter au jugement des évêques : cette loi inaugura la magistrature des pontifes, qui devinrent à la fois les juges et les pasteurs de leurs frères.

C'est surtout à partir de cette époque que l'influence de la journée du pont Milvius se fait sentir sur le monde. Constantin n'hésite plus à rendre à l'Église la place qu'elle devait désormais occuper dans le monde. De magnifiques basiliques sont élevées partout à la gloire du vrai Dieu : à Rome, la basilique constantinienne, le baptistère impérial de Saint-Jean de Latran, l'église de Saint-Pierre au Vatican, celle de Saint-Paul extra muros ; à Jérusalem où sainte Hélène avait eu le bonheur de retrouver la vraie croix, le Saint-Sépulcre et la basilique de Sainte-Croix ; en Italie, celle de sainte-Agnès, celle de Saint-Laurent, celle des Saints-Pierre-et-Marcellin, celle des Saints-Pierre-et-Paul à Ostie ; celle de Saint-Jean-Baptiste à Albe ; celle des Apôtres à Capoue ; celle de Naples, etc. Toutes ces basiliques furent dotées d'un revenu de 31 062 solidi, soit 2 897 000 francs de notre monnaie. Plus tard, l'empereur éleva et dota de la même façon les églises de la nouvelle capitale qu'il avait bâtie sur les rives du Bosphore, Constantinople.

En même temps, Constantin exhortait sans cesse ses sujets à renoncer au culte des idoles : « Je voudrais, disait-il, qu'il n'y eût dans l'empire que des orateurs du vrai Dieu. » Il faisait distribuer à ses armées une prière qu'on récitait chaque jour sur les rangs, et lui-même, en son palais, donnait l'exemple de la piété. Il écrivait à Sapor, roi de Perse : « Combien grande a été ma joie, d'apprendre que vos principales villes possèdent des églises chrétiennes. C'est un bonheur pour votre empire ; je les recommande spécialement à votre bienveillance. En les protégeant, vous vous ferez à vous-même, ainsi qu'à nous, une grâce infinie. »

Les évêques surent témoigner à l'empereur chrétien leur reconnaissance. En 325, l'Église étant déjà troublée par l'hérésie d'Arius, Constantin réunit, de concert avec le pape, tous les évêques du monde au concile de Nicée. Trois cent dix-huit prélats se trouvèrent présents, venant d'Italie, des Gaules, d'Espagne, de la Grande-Bretagne, de l'Afrique, de l'Égypte, de l'Asie Mineure, de la Macédoine, et même de la Perse et de la Scythie, avec une foule innombrable de prêtres et d'acolytes comme pour témoigner de la force et de la grandeur de l'Église naissante. « Les hommes de Dieu, dit Eusèbe, passaient sans crainte au milieu des compagnies des gardes qui étaient debout, l'épée nue, à l'entrée du palais. C'était sans doute une image du royaume de Jésus-Christ, et il semblait que ce fût un songe. » Le 9 juin, jour de la première séance publique, les Pères se placèrent dans la grande salle du Palais en attendant l'arrivée de l'empereur. Lorsque Constantin parut, revêtu de la pourpre impériale, tous les évêques se levèrent pour honorer l'élu de Dieu, le prince qui avait clos l'ère des martyrs. Saint Eustache d'Antioche le salua et rendit grâces à Dieu des merveilles accomplies sous son règne. Constantin répondit par une courte harangue sur la paix de l'Église et la joie que lui causait la réunion du concile; puis les légats du pape ouvrirent la discussion. Quel tableau! quel sublime spectacle que celui de l'élite de l'humanité rassemblée de tous les coins du monde pour venger la divinité du Christ, et quel contraste, à vingt ans de distance, entre Nicodémie et Nicée, les saturnales de la cour païenne et les pompes de l'Église, Galérius et Constantin le Grand !

Un tel règne eût été le plus grand qu'ait vu l'humanité, si Constantin n'eût prêté l'oreille, sur la fin de sa vie, aux intrigues de l'arianisme ; mais sa gloire n'en reste pas moins éclatante, et les peuples, heureux sous cette domination juste et paternelle, croyaient la dynastie constantinienne assise pour des siècles sur le trône. Les souvenirs du pont Milvius, le labarum, la paix qui régnait dans le monde entier, la construction des basiliques, la découverte du Saint-Sépulcre, la réunion du concile œcuménique et la condamnation solennel de l'arianisme, inspirèrent une pléiade de Virgiles chrétiens. Ce fut l'aurore de la poésie chrétienne, que devaient illustrer un jour Dante, le Tasse et Racine. L'un chante la Pâque, la Résurrection, présage de la sortie des catacombes : « Sous les rayons étincelants du soleil de mai, la terre se couvre de fleurs ; les pôles s'entr'ouvrent pour laisser passer une plus grande lumière ; le sol fertile épanche ses premiers dons avec abondance et variété : c'est la saison qui prépare les richesses. La douce violette émaille les champs embaumés, l'herbe reverdit dans les prairies, la tige s'élance, grandit et se pare de sa couronne de fleurs ; l'oiseau, si longtemps muet, réapprend ses chansons. C'est pour le Christ, triomphant de la mort, que la feuille germe dans les bois, la fleur dans les prés : le Crucifié d'hier règne partout aujourd'hui. Salut, jour fortuné, célèbre à jamais dans la suite des âges où l'on vit un Dieu triompher du trépas ! »

Un autre, un Gaulois inconnu, chante le Sauveur et dédie son poème à Constantin, « ce héros par le génie, ce père par la bonté, ce victorieux dont l'univers bénit le triomphe, cet empereur qui rend l'obéissance facile, parce qu'il se soumet le premier aux lois de Dieu ». Un autre célèbre avec enthousiasme la victoire de l'Église : « Donc le Christ, notre roi, règne aujourd'hui sur l'univers ! Jadis les soldats de la Grèce, et plus tard ceux du Latium, élevèrent partout les trophées de leurs victoires ; maintenant, c'est le Christ qui dresse son étendard, emblème du triomphe, aussi durable que l'éternité. Le Christ a vaincu les tyrans : que de fois n'avaient-ils pas renouvelé la lutte ! Mais c'était à nos jours que la victoire était réservée. » D'autres, enfin, chantent la gloire de Constantin, soit dans des acrostiches figurant le monogramme du labarum, soit au début de longs poèmes racontant l'histoire évangélique : « C'est le Christ, s'écrie l'un deux, Juvencus, c'est le Christ qui me fait ces loisirs en donnant la paix à notre siècle. La paix, il la maintient sous son sceptre clément, le triomphateur du monde,

Constantin, digne fils de la Grâce. Seul de tous les empereurs, il marche à la lumière du Christ et conquiert les palmes éternelles par la sainteté de sa vie. »

Heureux temps que celui où l'on pouvait chanter l'union de l'Empire et du Sacerdoce ! heureux temps, que le monde chrétien n'a pas souvent salué ! Les triomphes que Dieu réserve à son Eglise sont éclatants, mais courts. La barque dans laquelle nous sommes avec Pierre est ballottée par une mer sans cesse orageuse, et les jours de soleil ne sont que de rapides éclaircies entre deux nuages. Celui du pont Milvius fut un des plus beaux ; mais à peine les chrétiens avaient-ils pu sortir des catacombes pour rendre grâces à Dieu, à peine l'Église avait-elle eu le temps de se reconnaître et la papauté de revêtir la tiare, que la tempête arienne éclatait, Julien l'Apostat grandissait, et au loin, sur les rives du Danube et du Rhin, les épées des barbares s'aiguisaient, à l'ombre des forêts.

D'après une fresque des Catacombes.

Clovis reçoit de la Religion la couronne et l'épée.

La Religion remet à Clovis les insignes de la royauté et lui dit : « Défends-moi, je te protégerai. »
Gravure de P. Le Pautre, dans l'*Histoire de France* du P. Adrien Jourdan. Paris, 1679.

<h2 style="text-align:center">CHAPITRE II</h2>

BATAILLE DE TOLBIAC

I

Le navire agité par la tempête, image
de l'Église au milieu du monde.
Tiré des *OEuvres du Bienh. François de Sales.*

OLBIAC ! quel Français pourrait écrire ce nom sans ressentir un joyeux frisson ? Tolbiac ! la grande journée dans laquelle l'Église, par un nouveau bienfait de la grâce de Dieu, vit venir à elle la première nation barbare ! Tolbiac ! la bataille qui scella pour de longs siècles l'alliance intime de la France et de la papauté ! Tolbiac ! ce coup de tonnerre providentiel qui déchira les nues, et en fit jaillir, comme une ondée de salut, la monarchie chrétienne et le royaume du Christ !

Deux siècles s'étaient écoulés depuis la bataille du pont Milvius. Deux siècles bien différents : l'un qui devait marquer le dernier éclat de l'empire romain, avec Constantin à son début et Théodose à sa fin ; l'autre, qui porte le nom de siècle des invasions. La nuit la plus profonde s'était faite sur le monde entier après le sac de Rome par Alaric en 410, l'invasion de Genséric en Espagne et en Afrique, celle d'Attila dans les Gaules, et celle d'Odoacre en Italie ; les barbares, franchissant à la fois le Rhin et [le Danube, avaient tout détruit, tout pillé, tout brûlé sur leur passage. Villes et villas, forteresses, travaux publics, pont et aqueducs, routes et canaux, tableaux et statues, tout ou presque tout avait péri. Les livres eux-mêmes, dont les Romains étaient à bon droit si fiers, les livres avaient disparu. L'histoire ne nous offre pas un autre exemple d'une destruction aussi générale et aussi rapide. En moins de cent ans, la civilisation romaine est complètement anéantie, et le coup est si brusque et si violent, que les traditions elles-mêmes sont rompues. Les hommes qui vivaient à la fin du cinquième siècle parlaient déjà de l'empire comme d'une époque lointaine, et pourtant leurs grands-pères avaient pu contempler la gloire de Théodose ! Sachons nous incliner devant cette effroyable exécution des arrêts de Dieu. Il n'y a là rien d'humain, et le surnaturel apparaît clairement.

Le peuple romain était resté sourd à l'appel du Christ et de ses apôtres. Les merveilles du pont Milvius ne l'avaient pas éclairé. Les successeurs de Constantin, Constance, Julien l'Apostat et Valens, se livrèrent à l'hérésie ou à l'impiété et persécutèrent l'Église. En vain le grand Théodose fit-il renaître un instant les jours de Constantin et offrit-il après le massacre de Thessalonique l'admirable exemple de la pourpre impériale s'humiliant devant saint Ambroise ; en vain dans ce siècle étonnant, de grands saints, saint Athanase, saint Martin, saint Basile, saint Augustin, saint Jérôme et saint Jean Chrysostome, donnèrent-ils à l'Église un éclat incomparable ; la coupe d'iniquité était pleine. Dieu fit un signe, et les forêts de la Germanie, les steppes du Volga, les plaines de la Tartarie, s'ouvrirent comme les cataractes célestes au temps du déluge et laissèrent passer des foules innombrables d'hommes vêtus de peaux de bêtes, armés de haches et de flèches, au visage féroce, aux jarrets d'acier, allant devant eux, au hasard, suivis de leurs familles et de leurs chariots, et dans un sentiment confus de leur mission, s'écriant avec un de leurs chefs : « Laissez passer le fléau de Dieu ! »

Il n'y avait plus d'armées et plus d'hommes dans le vieil empire : le fléau passa.

Ce furent d'abord les Wisigoths qui franchirent le Rhin et les Alpes, ravagèrent les Gaules et pénétrèrent en Italie. Une force inconnue poussait leur chef : « Une voix intérieure, disait-il, me crie sans cesse : Marche et va saccager Rome ! » En 410, la Ville éternelle fut pour la première fois vaincue, prise et pillée. Plus heureux qu'Annibal, Alaric entra, victorieux, dans la cité de Romulus. L'empereur Honorius, indigne fils de Théodose, s'enfuit à Ravenne, et Rome fut mise à feu et à sang ; mais le pape saint Innocent resta à son poste, et les barbares s'inclinèrent devant la majesté du souverain pontife.

Vingt ans plus tard, les Vandales passaient d'Espagne en Afrique et détruisaient cette riche province qui nourrissait l'univers. Toutes les villes furent brûlées et toutes les églises ruinées. Cette année même, le grand Augustin mourait, au bruit de l'incendie qui dévorait sa ville d'Hippone. Avec lui s'éteignait, pour quatorze siècles, l'Afrique chrétienne.

Les Francs entraient à ce moment au nord de la Gaule,

s'emparaient de Cambrai, de Tournai et d'Amiens, et s'arrêtaient pour quelques années devant les Burgondes, les Alains et les Wisigoths, qui déjà s'étaient établis à l'est et au sud-ouest du pays.

Tout à coup paraît Attila, le roi des Huns, Attila, le grand *faucheur d'hommes,* qui disait de lui-même, avec une énergie sauvage : « L'étoile tombe, la terre tremble ; je suis le marteau de l'univers. L'herbe ne croît plus où le cheval d'Attila a passé.» Traînant après lui 5oo ooo hommes, il franchit le Rhin, pénètre dans les Gaules, pille et brûle Reims, Arras, Besançon, Langres, Auxerre, Metz, recule à Troyes devant la calme dignité de saint Loup, s'écarte de Paris où priait sainte Geneviève, s'abat sur Orléans et recule enfin jusqu'à Châlons, où les forces réunies d'Aétius, de Théodoric et de Mérovée lui infligent une effroyable défaite. Attila repasse le Rhin, et revient plus furieux encore, l'année suivante : il met à feu et à sang la Pannonie, ruine Aquilée, Padoue, Vérone, Milan et Pavie, et s'élance enfin vers Rome. La dernière heure de l'empire semble avoir sonné. Mais saint Léon le Grand est là, et une seconde fois l'épée des barbares s'incline devant la tiare. Le roi des Huns, saisi de respect à la vue du grand pontife, quitte l'Italie et se retire au-delà du Danube où la mort l'enleva subitement.

L'Occident tout entier était rempli de barbares. Le dernier empereur romain, Romulus Augustulus, monta enfin sur le trône ; mais un nouveau flot d'ennemis, Hérules, Alains, Scythes, Rugiens et Turcilinges, entra dans la haute Italie, sous la conduite d'Odoacre, emporta d'assaut la ville de Pavie et se précipita sur Ravenne. L'empereur, fait prisonnier, fut dépouillé de la pourpre, et le 23 août 476, Odoacre était proclamé roi d'Italie.

L'empire n'existait plus ; mais l'Église, après avoir été

persécutée par lui pendant trois siècles, se tenait debout sur ses ruines !

II

Presque à la même époque, en 481, un jeune homme de quinze ans, Clovis, fils de Childéric, était élu roi des Francs Saliens et montait sur le pavois.

Chef d'une tribu petite par le nombre, mais renommée déjà par sa bravoure dans les combats, ce jeune barbare portait au front le signe de l'énergie créatrice, et ses premiers coups furent des coups de maître. Suivant, avec une prudence et une habileté peu communes, la politique de son père, il fit demander à l'empereur d'Orient, Zénon, le brevet de patrice romain et le titre de maître des milices impériales dans les Gaules. Sitôt qu'il eut obtenu cette faveur, Clovis envoya sommer son redoutable voisin Syagrius, qui occupait l'Artois et la Champagne et qu'on appelait roi des Romains, de le reconnaître pour lieutenant de l'empereur. Sur son refus, il fit appel aux tribus franques, celle des Ripuaires à Cologne et celle de Ragnacaire à Cambrai, se précipita avec elles sur l'armée de Syagrius, et la tailla en pièces. Syagrius s'enfuit à Toulouse, à la cour du roi des Wisigoths, Alaric II ; mais Clovis revendiqua son captif, qui fut livré et mis à mort. Ce premier succès doublait les États du jeune roi.

Déjà Clovis montrait pour l'Église et les évêques une déférence que Dieu devait récompenser magnifiquement plus tard. Le futur fondateur de la monarchie française était entré de bonne heure en relations avec le grand évêque de Reims. Nous en avons pour témoignage la lettre admirable que saint Remi lui adressa quand il sut que le jeune barbare venait d'obtenir le titre de patrice : « Une grande nouvelle nous arrive, lui écrivait-il. Vous êtes placé à la tête des armées franques. Il importe de répondre aux desseins de la Providence, qui récompense votre mérite en vous élevant au comble des honneurs. Prenez pour conseillers des personnes sages. Soyez prudent, chaste et modéré. Rendez honneur aux évêques et ne dédaignez pas leurs conseils. Élevez l'âme de vos peuples. Soulagez les veuves, nourrissez les orphelins, qui plus tard vous serviront. Que la justice soit dans votre cœur et sur vos lèvres, et que votre prétoire soit ouvert à tous. Rappelez-vous qu'à votre audience, nul ne doit s'apercevoir qu'il est étranger. A vos jeux appelez, si vous voulez, les jeunes gens de votre âge ; mais ne traitez les affaires qu'avec les vieillards, et vous régnerez glorieusement ! »

C'est par cette attitude à la fois paternelle et franche que saint Remi préludait au rôle que devaient jouer les évêques au milieu des sociétés nouvelles.

Malheureusement l'Église était alors dans une situation précaire. Ses ministres, sans doute, étaient entourés du respect des peuples et formaient un lien précieux entre l'ancienne société romaine et les tribus barbares, mais depuis la chute de l'empire, il n'y avait plus une seule nation catholique. Les Wisigoths, les Burgondes et les Vandales avaient embrassé l'arianisme et persécutaient les catholiques, pendant que l'empereur d'Orient, avec l'Hénotique, commençait ces interminables disputes théologiques, qui devaient aboutir au grand schisme. De toutes parts, les peuples faisaient des vœux contre les tyrans et appelaient un libérateur. Dans les Gaules, de vives sympathies s'éveillaient déjà pour la nation franque, et ce sentiment encore timide et confus est admirablement rendu par Grégoire de Tours lorsqu'il dit : « Bien que la terreur des Francs retentît déjà dans ces contrées, tous désiraient ardemment leur règne. »

C'est alors que l'évêque de Reims eut une inspiration providentielle.

Auprès de l'arien Gondebaud, roi des Burgondes, vivait une jeune fille, sa nièce, qui portait le nom de Clotilde et faisait l'ad-

SAINT REMI, LE PATRIARCHE DE LA NATION FRANÇAISE
DANS UN GROUPE DE CONFESSEURS
Peintures murales d'Hippolyte Flandrin; église Saint-Vincent-de-Paul, à Paris.

miration de tous les courtisans par sa grande piété. Sa réputation s'étendait déjà au loin. Saint Remi conseilla au roi franc d'épouser la princesse catholique, et des négociations propres à ces temps troublés, telles que nous les rapporte naïvement Frédégaire, s'engagèrent aussitôt. — « Nommer sainte Clotilde, s'écrie Mgr Freppel dans un de ses plus éloquents panégyriques, c'est rappeler les origines de la royauté et de l'Église de France; c'est rappeler l'enfantement d'une grande nation à la foi catholique; c'est rappeler l'alliance immortelle de la religion avec la patrie. Clovis, Remi, Geneviève; le champ de bataille de Tolbiac, les fonts baptismaux de Reims; la royauté chrétienne, l'épiscopat chrétien, la virginité chrétienne; tous ces noms, tous ces faits, toutes ces institutions rayonnent et se groupent autour de la noble figure qui surgit de là comme le type sacré de l'épouse, de la mère et de la reine chrétienne. »

Le mariage eut lieu, et Clotilde devint reine des Francs. Mais Clovis et son peuple étaient encore païens. Longtemps Clotilde supplia vainement le roi d'abandonner l'idolâtrie : « Les dieux que vous adorez, lui disait-elle, ne sont que vanité; impuissants par eux-mêmes, ils ne peuvent vous être d'aucun secours : ce sont des dieux de bois, de pierre ou de métal. Le Dieu qu'il faut adorer, c'est celui qui, de rien, a fait toutes choses, qui a créé le ciel et la terre et formé l'homme de sa propre main. » Ces paroles glissaient sur l'âme du roi. Les années s'écoulaient, et le conquérant des Gaules restait idolâtre. De cruelles épreuves semblaient devoir reculer sa conversion. Clotilde avait obtenu que son premier-né, Ingomer, fût baptisé; mais l'enfant était mort *in albis*, alors qu'il portait encore les habits blancs, dans les huit jours qui suivirent la pieuse cérémonie, et Clovis avait trouvé dans cette mort un motif pour se rattacher à l'erreur. Quand la maladie de son deuxième fils, baptisé comme le premier, déchira le cœur de la reine par de nouvelles angoisses, Dieu jugea que c'en était assez pour éprouver sa fidélité, et la prière de Clotilde sauva les jours du jeune Clodomir.

Cependant, ajoute Grégoire de Tours, « la reine ne cessait de presser son époux, lui montrant la nécessité de reconnaître le vrai Dieu et d'abandonner le culte des idoles. Mais elle ne pouvait rien gagner sur son esprit ».

Ces paroles de notre historien national nous font entrevoir les difficultés auxquelles se heurtaient la piété de sainte Clotilde et la persévérance des évêques. La grande vertu des Francs était la fidélité aux traditions nationales, et ces traditions relevaient toutes du culte d'Odin. Abandonner devant les guerriers qui tant de fois avaient versé leur sang pour sa gloire les dieux scandinaves, et se courber devant le Dieu des chrétiens, c'était, aux yeux de Clovis, renier les ancêtres et s'aliéner le cœur des Francs. Clovis aimait Clotilde ; il écoutait volontiers saint Remi et était prêt à faire toutes les concessions qui ne lui semblaient pas devoir compromettre son autorité, mais il ne voulait pas aller au delà.

Pour vaincre cette résistance, pour frapper l'esprit de la nation tout entière, l'arracher aux idoles et la jeter dans le giron de l'Église, il fallait un prodige, et ce prodige eut lieu dans les champs de Tolbiac, en 496.

III

L'époque à laquelle est placé le grand événement que nous racontons est une époque obscure. Les historiens nous font défaut. Les barbares ne connaissaient que leur épée, et se préoccupaient peu de faire enregistrer leurs exploits ; aussi n'avons-nous qu'un très petit nombre de documents relatifs à la bataille de Tolbiac, et de vives controverses se sont élevées, non sur l'invocation de Clovis au Dieu de Clotilde, ni sur le baptême des Francs, mais sur certains détails importants. En quel lieu précis se livra la bataille ? Près de Cologne ? dans la plaine de Zulpick, ou à quelques lieues de Strasbourg? Quelle était cette nation des Alamanni que Clovis alla combattre? Qui la commandait? Nous n'avons sur tous ces points que des renseignements incomplets.

Mais notre mission n'est pas d'éclaircir ces problèmes. Notre rôle consiste à mettre en lumière l'action tutélaire de l'Église dans les grandes journées qui ont établi ou sauvé la civilisation chrétienne. Nous allons de sommets en sommets, nous bornant à nous arrêter sur chacun d'eux pour jeter un regard sur les siècles, comme le voyageur qui fait halte sur un pic élevé pour contempler à loisir les vallées qui sont à ses pieds. Il importe peu que telle plaine ou telle colline soit à demi effacée dans l'ombre et que le paysage soit borné ici ou là; l'œil n'en est pas moins satisfait et réjoui par la grandeur et la majesté de l'ensemble.

Nous laisserons donc de côté toutes les discussions, nous bornant à constater avec une joie filiale que les recherches modernes de la vraie science historique donnent de plus en plus raison aux traditions catholiques. Le mouvement qui semblait dirigé au début de notre siècle contre l'Église lui a été favorable, et nous n'avons qu'à applaudir aux travaux de tous les hommes qui, depuis soixante ans, fouillent avec tant d'ardeur et d'enthousiasme les documents qui nous restent sur la jeunesse de notre patrie.

Pour raconter Tolbiac il suffirait presque de traduire Grégoire de Tours. La sincérité de cet historien, qui écrivait vers l'an 580, est aujourd'hui reconnue aussi bien par les adversaires que par les amis de l'Église :

« Une guerre éclata, dit-il, entre les Alamanni et les Francs. Clovis fut alors contraint par les événements de faire ce qu'il avait toujours refusé jusque-là. Au moment où les deux armées

LE PACTE DE TOLBIAC

Composition de Le Brun. Gravure tirée de la revue *le Règne de Jésus-Christ*, année 1887,
d'après l'estampe conservée au musée eucharistique de Paray-le-Monial.

étaient aux prises, les troupes franques furent repoussées en tel désordre que les bataillons, refoulés les uns sur les autres, se donnaient mutuellement la mort. A ce spectacle, Clovis ne put retenir ses larmes. Le cœur brisé, il leva les yeux au ciel et s'écria :

« Jésus-Christ, vous que Clotilde appelle le Fils du Dieu
« vivant, s'il est vrai que vous protégez ceux qui vous invoquent
« et donnez la victoire à vos serviteurs, j'implore votre assis-
« tance ! Si vous me faites triompher de mes ennemis, si vous
« étendez sur moi cette puissance dont votre peuple reconnaît
« l'efficacité, je jure de croire en vous et de me faire baptiser en
« votre nom. J'ai prié mes dieux, ils ne m'ont point écouté :
« j'en ai la preuve. A vous de m'arracher au péril ! »

« A peine eut-il parlé ainsi, que le combat changea de face. Les Francs reprirent une ardeur nouvelle ; bientôt les Alamanni plièrent et se mirent en pleine déroute. Leur roi fut tué. Les vaincus implorèrent alors la clémence du roi des Francs. « Faites cesser le massacre, lui dirent-ils : nous
« sommes prêts à reconnaître votre autorité et à devenir votre
« peuple. »

« Clovis donna aux siens l'ordre de cesser le carnage, et ra- mena ses troupes sous la tente. Au retour, il raconta à la reine comment il devait la victoire à l'invocation du nom de Jésus- Christ. »

Dans ce récit si simple et si plein de grandeur est renfermée toute la tradition française. C'est tout ce qui nous reste de l'un des plus graves événements qu'ait vus l'histoire ; mais ces quel- ques lignes suffisent pour nous permettre de louer à jamais le Dieu des armées qui exauça les prières de Clotilde et prêta l'oreille au cri du chef barbare.

C'est depuis ce jour et cette heure que nous sommes une

nation chrétienne et que notre patrie est devenue la *fille aînée de l'Église.*

Clovis n'était pas un ingrat. Il revint en ses États, couvert de gloire, emmenant avec lui un pieux solitaire, Védastus, qu'il avait trouvé sur les rives de la Meuse et qui, sur la route, commença à l'instruire des vérités de la religion. Saint Remi l'attendait à Reims avec Clotilde. Sitôt après l'entrée triomphale eurent lieu les premières conférences.

Reprenons ici le récit de Grégoire de Tours. Il n'y a rien de plus touchant que cette page de nos annales :

« Cependant Remi, exactement informé par Clotilde des dispositions du roi, achevait de l'instruire de toutes les vérités du christianisme et le pressait de déclarer enfin sa conversion.

« Père saint, lui répondit Clovis, je suis prêt. Pourtant, une
« considération me retient encore. Le peuple qui me suit ne
« veut pas qu'on abandonne ses dieux. Je vais convoquer les
« Francs, et je leur parlerai dans le sens de vos instruc-
« tions. »

« L'assemblée eut lieu. Sans doute le projet royal était connu de tous, car avant même que Clovis eût pris la parole, aussitôt qu'on le vit paraître, une acclamation générale se fit entendre :

« Pieux roi, dirent les Francs, nous abjurons le culte des
« dieux mortels, nous voulons servir le Dieu immortel que Remi
« adore ! »

« Le bienheureux évêque, en apprenant cette décision nationale, fut rempli d'une grande joie, et prépara tout pour le baptême solennel. »

Un autre chroniqueur nous dit que l'évêque de Reims appela aussitôt plusieurs de ses collègues dans l'épiscopat et un grand nombre de prêtres pour instruire dans la foi la multitude de néophytes que l'exemple de Clovis et le miracle de Tolbiac amenaient aux pieds du Christ. Quel spectacle que celui de cette nation entière écoutant les enseignements des ministres de Dieu ! Aimoin raconte qu'un jour Clovis, entendant le récit de la passion du Sauveur, interrompit la lecture et s'écria :

« Si j'eusse été là avec mes Francs, j'aurais vengé les injures de mon Dieu ! »

Le jour choisi pour le baptême était le *jour de Noël* 496. « Dans la soirée qui précéda la cérémonie, dit Hincmar, le saint et vénérable Remi passa quelques heures en prières devant l'autel de l'église de Sainte-Marie, pendant que la reine Clotilde priait elle-même dans l'oratoire de Saint-Pierre, à proximité de la demeure royale. Après son oraison, le pontife se rendit près du roi, voulant profiter du silence de la nuit pour lui donner ses dernières instructions. Les chambellans lui ouvrirent les portes et l'introduisirent près de leur maître. Clovis s'avança à sa rencontre, l'embrassa et le conduisit près de la reine, dans l'oratoire du très bienheureux Pierre, prince des apôtres. On disposa des sièges pour le roi, la reine, les clercs qui avaient accompagné le pontife et un certain nombre de serviteurs du palais, seuls témoins de cette scène imposante. Remi, dans une allocution paternelle, résuma pour la dernière fois les instructions évangéliques des jours précédents. Pendant qu'il parlait, une lumière céleste éclata soudain dans l'église, effaçant la lueur des cierges allumés, et une voix se fit entendre, qui disait : « La « paix soit avec vous ! C'est moi, ne craignez point : persévérez « dans mon amour. » Après ces paroles, la lumière surnaturelle disparut, et un parfum d'une suavité céleste se répandit dans l'enceinte. Le roi et la reine se précipitèrent aux genoux du saint pontife, en versant des larmes d'émotion et de joie. L'homme de Dieu, illuminé lui-même par l'esprit prophétique, s'écria :

LE BAPTÉME DE CLOVIS
Peinture murale de Laugée, en l'église Sainte-Clotilde, à Paris.

13

« Votre postérité gouvernera noblement ce royaume. Elle glorifiera la sainte Église et héritera de l'empire des Romains. Elle ne cessera de prospérer tant qu'elle suivra la voie de la vérité et de la vertu. Mais la décadence viendra par l'invasion des vices et des mauvaises mœurs. »

Paroles solennelles que l'histoire a confirmées. Puissent les jours de décadence annoncés par saint Remi s'éloigner de notre pays ! Il dépend de nous, catholiques, de ramener nos concitoyens à la foi de Tolbiac et de préparer à la France, pour le vingtième siècle, une nouvelle ère de foi chrétienne et de grandeur morale !

La prière de l'évêque de Reims à l'autel de Marie est restée gravée dans la mémoire nationale : *regnum Galliæ, regnum Mariæ !* Nos plus chères traditions sont établies sur ces journées de décembre 496.

Hincmar, dans sa *Vie de saint Remi,* raconte encore un trait saisissant de cette fameuse nuit de Noël :

« Le parcours, dit-il, depuis la demeure royale jusqu'au baptistère de l'église, avait été tendu de tapisseries et de guirlandes, les rues étaient couvertes de riches étoffes ; le portail de la basilique étincelait de mille feux ; on brûlait des parfums qui embaumaient l'atmosphère. Clovis dit au pontife qui le tenait par la main :

« Père saint, est-ce là le royaume de Dieu que vous m'avez « promis ?

« — Non, répondit l'évêque, c'est l'entrée du chemin qui y « conduit. »

Saint Grégoire de Tours nous dit aussi que « tous les assistants partageaient l'admiration du roi et croyaient entrevoir les splendeurs du paradis. Nouveau Constantin, Clovis s'approcha de la piscine baptismale, non pour y être purifié de la lèpre ma-

térielle, mais de la lèpre du péché, et demanda au pontife le sacrement de régénération. Remi, avec cet à-propos et cette
divine éloquence qui le caractérisaient, lui dit :

« Courbe doucement ta tête, fier Sicambre ! Adore ce que tu
« as brûlé, et brûle ce que tu as adoré. »

« Cette expressive parole frappa tous les cœurs. On eût dit
la majesté du pape Sylvestre commandant à la majesté du fils
de sainte Hélène. »

Enfin, après qu'il eut confessé sa foi, Clovis fut baptisé et
reçut l'onction du chrême : l'une de ses sœurs fut également
baptisée, l'autre abjura l'arianisme, puis tour à tour, spectacle
sublime, trois mille guerriers francs sortirent chrétiens du baptistère de Reims.

« Dieu, s'écrie Mgr Freppel, Dieu qui destinait la France à
devenir le soldat de sa Providence, voulut que la foi de la nation
fût scellée sur un champ de bataille et qu'une victoire l'enchaî-
nât au Christ par la reconnaissance. Lorsqu'au fort de la mêlée,
dans les plaines de Tolbiac, le chef des Francs jeta vers le Dieu
de Clotilde le cri de la détresse, il écrivit sur la première page
de notre histoire ce qui la remplira tout entière : il conclut pour
les siècles futurs ce pacte sublime où la France engageait son
dévouement et Dieu ses bénédictions. C'est ainsi que le christianisme naquit en France, d'une prière et d'une victoire...
Debout, les mains étendues vers les fonts baptismaux de Reims,
Clovis, et la nation française avec lui, jurèrent de rester fidèles
au Dieu de Clotilde. Dieu reçut le serment de la patrie et, dans
leur touchante simplicité, nos pères purent écrire en tête de la
loi salique : « Vive le Christ qui aime les Francs ! »

« Un lien d'amour unissait à jamais au Christ le royaume
très chrétien et à l'Église sa fille aînée. »

IV

La journée de Tolbiac et la conversion de Clovis furent, pour le monde, des événements considérables, qui marquèrent un nouveau triomphe de la foi sur le paganisme et la barbarie. L'espérance revint dans les cœurs. Rome tressaillit de joie à cette nouvelle. Le pape saint Anastase écrivit à Clovis : « Glorieux fils, votre avènement à la foi chrétienne coïncide avec le début de notre pontificat et nous apporte une joie immense. L'Église, votre mère, s'applaudit des progrès du grand roi qu'elle vient d'enfanter à Dieu. Soyez la gloire de cette mère et son rempart invincible. Nous adressons nos hymnes d'actions de grâces au Seigneur Jésus qui vous a arraché à la puissance des ténèbres. En donnant à l'Église un roi tel que vous, il lui assure un protecteur capable de la soutenir et de la défendre. Courage donc, bien-aimé fils! Que Dieu daigne étendre le secours de son bras sur vous et votre royaume; qu'il ordonne à ses anges de vous garder et vous accorde la victoire sur vos ennemis ! »

Nous aimons à recueillir ces antiques témoignages de l'alliance contractée jadis entre la religion et la patrie. Ce sont nos archives nationales qu'il importe de rappeler à la mémoire de nos compatriotes.

Le grand évêque de Vienne, saint Avit, sujet de Gondebaud, roi des Burgondes ariens, écrivit aussi au roi des Francs cette lettre touchante :

« Laissez les partisans de l'hérésie et du schisme exhaler leurs plaintes inutiles. Votre choix règle le jugement des autres. La foi que vous avez confessée est notre victoire. Après l'éclatant miracle dont nous venons d'être témoins, tous les scrupules

doivent disparaître. Une nouvelle lumière éclate pour nous en
la personne d'un roi de l'Occident. Elle a éclaté, cette lumière,
le jour où nous célébrions la nativité de notre Rédempteur. Il
convenait que l'eau baptismale vous enfantât pour le salut à
l'heure même où le Seigneur du ciel voulut naître pour la
rédemption du monde. Donc le Noël du Seigneur est aussi le
Noël des Francs. La divine miséricorde ménageait cette allégresse à nos contrées... Tout retentit de vos triomphes. Votre
prospérité nous touche nous-mêmes, et c'est nous qui triom-
phons toutes les fois que vous combattez. »

Clovis voulut remercier le Dieu de Clotilde par un acte de
miséricorde qui dut surprendre les autres rois barbares. Il rendit
à la liberté les captifs de Tolbiac. Théodoric le Grand, son
beau-frère, lui avait demandé cette grâce : « Épargnez, avait-il
écrit au glorieux vainqueur, épargnez les restes dispersés des
Alamanni. Votre triomphe est vraiment mémorable. Les Alamanni, jusque-là indomptés, en sont réduits à vous demander
à genoux de leur laisser la vie. Qu'il vous suffise d'avoir en un
seul combat vu périr leur roi et anéantir leur armée. » Le roi
chrétien fit ce que n'aurait pas fait le chef barbare : donnant à
ses voisins et à ses soldats un grand exemple de miséricorde,
il permit à ses prisonniers de retourner en leur patrie.

Quelque temps après, dit Aimoin, la ville de Paris ouvrit ses
portes au roi chrétien des Francs, et Lutèce devint la résidence
ordinaire de Clovis.

Ce fut alors que s'établirent entre la reine Clotilde, la vierge
Geneviève son amie, l'évêque de Reims et Clovis des relations
dont le souvenir traditionnel s'est perpétué jusqu'à nous. Plus
d'une fois, le roi des Francs accorda à la sainte patronne des
Parisii la grâce des captifs et lui demanda ses prières pour le
succès des grandes expéditions militaires qui préparaient l'unité

nationale. Sublime alliance, inaugurée sur le berceau de la
patrie, alliance de la vierge chrétienne et du prêtre de Dieu à
l'effet de fortifier la foi du souverain, d'assurer le règne divin
dans les âmes, et de sceller définitivement le grand pacte de
Tolbiac. Sans doute l'éducation chrétienne des Francs ne fut
pas l'œuvre d'un jour : il fallut des siècles à l'Église pour civili-
ser les barbares convertis. Clovis lui-même, après 496, se rendit
coupable d'actions criminelles. L'instinct de la cruauté, répandu
chez tous les barbares, renaissait sans cesse en dépit des exhortations des évêques. Mais le coup était porté. Il ne s'agissait
plus que d'en développer les conséquences. La grâce du baptême avait dompté la férocité native des Francs, et la civilisation était sauvée.

Chevaliers et hommes d'armes, couverts de cottes de mailles, sous le règne de Charles le Gros.
D'après une miniature du xve siècle.

Saint Honorat et l'île de Lérins.
Longtemps inculte et infestée de serpents, cette île fut transformée par saint Honorat et ses disciples,
au point de devenir un foyer de vie et de civilisation chrétienne. — Tiré de la *Chronologie des Saints de
l'île de Lérins*, par dom Vincent Barral. Lyon, Pierre Rigaud, 1613.

CHAPITRE III

BATAILLE DE POITIERS

I

L'*Histoire*, appuyée sur la colonne de la vérité,
distribue la renommée. Tiré de l'*Histoire de France*
du P. Adrien Jourdan. Paris, 1679.

ntre Tours et Poitiers, à vingt lieues de la première de ces villes et à quatre lieues de la seconde, s'étend une vaste plaine au milieu de laquelle est un hameau qui porte le nom à jamais glorieux de Moussey-la-Bataille.

C'est là que, d'après une tradition immémoriale, fut livrée la bataille de Poitiers dans laquelle la chrétienté, servie par le bras de Charles Martel, écrasa les Musulmans, arrêta à jamais de ce côté les progrès du Croissant, et sauva la civilisation européenne du plus grand péril qu'elle pût courir.

Tout est obscur dans les détails de cet événement considérable, dont on discute jusqu'à la date, les uns la plaçant avec la chronique de Moissac en l'an 732, les autres, avec les historiens arabes, la fixant au 17 octobre de l'année 733.

Mais ce que l'on sait, ce que tous les chroniqueurs, arabes ou français, ont dit à l'envi, c'est que la journée de Poitiers fut une journée mémorable, qui vit deux religions, deux mondes, deux civilisations, deux races et pour ainsi dire deux pôles, le Nord et le Sud, se rencontrer et se heurter avec fracas.

Si Charles Martel eût été vaincu, à Poitiers, par Abdérame, comme l'empereur Constantin Paléologue le fut plus tard, à Constantinople, par Mahómet II, l'Europe eût été la proie de l'islamisme, et Dieu sait ce que sont devenus les peuples qui ont eu à subir son joug!

Qu'on parcoure l'Asie Mineure; qu'on interroge la Perse; qu'on visite l'Égypte et la Libye, si belles, si riches, si savantes autrefois; qu'on jette un regard sur l'Afrique, sur Carthage, Hippone, et les deux cent cinquante évêchés qui florissaient au temps de saint Cyprien et de saint Augustin et qui sont devenus, sous le Croissant, les États Barbaresques, la Tripolitaine, la Tunisie, l'Algérie et le Maroc, repaires de brigands et d'assas-sins redoutés du monde entier, jusqu'au jour où la croix fit de nouveau son apparition sur les vaisseaux de Charles X avec les drapeaux du comte de Bourmont; qu'on aille à Constantinople, qu'on traverse les marchés à esclaves, qu'on mette le pied dans ces rues infectes dont le nettoyage est confié aux chiens, qu'on contemple ce Bosphore magique qui devrait servir de trône à l'un des maîtres du monde et qui n'est plus que le séjour toléré, par la grâce de l'Europe, d'un sultan humilié et déchu; qu'on éloigne ses pas jusqu'à la banlieue, fertile plaine, qui jadis, de Constantinople à Andrinople, nourrissait des millions d'hommes et qui est devenue d'une incurable stérilité, et l'on saura ce que le Coran fait de ses disciples et des pays où il domine.

Le Croissant, c'est la lente agonie des peuples. Mahomet, c'est le despotisme passant un rouleau sur le génie, l'initiative individuelle, la pensée, le travail et la liberté de l'homme. L'islamisme, c'est la nuée de sauterelles qui, s'abattant sur un pays, le dévore, le ronge, arrache jusqu'aux racines, détruit jusqu'à l'espérance, et ne laisse qu'une large place noire là où étaient auparavant la verdure et la vie.

Aussi, nous saluons, dans le passé, le grand jour de Poitiers ; nous saluons Charles Martel et nos vaillants aïeux, et nous envoyons une fois de plus l'expression de notre reconnaissance ardente et enthousiaste à cette Église catholique, qui, toujours jeune et toujours bienfaisante, nous sauva, en 732, comme elle nous avait sauvés, d'une autre manière, en 496 et en 312 !

C'est à elle, en effet, c'est à la chrétienté que nous devons Poitiers, aussi bien que Tolbiac et le pont Milvius. C'est la Croix qui flottait devant le Croissant. C'est le soldat du Christ qui se dressait devant l'émir. C'est l'intercession de saint Hilaire et de saint Martin qui valut aux Francs une victoire si grande et si féconde en résultats, qu'elle suffirait à elle seule pour illustrer un peuple.

Jamais, d'ailleurs, un plus beau cadre ne fut donné au choc de deux nations.

Cette plaine de Moussey-la-Bataille est coupée par trois rivières, le Clain, la Vienne et l'Ozon, et forme un vaste triangle dont la base pourrait être la route de Poitiers à Montmorillon, et le sommet le confluent des trois rivières en amont de Châtellerault. C'est là que devait se déployer à l'aise la cavalerie arabe, et c'est là qu'Abdérame, las de reculer depuis sept jours devant un ennemi qu'il avait toujours écrasé, avait donné rendez-vous à la victoire et trouva la défaite et la mort !

Quels grands souvenirs ! quelle poésie enivrante et saine se dégage de l'histoire quand on sait la lire et qu'on y suit le doigt de Dieu !

Puissions-nous, dans le récit que nous allons faire, ne pas demeurer trop au-dessous de notre tâche !

II

Le péril était grand.

Les soldats de Mahomet avaient conquis la moitié du monde, la Syrie, la Perse, l'Égypte, la Libye, l'Afrique et l'Espagne : encore un effort, et tous les peuples seraient aux genoux des successeurs du Prophète.

Quel rêve pour les califes de Damas ! créer en moins d'un siècle un empire plus grand que l'empire romain ! soumettre au Coran trois continents, l'Asie, l'Afrique et l'Europe ! faire en vainqueurs le tour de la Méditerranée, en partant d'Alexandrie, en passant par Cordoue, Marseille et Rome, et en revenant par Constantinople !

Déjà la moitié du chemin était faite. Il était temps que la chrétienté s'armât.

Mahomet, d'ailleurs, avait excité à l'avance l'ardeur confiante de ses soldats. Avant de mourir, empoisonné, en 632, il avait écrit ces lignes : « Le glaive est la clef du ciel ! une veillée d'armes compte plus que deux mois de prière ! Celui qui meurt dans les combats est absous et va au ciel. Qui peut arrêter la mort ? La mort n'est qu'un pont jeté entre le temps et l'éternité, qui sera douce et heureuse ! »

Enflammés par de tels accents, et conduits par des califes énergiques et habiles, Abu-Bekr, Omar, Amrou, Moaviah, les

Arabes s'étaient élancés sur leurs petits chevaux, et défiant la mort, sûrs de la victoire, ils étaient partis dans toutes les directions.

Quand ils tombaient : « C'était écrit! » disaient-ils; et, calmes, stoïques, ils attendaient leur entrée dans le paradis sensuel promis par Mahomet.

Quand ils triomphaient : « En avant! criaient-ils, le monde est à nous. Allah est Allah, et Mahomet est son prophète! »

De tels soldats devaient être invincibles : ils ne succombèrent que lorsqu'ils eurent en face d'eux des héros chrétiens et des peuples armés du bouclier de la foi.

Dès le début, leur ardeur fut servie par la mollesse de l'Orient. Les empereurs de Constantinople, tout entiers à leurs plaisirs ou à leurs discussions théologiques, dédaignèrent trop les cris des « vrais croyants » qui s'attachaient aux pas de Mahomet. Héraclius lui-même, le vaillant empereur qui vainquit Chosroès II et ramena à Jérusalem, en 628, le bois de la vraie croix, l'étendard sacré des nations chrétiennes, ne sut pas prendre assez de précautions contre le redoutable ennemi qui s'avançait vers lui.

Tout à coup Abu-Bekr, le premier calife et successeur du Prophète, s'élance et bondit vers le Nord : en quelques années, deux magnifiques provinces, la Syrie et la Mésopotamie, sont conquises (634). Le Croissant flotte partout. Les populations s'enfuient. Désormais l'islamisme est une puissance, et son invasion marque une des révolutions les plus profondes qui se soient accomplies dans l'histoire.

Un peu plus tard, Dieu frappe un coup terrible pour réveiller, s'il est possible, la tiédeur des chrétiens. La ville sainte est prise. Le calife Omar, successeur d'Abu-Bekr, entre dans Jérusalem, et l'empereur n'a que le temps d'emporter la vraie croix (638). Quel châtiment pour cette Asie toujours en révolte contre l'autorité des pontifes romains! Quelle humiliation pour le Bas-Empire, qui ne savait qu'outrager les papes et favoriser les hérésies! Mais aussi quelle douleur pour l'Europe chrétienne, qui, après douze siècles écoulés depuis cet événement, n'a pu encore arracher Jérusalem au joug odieux du Croissant.

A partir de cette époque, les Musulmans courent de victoires en victoires. Amrou, lieutenant d'Omar, envahit l'Égypte, s'empare d'Alexandrie, et brûle les richesses de la bibliothèque. On en chauffe pendant six mois les bains publics de la ville. « S'ils ne contiennent que la doctrine du Koran, disait le farouche vainqueur, le Koran nous suffit. S'ils lui sont opposés, ils doivent périr. » La science pleure encore cette perte irréparable, et surtout l'original de la version des Septante.

Pendant ce temps, les empereurs de Constantinople, enfermés dans leurs palais dorés, soutenaient l'Ecthèse et l'hérésie du monothélisme, et Constant II persécutait les catholiques, essayait d'empoisonner le pape et employait l'armée à imposer au peuple un prétendu formulaire de la foi.

Maîtres de l'Égypte, les Musulmans s'élancèrent sur Carthage, la capitale de l'Afrique, reconquise par Bélisaire et demeurée depuis lors sous l'autorité des empereurs d'Orient. La ville se défendit avec énergie; mais, après une année de combats, elle fut prise et détruite, et la puissance romaine, qui avait duré huit cent cinquante ans depuis le grand Scipion, fut à jamais éteinte en Afrique.

A la même époque, l'empereur Justinien II rêvait de faire égorger en une nuit, par ses soldats, tous les habitants de la cité impériale. Amusement digne d'un empereur du Bas-Empire! Informé de cet horrible dessein, le patrice Léonce se saisissait de son maître, lui faisait couper le nez, l'exilait dans la Chersonèse et s'emparait de la pourpre, qu'un nouvel usurpateur, Tibère Absimare, lui enlevait deux ans après! La patience divine se fatiguait.

La marche des Musulmans continua. Les petits chevaux arabes allaient toujours devant eux, sans trouver d'obstacles. L'Océan toutefois les arrêta. Il fallut prendre une autre route, et remonter. Deux continents étaient vaincus : les fils de Mahomet n'hésitèrent pas à attaquer le troisième.

Le 28 avril 711, vingt-cinq mille Musulmans, appelés par un traître, le comte Julien, débarquent à Algésiras, battent les Goths à Xérès, tuent leur roi Rodrigue, anéantissent, après trois siècles d'existence, la monarchie wisigothe, deviennent maîtres de l'Espagne entière, et établissent leur capitale à Cordoue. Seuls, quelques chrétiens, fidèles à leur foi, se réfugient dans les montagnes des Asturies, sous la conduite de Pélage, pour attendre l'heure de Dieu. Qui pourrait dire pour combien pesa, dans la balance divine, l'héroïsme de cette poignée d'hommes?

Cependant l'heure était venue d'accomplir le plan de Mahomet, et d'achever la conquête du monde. Ceux qui avaient tant de fois écrasé les armées des empereurs, pris des villes fortifiées avec art, conquis l'Afrique et l'Espagne, ne pouvaient s'arrêter au pied des Pyrénées. Il fallait aller en avant et marcher sur Rome! Rome! la grande ennemie du mahométisme! Rome, qui ne cessait, par la voix de ses pontifes, d'exhorter les empereurs et les rois chrétiens à combattre le Croissant! Rome, qui soutenait les courages, consolait et recueillait les vaincus, et formait le centre de la résistance! Rome, qu'on disait si riche, si belle, et qui conservait tout le prestige de son passé. Un instinct diabolique guidait les Sarrasins. Satan soufflait la tempête au cœur des califes : « Il nous faut Constantinople et Rome! criaient ceux-ci à leurs lieutenants. Attaquez à la fois par le Bosphore et les Pyrénées. L'Empire et la Croix doivent disparaître. »

Cette voix se fit entendre pendant des siècles. A la fin, Constantinople succomba et les derniers Césars, rebelles à l'Église, disparurent; mais de l'autre côté, entre Rome et les Sarrasins d'Espagne, il y avait les Francs, et les Francs étaient, depuis Tolbiac, les soldats du Christ.

III

Au printemps de l'année 732, Abdérame (Abder-Rhaman), émir de Cordoue, obéissant aux instructions du calife Hescham, et déterminé à s'emparer de la Gaule, franchit les Pyrénées par la vallée de Roncevaux.

Son armée était formidable. Elle comprenait la plus grande partie de ces vaillantes troupes qui avaient conquis l'Afrique et l'Espagne. Derrière les combattants venait une multitude énorme, vieillards, femmes et enfants, que certains historiens, dignes de foi, portent au chiffre de cinq cent mille âmes. C'était un peuple entier qui se jetait sur un autre, comme au temps des grandes invasions, et qui obéissait à la voix d'un des plus fameux capitaines de l'islamisme.

Quand le torrent passa au nord de l'Espagne, Pélage et sa petite armée se replièrent dans les montagnes des Asturies. Des siècles devaient s'écouler avant que les Espagnols fidèles à la Croix osassent se mesurer avec les Maures en bataille rangée.

Le plan d'Abdérame était conçu avec une grande habileté.

Pour assurer ses flancs contre une surprise de Charles Martel ou du duc d'Aquitaine, et peut-être aussi pour éviter un encombrement dangereux, l'émir avait formé trois armées.

La première et la plus considérable devait aller sous ses ordres droit à Toulouse, à Poitiers, à Tours et à Paris. C'était elle qui devait porter les coups décisifs : aussi contenait-elle les meilleures troupes et toute cette cavalerie arabe, si légère et si brillante, qui décidait presque toujours du sort des batailles.

La seconde armée alla s'embarquer sur une flotte dans les ports de la Tarragonaise, pour débarquer sur les côtes de Provence, remonter de là sur Avignon, Lyon, Besançon, Autun et Sens, et rejoindre Abdérame au point central.

La troisième enfin fut dirigée par la Bidassoa ou par la mer sur la province de Bayonne.

De l'Océan jusqu'à Marseille, la Gaule fut envahie. Ce fut un triple torrent de fer et de feu qui se précipita sur les cités franques et les dévasta. Jamais, depuis les Vandales et les Huns, pareille invasion ne s'était produite, et c'est, dit-on, depuis cette époque que les paysans de France appellent *nuées de Navarre* ces nuées du Sud chargées de grêle qui, passant au printemps ou à l'été, dévastent les campagnes et anéantissent toutes les récoltes.

Les Arabes n'avaient encore sur la Gaule que des renseignements très incomplets. Ils l'appelaient Frandjas et donnaient indistinctement à tous ses habitants le nom de Frandj. M. Fauriel rappelle à ce propos une curieuse question posée par le khalife Abdelmelek à Mousa, le premier chef arabe qui osa franchir les Pyrénées et traverser en la pillant la province narbonnaise :

« De ces Frandj, lui dit-il, que peux-tu m'apprendre ?

— C'est, répondit Mousa, un peuple très nombreux et abondamment pourvu de tout, brave et impétueux à l'attaque, mais lâche et timide dans les revers. — Et comment s'est passée la guerre entre eux et toi ? ajouta Abdelmelek. T'a-t-elle été favorable ou contraire ? — Contraire ! non, de par Dieu et par le Prophète ; jamais mon armée n'a été vaincue, jamais bataillon de mon armée n'a été battu, et jamais les musulmans n'ont hésité à me suivre quand je les ai menés quarante contre quatre-vingts. »

Telle était l'armée qui s'avançait vers la Gaule chrétienne. Nous suivrons d'abord les deux ailes d'Abdérame.

L'aile gauche enleva d'assaut toutes les villes de Béarn sans rencontrer de résistance sérieuse. Oloron, Dax, Bayonne, furent livrées aux flammes, et une foule de prêtres, de religieux et de religieuses furent massacrés.

L'aile droite débarqua en Provence et exerça aussitôt ses fureurs dans la ville de Marseille avant de s'avancer vers Avignon. C'est alors que les religieuses du couvent de Saint-Sauveur, sainte Eusébie et ses compagnes, donnèrent au monde un éclatant exemple de courage et de fidélité à leurs vœux, en se défigurant le visage et en se coupant le nez pour échapper aux outrages des musulmans. Cet héroïsme leur valut la palme du martyre. Furieux, les Sarrasins les égorgèrent et les entassèrent dans une fosse commune, sur laquelle on éleva plus tard la chapelle de la Confession. C'est alors aussi qu'au monastère de Lérins, cinq cents moines et leur abbé, saint Porchaire, furent massacrés par les hordes arabes.

De Marseille, les Sarrasins se jetèrent sur la Provence entière, puis sur la Bourgogne avec une étonnante rapidité. En quelques mois, Avignon, Viviers, Valence, Vienne, Lyon, Mâcon, Chalon-sur-Saône, Besançon et Autun furent assiégées, prises d'assaut et brûlées. C'est devant cette dernière ville que se produisit une résistance inattendue, qui a donné lieu à une foule de recherches érudites, et qui fait trop honneur à l'Église pour que nous puissions la passer sous silence. Il s'agit d'un combat sanglant qui fut livré entre l'avant-garde sarrasine, commandée par deux chefs que l'annaliste appelle Eustratégéus et Nemphéus, et un corps de Bretons, amenés et dirigés par l'évêque de Nantes, saint Æmilianus.

« Le bienheureux Æmilianus, disent les *Actes*, avait appris, dans sa ville épiscopale, les désastres infligés au peuple chrétien par les hordes barbares. Ce très saint évêque était lui-même un fils de la Bretagne. Son visage était beau, sa physionomie pleine d'aménité, sa parole d'une angélique douceur. Au nom de la patrie menacée, il enflamma tous les courages.

« Notre devise, disait-il, est celle de Judas Machabée : « Mieux vaut mourir dans la bataille que de voir les malheurs de « notre patrie, l'opprobre des saints du Seigneur !

« Tous les Bretons lui répondirent :

« Seigneur vénéré, ordonnez, commandez : nous vous sui-« vrons partout où vous nous conduirez. »

« Au jour fixé pour le départ, la ville de Nantes se trouva remplie d'une foule de soldats. L'évêque, sans autre armure que son bâton pastoral, prit le commandement, célébra une messe solennelle, et communia tous ses guerriers au corps et au sang du Seigneur. Les Bretons marchèrent ensuite jour et nuit, se dirigeant vers la Bourgogne. Ils arrivèrent ainsi à la cité des Éduens (Autun), où ils furent accueillis par les habitants comme des libérateurs.

« Or, deux troupes ennemies, l'une de six mille cavaliers sous la conduite de Nemphéus, l'autre de vingt mille sous les ordres d'Eustratégéus, avec une foule de fantassins, environnaient la ville. Les Bretons s'élancèrent, l'évêque à leur tête, et firent une trouée de leurs épées et de leurs lances dans les rangs des ennemis de Dieu. Eustratégéus s'enfuit, perdant cinq ou six mille hommes ; les Bretons poursuivirent les autres jusqu'à Luzia, non loin du *burgum Anselmi* (Bourbon-Lancy). Mais en ce moment, dans la direction de Châlons-sur-Marne, Nemphéus arrivait au secours des Sarrasins. Le bienheureux évêque le vit venir, et, sonnant du cor, il rassembla autour de lui un gros de soldats :

« Braves guerriers, leur dit-il, je vous félicite de votre « vaillance ; vous êtes dignes d'être les soldats de la chrétienté. « Mais voici l'heure où la force n'est rien et où Dieu seul peut « donner la victoire ! »

« Comme il parlait ainsi, un cavalier, bride abattue, vint dire :

« Seigneur, hâtez-vous ; les infidèles fondent sur nous de « toutes parts. »

« Æmilianus, traçant alors le signe de la croix :

« Seigneur, dit-il, je remets mon esprit entre vos mains. »

« Et, s'élançant au milieu des Bretons :

« Courage, mes enfants, criait-il, Dieu compte sur vous ! »

« Or, le chef sarrasin, Nemphéus, d'une force et d'une stature extraordinaires, se rencontra sur le chemin de l'évêque. En voyant le carnage qu'il faisait parmi les chrétiens, Æmilianus s'élança sur lui, le saisit d'une main vigoureuse et le renversa de cheval. Aussitôt les Sarrasins, se ruant sur le saint évêque, le percèrent de coups.

« En expirant, ses dernières paroles furent un encouragement aux siens :

« Bretons, dit-il, combattez jusqu'à la mort. La mort, « pour vous, c'est la vie éternelle où je vous précède. »

« Cependant Nemphéus s'était relevé : d'un coup de cimeterre il trancha la tête d'Æmilianus, et la fit porter devant lui comme un trophée de victoire. »

Cet élan patriotique des aïeux des Vendéens et des Chouans ne sauva pas Autun ; mais, quelques semaines après, les Sarrasins trouvaient devant eux, à Sens, un autre évêque, saint Ebbo, ancien comte de Tonnerre, qui délivra sa ville épiscopale à force d'énergie et de fermeté, et arrêta l'aile droite d'Abdérame. Partout et toujours, c'étaient la croix, l'église, les évêques que les musulmans rencontraient au travers de leur route. « En ce temps, disent les *Actes*, l'invasion se précipita d'un bond sur la Gaule et, avec une cruauté féroce, sema partout le carnage : les villes furent broyées, toutes les richesses enlevées, les forteresses rasées, les monastères anéantis, le territoire dévasté. Gorgé de sang et de rapines, l'ennemi parut enfin devant la ville de Sens, et l'entoura de son camp ; mais les citoyens élevèrent des tours de défense et cherchèrent à brûler les machines des assiégeants. Ceux-ci coupèrent alors les forêts voisines et amoncelèrent le bois sur toute l'enceinte de la ville ; puis ils y mirent le feu. La flamme s'éleva bientôt triomphante. Les habitants vinrent trouver le saint évêque, qui suppliait le Seigneur en faveur de son peuple. La prière terminée, il se leva et bénit la foule :

« Les gros bataillons, s'écria-t-il, ne font pas la victoire. « Une poignée de soldats conduits par le Seigneur suffira à « nous sauver. Suivez-moi ! »

« Se dirigeant aussitôt vers une des portes, il se précipita avec ses guerriers à travers la fumée et les flammes pour se jeter sur l'ennemi. Surpris à l'improviste, les barbares s'enfuirent en désordre : la panique fut telle, qu'ils tournèrent leurs armes les uns contre les autres, et tombèrent par milliers. L'évêque et ses soldats rentrèrent ensuite dans la ville, sur les débris fumants des bûchers dont ils avaient éteint la flamme. »

L'aile droite de l'armée musulmane fut ainsi arrêtée : tous ses efforts pour aller plus loin furent inutiles, et la bataille de Poitiers vint bientôt l'obliger à se replier précipitamment vers le Sud.

Pendant ce temps, la grande armée musulmane, sous les ordres d'Abdérame, montait en Gaule.

Après avoir incendié la ville de Bazas, elle se présenta tout à coup devant Bordeaux. La grande cité, capitale de l'Aquitaine, fut emportée d'assaut, la population fut égorgée, les églises furent pillées et brûlées, le faubourg et le monastère de Sainte-Croix livrés aux flammes. Le duc Eudes, désespéré, s'enfuit avec les débris de son armée. Abdérame le poursuivit, franchit la Garonne, enleva la forteresse d'Agen, et tomba enfin sur l'armée ducale, qui fut écrasée. « Ce fut, dit le chroniqueur Isidore de Beja, une déroute et un massacre effroyables. Dieu seul sait le nombre de Francs qui périrent en cette journée ! »

Qu'on se figure, en effet, la terreur que devaient inspirer à nos aïeux ces hommes à moitié noirs et à moitié nus, montés sur leurs chevaux agiles, sans cesse en mouvement et poussant des cris féroces. Nos pères croyaient voir l'enfer lui-même vomissant les hordes sarrasines pour anéantir les pays chrétiens.

Les conséquences de la défaite furent terribles. En quelques mois l'armée musulmane, gorgée de butin, s'empara de Périgueux, de Saintes, d'Angoulême, livrant tout le pays à feu et à sang, ne laissant pour ainsi dire rien derrière elle, et arriva sous les murs de Poitiers. Bientôt les faubourgs de cette ville furent livrés aux flammes, la basilique de Saint-Hilaire fut pillée et réduite en cendres, puis l'émir, pressé d'entrer en Neustrie, se précipita vers Tours, l'illustre cité de saint Martin, dont on lui avait vanté les richesses.

Le plan dressé au départ s'exécutait donc à la lettre, et rien ne faisait prévoir d'obstacle sérieux. Le Croissant triomphait. Tout semblait perdu. La Gaule agonisait et paraissait à la veille de devenir musulmane, comme l'Afrique et comme l'Espagne ;

mais le pape, saint Grégoire III, priait à Rome : Dieu l'entendit et appela ses soldats, les Francs.

En ce temps-là, Charles, surnommé plus tard Charles Martel, était maire du palais, et gouvernait l'État franc au nom de Thierry IV, roi mérovingien fainéant. C'était le fils de Pépin d'Héristal, petit-fils lui-même de Pépin de Landen. Cette famille avait rendu à la Gaule et spécialement à l'Austrasie, depuis un siècle et demi, de grands services. Le premier Pépin connu dans l'histoire, Pépin *le Vieux* ou de Landen, avait été le conseiller intime de Dagobert Ier et de son fils Sigebert II. Après lui, son fils Grimoald lui avait succédé, puis, pendant vingt-sept ans, son petit-fils par sa fille Bega, Pépin d'Héristal, avait été, avec le titre de duc, le vrai souverain de l'Austrasie, sous quatre rois fainéants, Thierry III, Clovis III, Childebert II et Dagobert III. Pépin d'Héristal avait rendu son nom cher à l'Église en luttant sans relâche contre le nouveau flot de barbares, Allemands, Frisons et Saxons, qui se jetait sur l'Europe occidentale, en ressuscitant la vie politique des Francs dans les réunions nationales des champs de Mars, et surtout en secondant de tout son pouvoir les papes, les évêques et les missionnaires dans leurs efforts pour amener au christianisme et à la civilisation les peuples d'outre-Rhin.

Les deux apôtres de la Frise, saint Willefried et saint Willibrod, eurent avec lui de fréquentes relations, et plus de vingt évêchés furent fondés à cette époque. La Providence devait récompenser magnifiquement, un jour, la politique chrétienne de Pépin d'Héristal. En 715, Charles, âgé de vingt-cinq ans, avait remplacé son père, battu les Neustriens, qui voulaient, avec l'appui du duc d'Aquitaine, secouer le joug de l'Austrasie, et s'était élancé ensuite, avec sa vaillante armée, au centre de l'Allemagne, pour commencer contre les Saxons cette lutte nécessaire, mais effroyable, que son glorieux petit-fils, Charlemagne, devait terminer plus tard.

C'est pendant cette expédition qu'Abdérame était entré en Gaule.

Le cri des Aquitains, des Provençaux et des Bourguignons écrasés, foulés aux pieds par l'invasion, parvint jusqu'au duc Charles. Cette longue et atroce rumeur d'un peuple massacré l'arrêta. Les supplications des évêques et de saint Grégoire III lui firent comprendre qu'il n'y avait pas un instant à perdre. Enfin, l'arrivée subite de son ancien adversaire, Eudes, le duc d'Aquitaine, lui montra le danger plus grand encore qu'il ne l'avait pensé.

Charles accourut. Il était temps : les deux tiers de la Gaule étaient aux mains de l'ennemi.

Mais pour combattre l'armée d'Abdérame, il fallait de nombreux soldats. Charles convoqua tous ses guerriers.

« Durant tout l'été de 732, dit Henri Martin (nous citons cet auteur parce qu'il ne peut être accusé de partialité en faveur de la chrétienté), les clairons romains et les trompettes germaniques retentirent dans les contrées de la Neustrie et de l'Austrasie. Les plus impénétrables marécages de la mer du Nord, les plus sauvages profondeurs de la Forêt-Noire vomirent des flots de combattants à demi nus qui se précipitèrent vers la Loire à la suite des lourds escadrons austrasiens, tout bardés de fer. Cette masse énorme de Francs, de Teutons et de Gallo-Romains passa la Loire à Orléans, et rallia les restes de l'armée d'Aquitaine qui avaient dû se retirer dans le Berry et dans la Touraine dans le courant du mois d'octobre 732.

« Abdérame y avait recueilli les bataillons innombrables de ses deux armées.

« Ce fut un des moments les plus solennels de l'histoire du

genre humain. L'islamisme se trouvait en face du dernier boulevard de la chrétienté. Le Nord et le Midi étaient aux prises.
Le chroniqueur contemporain, Isidore de Beja, ne s'y trompe

CHARLES MARTEL A POITIERS

pas : il appelle l'armée franque l'armée des Européens. Cette
armée détruite, la terre était à Mahomet.

« Quel eût été l'avenir de l'humanité, si la civilisation européenne du moyen âge, notre mère, eût été ainsi étouffée au
berceau ? Au moment du vaste choc, les Arabes présentaient, à
quelques égards, dans leur civilisation, un côté chevaleresque ;
mais il ne faut pas se faire illusion sur la valeur réelle de ces
qualités extérieures et brillantes, ni se laisser éblouir par les

élégants monuments d'art et de littérature qu'ont vus naître Cordoue, Grenade, Bagdad ou Schiraz.

« L'islamisme, relativement aux croyances européennes, n'était pas un développement nouveau de l'humanité, mais un funeste élan en arrière. Le Koran ressuscitait le fatalisme antique, rejetait la femme sous le joug honteux de la polygamie brisé par la civilisation chrétienne, grecque et romaine. La soumission absolue des musulmans aux lois fatales du ciel et au représentant du Prophète étouffait chez eux la personnalité humaine ainsi que la vie politique, et devait les précipiter sans transition d'un fanatisme aveugle et volontaire dans une stupide inertie.

« Le sort du monde allait se jouer entre les Francs et les Arabes. Les bandes austrasiennes ne soupçonnaient guère quelles destinées allaient être confiées à leur épée. Cependant un sentiment confus de la grandeur de la lutte qu'elles allaient engager parut les saisir. Les musulmans de leur côté hésitèrent pour la première fois. Durant sept jours, l'Orient et l'Occident s'examinèrent avec haine et terreur. Les deux armées ou plutôt les deux mondes s'inspiraient un étonnement réciproque, par la différence des physionomies, des costumes et de la tactique. Les Francs contemplaient d'un œil surpris ces myriades d'hommes bruns aux turbans variés, aux burnous blancs, aux boucliers ronds, aux sabres recourbés, aux zagaies légères, et caracolant sur leurs cavales échevelées. Les cheicks musulmans passaient et repassaient au galop devant les lignes gallo-teutoniques pour mieux voir les géants du Nord, avec leurs longs cheveux blancs, leurs heaumes brillants, leurs casaques de peau de buffle ou de mailles de fer, leurs longues épées et leurs énormes haches ! »

Le tableau tracé par M. Henri Martin des deux armées qui

allaient se heurter est exact; mais le récit de la bataille est plein de détails dus à la seule imagination de l'historien et qui ont été relevés par des écrivains érudits, tels que M. Reinaud et M. Conde, savants orientalistes qui ont eu l'heureuse inspiration de consulter les manuscrits et les chroniques arabes.

Il est aujourd'hui certain, en effet, que les armées d'Abdérame et de Charles Martel ne restèrent pas sept jours en présence, s'observant et se contemplant mutuellement, comme le croit M. Henri Martin. La lutte commença à Tours, se continua pendant toute une semaine par une série d'engagements et se termina enfin dans la grande plaine de Moussey-la-Bataille par une rencontre générale et décisive.

Tous les historiens arabes déclarent unanimement que l'armée d'Abdérame s'avança victorieuse jusqu'à Tours dont elle pilla et brûla les faubourgs. Il est certain que la basilique de Saint-Martin fut sauvée par l'arrivée subite de l'armée franque. Un manuscrit arabe de la bibliothèque Richelieu nous peint d'une manière saisissante la tactique de Charles Martel; on croirait lire l'histoire de Fabius Cunctator :

« Nos soldats connaissaient la vigueur du chef franc dont le nom, Karlé, ne se prononçait qu'avec terreur. Ils s'étonnaient de ne le rencontrer nulle part sur leur chemin. Or, les leudes, étant allés se plaindre à Karlé de son inaction, lui racontèrent les ravages commis par les fils de Mahomet dans les provinces méridionales de la Gaule. Ils parlaient de la honte qui devait en rejaillir sur les guerriers francs :

« Quoi! disaient-ils, nos gros bataillons, munis de cuirasses,
« armés de tout ce que la guerre peut offrir de plus terrible, se
« laisseront dévorer par des hordes armées à la légère, sans dis-
« cipline et sans ordre!

« — Laissez-les faire, répondit Karlé : ils sont au moment

« de leur plus grande audace. Ils ressemblent au torrent qui ren-
« verse tout sur son passage. L'enthousiasme leur tient lieu de
« cuirasse et le courage de places fortes. Mais quand leurs bras
« seront chargés de butin, quand ils auront pris goût aux belles
« et spacieuses demeures, l'ambition s'emparera des chefs, la
« discorde pénétrera dans leurs rangs : alors nous irons à eux et
« nous en viendrons à bout sans peine. »

Cette curieuse réponse nous explique pourquoi le héros franc
ne se mit en marche qu'après avoir réuni tous les guerriers
francs et germains. Il comprenait que la rencontre serait décisive.

Le premier choc eut lieu près de Tours, au lieu dit Saint-
Martin-le-Bel, suivant une tradition locale. Presque tous les
chroniqueurs sont unanimes en ce point. Isidore de Beja le déclare en ces termes : « Abdérame était sous les murs de Tours,
brûlant les palais et les églises, se promettant de piller bientôt la
basilique de Saint-Martin, lorsqu'il se trouva en présence du
consul austrasien, Charles, héros rompu dès son jeune âge au
métier des armes, expérimenté dans la science de la guerre et
amené au secours de la Gaule méridionale par les supplications
d'Eudes d'Aquitaine. »

Roderic Ximenès dit aussi : « Après sa victoire sur le duc
d'Aquitaine, Abdérame crut qu'il lui serait donné de dévaster
les patries des Francs. Mais Dieu a posé des barrières à l'Océan
et lui a dit : « Tu viendras jusque-là et tu briseras le vain fracas
« de tes ondes. » Cependant Eudes s'était enfui près du consul
de France, Charles, vaillant héros. Ce Charles, qui fut plus tard
surnommé Martel, appela sous ses drapeaux les Germains, les
Gépides et tout ce qui restait de guerriers francs. A leur tête,
il s'avança à la rencontre d'Abdérame au moment où celui-ci
dévastait la ville de Tours. »

Enfin, le continuateur de Frédégaire n'est pas moins formel :
« Les Sarrasins, dit-il, s'avancèrent jusqu'à Poitiers, où, *quod
dici dolor est*, la basilique de Saint-Hilaire fut livrée aux flammes,
puis ils se rendirent à Tours dans l'espoir de traiter de même la
maison du bienheureux Martin. »

En apprenant l'arrivée du duc d'Austrasie et de son armée,
Abdérame inquiet quitta Tours, et s'avança à la rencontre des
Francs. Il eut même un instant, disent les manuscrits arabes, la
pensée de laisser en arrière la masse énorme du butin déjà partagé. Mais il n'osa donner suite à ce projet. Les premiers combats furent favorables à l'armée chrétienne. Les Sarrasins reculèrent. Pendant sept jours on se battit sans arriver à un choc
général; mais les guerriers francs s'habituaient peu à peu à la
tactique arabe. L'émir rallia enfin toutes ses troupes et chercha
un champ de bataille favorable au développement de sa nombreuse cavalerie. Il crut le trouver près de Poitiers, dans la
plaine que nous avons indiquée, et c'est là qu'eut lieu enfin
cette rencontre formidable qui décida du sort de la chrétienté.

IV

Le samedi 17 octobre, les deux armées, chrétienne et sarrasine, sortirent de leurs retranchements et se disposèrent pour la
bataille. L'heure décisive avait sonné.

« Les Sarrasins, dit Isidore de Beja, engagèrent l'action par
une charge de toute leur cavalerie. » Abdérame espérait sans
doute enlever la victoire du premier coup; c'est ainsi qu'il avait
triomphé dans maintes batailles. Mais il fut trompé dans son
attente. Charles avait prévu cette attaque furieuse et prévenu
ses troupes. « En un clin d'œil, ajoute le chroniqueur, les hommes
du Nord groupèrent leurs masses compactes, immobiles comme

un mur, ou plutôt comme un rempart de glace qui n'offrirait aucun interstice. Les Arabes essayèrent vainement de les rompre ; ils tombaient impitoyablement sous le fer des épées et des lances. Les guerriers d'Austrasie avaient sur l'ennemi l'avantage d'une taille plus élevée et d'une solide armure. Leur main de fer frappait en pleine poitrine. »

Ainsi parle l'historien le plus voisin de l'événement, et nous aimons mieux rappeler ses paroles, si simples, si frappantes, contenant tout ce que l'on sait de la grande bataille, que de nous égarer dans un récit où l'imagination tiendrait plus de place que la vérité.

Le triomphe de l'Église en cette journée fut assez grand pour n'avoir pas besoin d'ornement, et il n'y a rien de plus ridicule pour un auteur ni de plus pénible pour un lecteur instruit que l'invention de détails dramatiques qu'on ne retrouve nulle part. Les chroniqueurs de la bataille de Poitiers sont brefs ; sachons l'être avec eux, car nous ne savons rien que par eux.

Les quelques lignes d'Isidore de Beja nous permettent de nous expliquer le succès des guerriers francs. C'est la tactique encore suivie de nos jours. A l'impétueuse attaque d'Abdérame, Charles opposa longtemps la discipline, l'ordre et le calme des Austrasiens.

Mais Charles n'entendait pas se borner à la défensive : lui aussi voulait en finir, et il avait conçu un plan habile.

Sachant que l'armée musulmane était gorgée de butin et que son camp était plein de richesses, il avait confié à Eudes d'Aquitaine le commandement de toute la cavalerie et l'avait chargé de tourner l'ennemi et d'attaquer le camp à une certaine heure de la journée.

L'ordre fut suivi avec exactitude, et tout à coup un grand désordre se produisit parmi les musulmans. Une partie des

Sarrasins quitta le champ de bataille pour voler au secours du camp. « Le duc Eudes, dit Paul Diacre, s'était jeté sur les tentes, tuant et ravageant tout ce qui lui tombait sous la main. » Tous les écrivains arabes attribuent leur défaite à ce mouvement. Vainement Abdérame voulut retenir ses troupes en face des Austrasiens qui s'ébranlaient sous la conduite de Charles. Ses soldats n'écoutèrent pas sa voix, et le désordre se mit dans leurs rangs.

Il faut se rappeler, en effet, que le camp arabe n'était pas seulement plein des richesses accumulées depuis le passage des Pyrénées, mais qu'il renfermait aussi les femmes, les vieillards et les enfants, ces innombrables familles venues à la suite d'Abdérame comme pour habiter la Gaule : *cum omnibus familiis suis, quasi Galliam habitaturi.* (Sig... Gemblac., *Chronic.*, tom. CLX, col. 139.)

La cavalerie arabe parvint à dégager le camp et à repousser l'attaque du duc d'Aquitaine; mais le but de Charles n'en fut pas moins atteint, car, pendant ce temps, profitant du tumulte, l'armée d'Austrasie s'était jetée à son tour sur les troupes restées près d'Abdérame et les avait refoulées.

Alors se produisit un fait qui décida du sort de la journée.

Abdérame, probablement inquiet de la tournure que prenaient les événements, rallia tout ce qui lui restait de cavaliers, se mit à leur tête, et s'élança sur les troupes franques pour arrêter leur marche. Mais rien ne pouvait rompre ce « rempart de glace » dont les écrivains arabes parlent tous avec tant de douleur et d'admiration. Les Sarrasins se brisèrent sur les soldats chrétiens, et leur chef, Abdérame, tomba, frappé mortellement par un coup de lance, disent les uns, par une flèche, disent les autres.

La mort de l'émir et l'absence de commandement jeta le

plus grand trouble dans l'armée musulmane, et à partir de ce moment les guerriers francs firent un massacre effroyable des ennemis du Christ : dans cette mêlée confuse, dit avec raison M. Guizot, « la haute stature et les fortes armes des Francs avaient l'avantage ».

Mais Charles, toujours prudent, maintenait l'ardeur de ses soldats. Quand la nuit vint, il donna l'ordre de cesser le combat. « Sans se débander, dit Isidore de Beja, les Francs élevèrent la pointe de leurs épées et de leurs lances comme pour défier l'ennemi, et couchèrent sur le champ de bataille ! »

Mais la grande journée n'était pas finie. Dieu agissait à son tour et récompensait le courage de ses troupes en jetant au cœur des Sarrasins une terreur mystérieuse qui devait compléter la victoire plus efficacement encore que les combats.

Le lendemain, en effet, les guerriers francs, dès la pointe du jour, sortent l'épée du fourreau, s'élancent sur leurs chevaux, et, pleins d'espoir, se dirigent en ordre de combat vers le camp arabe dont les tentes étaient toujours debout. Nous reproduisons ici le récit même des chroniqueurs français et arabes, unanimes à raconter ce fait singulier, presque sans exemple dans l'histoire. « Étonnés de n'entendre aucun bruit, de n'apercevoir aucun mouvement, les soldats de Charles se persuadèrent que la cavalerie arabe, dissimulée derrière les tentes, avait préparé une embuscade. Des reconnaissances furent envoyées dans toutes les directions, *mittentes exploratorum officia ;* elles revinrent annoncer que la plaine était vide et le camp abandonné ; que les Sarrasins avaient profité de la nuit pour s'enfuir dans le plus grand silence et que tous, répartis par groupes et escadrons, se précipitaient dans la direction des Pyrénées pour regagner leur patrie. Cette disparition subite pouvait cacher un piège : les Francs le craignirent, et ne voulant pas se compromettre dans une poursuite téméraire, ils parcoururent tout le pays et demeurèrent comme stupéfaits en le voyant complètement libre. Convaincus enfin qu'ils n'étaient dupes d'aucun stratagème militaire, ils purent se livrer à toute la joie de la victoire. Les dépouilles immenses trouvées dans le camp furent régulièrement distribuées entre tous les bataillons d'abord, puis à chaque soldat, *spoliis tantum et manubiis decenter divisis.* »

Tel est le fait raconté par les historiens et tant de fois reproduit par la peinture et la gravure. L'armée musulmane était en déroute, et les plaines de la Loire ne devaient jamais la revoir. La bataille gigantesque était gagnée, et Charles, le glorieux vainqueur, le sauveur de la Gaule et de la chrétienté, fut acclamé par son armée et salué du nom de *Tuditis*, marteau de forgeron, parce qu'il avait comme écrasé sur l'enclume les bandes innombrables de l'émir : « Propterea *Tuditis* appellatus est quod est *malleus fabri!* »(Chron. Hugues de Flavigny.) Il faut lire sur ce point les *Grandes Chroniques* de Saint-Denis dans le vieux français du treizième siècle : *Lors fuit primes apelé Martiaux par seurnom, car aussi comme le martiaux debrise le fer, aussi froissait-il et brisait par la bataille tous ses ennemis.*

Les chroniqueurs arabes se lamentent à l'envi sur le sort d'Abdérame et sur le désastre de sa grande armée. Ils désignent le théâtre de la bataille sous le nom de « pavé des martyrs », et ajoutent que sur ces plaines ensanglantées, devenues, disent-ils, un lieu sacré pour tous les fils du Prophète, on entend encore la voix des anges du ciel invitant les musulmans à la prière !

V

A peine la victoire fut-elle certaine, que Charles Martel, en vrai fils de l'Église, envoya, du champ de bataille même, des messagers au pape saint Grégoire III pour lui annoncer le succès de l'armée chrétienne. Ces messagers étaient chargés de présents choisis parmi les plus riches dépouilles des vaincus, et leur passage à travers la Gaule méridionale et l'Italie ne fut qu'une longue marche triomphale. Cette ambassade solennelle montre combien la papauté était déjà grande aux yeux des peuples européens.

La victoire de Poitiers était vraiment le triomphe de la chrétienté et de la civilisation, car du même coup les Arabes reculaient au-delà des Pyrénées, et le monde apprenait qu'une nouvelle puissance s'était élevée en Gaule, qui prendrait la défense du Saint-Siège et avec laquelle il faudrait désormais compter.

Armes de Godefroi de Bouillon.
Une flèche embrochée de trois alérions (oiseaux fabuleux) et la devise :
« Est-ce un Dieu ou le hasard qui nous montre la route ? »

Donation de l'exarchat de Ravenne.

L'an 774, Charlemagne fait don au Saint-Siège de l'exarchat de Ravenne, de la Pentapole, de la Sabine et de quelques autres villes et provinces. — Gravure de l'*Histoire de France*, du Père G. Daniel. Paris, 1729.

CHAPITRE IV

BATAILLE DE PAVIE

I

IDIER, roi des Lombards, farouche ennemi de la papauté, déjà battu par les Francs en plusieurs rencontres, s'était enfermé avec son armée dans les murs de Pavie.

Quand on lui annonça l'arrivée de l'armée franque, qui accourait au secours du pape Adrien, il monta sur une haute tour, dont la vue s'étendait au loin. Près de lui se tenait un comte austrasien, vaillant guerrier, Oger dit le Danois, qui, peu de temps auparavant, avait offensé Charlemagne et s'était réfugié à la cour de Didier.

Les deux hommes jetèrent les yeux sur la campagne et les montagnes voisines :

« A l'horizon parurent d'abord les engins de guerre en tel nombre que Darius et César n'en eurent jamais tant. Aussitôt Didier s'écria :

« Voilà sans doute le roi Charles au milieu de ces forte-
« resses mouvantes ?

« — Non, pas encore, » répondit Oger.

« Une multitude innombrable de guerriers suivait, réunie des points les plus extrêmes de l'empire franc.

« Cette fois, dit le roi lombard, voilà Charles avec son armée.

« — Non, pas encore ! »

« A ces mots, Didier manifesta son impatience et son découragement :

« Que pourrons-nous faire, hélas ! si ce n'est là que son
« avant-garde ?

« — Quand Charles paraîtra, je n'aurai pas besoin de vous
« l'indiquer. Sa présence se révélera d'elle-même. Pour ce qui
« sera de nous, je l'ignore. »

« A ce moment, on aperçut les jeunes cavaliers de l'école palatine qui enveloppèrent d'un cercle immense toute la plaine. Didier suivit avec stupéfaction leur mouvement stratégique :

« Enfin, dit-il, voilà donc Charles déployant avec orgueil
« sa cavalerie !

« — Non, non, pas encore ! »

« Vint ensuite le cortège des évêques, abbés, clercs et cha-
pelains, formant avec les comtes qui les entouraient une masse compacte. Alors Didier, ne pouvant plus supporter la lumière du jour, ni braver la mort, cria en gémissant :

« Descendons et cachons-nous dans les entrailles de la

« terre, loin de la face et de la fureur d’un si terrible
« ennemi.

« — Ce n’est pas encore lui, » dit Oger qui avait fait partie
de l’escorte de Charles et en connaissait la composition.

« Puis, il ajouta :

« Quand vous verrez les moissons s’agiter d’horreur
« dans les champs, le Pô et le Tessin inonder les murs de la ville
« de leurs flots noircis par le fer, alors vous pourrez croire à
« l’arrivée de Charles. »

« Comme il parlait ainsi, les montagnes au Nord et à l’Occident parurent se couvrir d’une sombre nuée qui se développait
en cercle, obscurcissant la lumière du jour. De ce flot de poussière noire, soulevée comme par un ouragan, se dégagea bientôt
l’éclat des armes étincelantes au soleil. Alors parut le roi
Charles, cet homme de fer, la tête couverte d’un casque de fer,
les mains garnies de gantelets de fer, sa poitrine de fer et ses
épaules de marbre défendues par une cuirasse de fer, la main
gauche armée d’une lance de fer qu’il soutenait élevée en l’air,
car sa main droite, il la tenait toujours étendue sur son invincible épée. Sur son bouclier, on ne voyait que du fer; son
cheval avait la couleur et la force du fer. Tous ceux qui précé-
daient le monarque, tous ceux qui marchaient à ses côtés, tous
ceux qui le suivaient, tout le gros même de l’armée, avaient des
armures pareilles, tous autant que les moyens de chacun le
permettaient. Le fer couvrait les champs et les grands chemins.
Les pointes de fer réfléchissaient les rayons du soleil. Ce fer
si dur était porté par un peuple d’un cœur plus dur encore.

« A cet aspect, le peuple de Pavie, groupé sur les remparts,
poussa des cris confus de terreur. Que de fer, hélas! que de
fer! La fermeté des murs et des jeunes gens s’ébranla à la vue
du fer, et le fer paralysa la sagesse des vieillards.

« Ce que moi, pauvre écrivain bégayant et édenté, j'ai tenté de peindre en une traînante description, Oger l'aperçut d'un coup d'œil rapide et dit au roi :

« Le voilà, ce Charles que vous cherchiez avec tant de « peine ! »

« Et, en proférant ces paroles, il tomba presque sans vie. »

II

Nous avons reproduit le texte de cette naïve chronique du moine de Saint-Gall en tête de notre récit, parce qu'il montre mieux que toute description moderne, ainsi que le remarque M. Guizot, l'impression d'admiration et de crainte que faisaient sur ses contemporains Charlemagne, sa personne et sa puissance.

Le roi des Francs, fils de Pépin le Bref, et petit-fils de Charles Martel, venait en Italie pour défendre la papauté opprimée par la monarchie lombarde.

Depuis près d'un demi-siècle, les rois lombards cherchaient à s'emparer de Rome et à mettre la main sur la personne des souverains pontifes. Déjà en 752, Astolphe, prédécesseur de Didier, avait assiégé Rome, et le pape Étienne III, ne recevant aucun secours de l'empereur d'Orient Copronyme, avait fait porter à Pépin le Bref le cri d'alarme de l'Italie chrétienne et du Saint-Siège. Cette première démarche d'Étienne III fut un des événements les plus décisifs de l'histoire, car elle transporta la prééminence politique de l'Orient à l'Occident, et plaça la France à la tête des nations.

Pépin le Bref répondit à l'appel du pontife. En 754, une armée franque passa les Alpes, culbuta les forces lombardes, et vint assiéger Astolphe dans sa capitale. Un premier traité de

CHARLEMAGNE, EMPEREUR DES FRANCS

Statue de M. Rochet, sur la place Notre-Dame, à Paris. — Charles est conduit par Olivier et Roland. — Ce grand roi se qualifiait lui-même ainsi : « Moi, Charles, par la grâce de Dieu et le don de sa miséricorde, roi et chef des Francs, dévot défenseur de la sainte Église, et en toutes choses humble auxiliaire du Siège apostolique. » (*Concil.*, Labbe, t. VII, col. 967.)

paix fut conclu; mais dès l'année suivante, Astolphe reparaissait aux portes de Rome, et l'investissait de si près que le pape eut peine à prévenir le roi des Francs. Pépin accourut de nouveau, avec la rapidité de la foudre, et obligea le perfide Lombard à lui remettre les clefs de vingt-deux villes, dont il fit une donation solennelle au souverain pontife et à ses successeurs. L'indépendance du Saint-Siège était désormais fondée.

Douze ans plus tard, Pépin le Bref étant mort, le successeur d'Astolphe, Didier, cherchait à reprendre au nouveau pape, Étienne IV, les villes et les terres de l'Exarchat. Sous prétexte de vénérer le tombeau des apôtres, il se rendit à Rome avec son armée, s'empara violemment de la ville, retint le pape prisonnier pendant quelques jours, et fit crever les yeux à tous les Romains qui parurent hostiles à ses projets. Des négociations s'engagèrent ensuite au sujet des fils de Carloman, frère de Charlemagne, que le roi des Lombards voulait faire couronner par le souverain pontife pour les opposer au roi des Francs. Mais ni Étienne IV, ni Adrien Ier, son successeur sur le siège de saint Pierre, ne consentirent à jeter ainsi des semences de division dans un royaume ami, et Didier, ne gardant plus de mesure, s'élança de nouveau sur Rome avec ses soldats.

Le péril était grand, et le pape Adrien envoya aussitôt des messagers au roi des Francs. L'hostilité persistante et les trahisons répétées des rois lombards menaçaient plus encore peut-être qu'une invasion barbare la liberté de l'Église et les progrès de la foi chrétienne.

Heureusement, Dieu avait placé sur le trône de France un homme dont on ne peut se lasser de contempler et d'admirer le génie.

Charlemagne avait hérité de toutes les traditions militaires et de toute l'énergie de ses aïeux, Pépin d'Héristal, Charles

Martel et Pépin le Bref; mais il avait de plus une grandeur morale, qui n'a été égalée que par celle de saint Louis.

Étonnante figure que celle de ce héros chrétien placé par Dieu au seuil des temps modernes!

Merveilleux exemple donné aux souverains que celui de ce monarque régnant sur presque toute l'Europe et n'employant sa puissance qu'au service de la civilisation chrétienne! Guerrier infatigable qui, chaque année, dirigeait une expédition militaire, franchissait fleuves et montagnes à la tête de son armée, excitait le courage de ses leudes, brandissait *Joyeuse*, sa légendaire épée, et ajoutait à son empire quelque nouvelle province! Légis-lateur dont les jurisconsultes modernes étudient avec admira-tion les *Capitulaires!* Chrétien, qui combattait pour l'Église et pour la religion, se battait et priait avec la même ardeur, éta-blissait définitivement le pouvoir temporel des papes, cimentait une féconde alliance entre le nouvel empire et la papauté, bâtis-sait partout des cathédrales et des églises, et, pénétrant dans les moindres détails, chargeait Alcuin, Paul Diacre et les jeunes gens de l'école palatine ou de Saint-Martin de Tours, de répan-dre l'instruction parmi le peuple, de développer les arts et de propager la liturgie romaine et le chant grégorien dans tous ses États.

Faut-il s'étonner si la postérité s'est inclinée avec respect devant ce grand souvenir, si des légendes nationales se sont formées autour de ce nom, si la poésie l'a célébré, et si la mé-moire « du grand empereur à la barbe fleurie » a été fidèlement gardée par toutes les générations?

Quand reverrons-nous la force au service du droit? Quand est-ce qu'au milieu de nos siècles sceptiques, un héros se lèvera qui tiendra, lui aussi, l'épée d'une main, la croix de l'autre?

Le monde saluera-t-il un second Charlemagne?

On a comparé Charles à Alexandre, à César et à Napoléon. La comparaison est bien étroite et bien fausse. Ces trois grands hommes, Charlemagne les égala par le génie militaire, car dans ses cinquante-trois expéditions au-delà des Alpes, des Pyrénées ou du Rhin, il ne fut jamais vaincu. Mais comme il les surpasse par la vraie grandeur, la grandeur morale ! Alexandre, César et Napoléon n'ont apporté qu'une vaine gloire, souvent mêlée de cruelles souffrances, aux peuples qu'ils dirigeaient : l'un n'a eu que le temps de détruire un vieil empire, qui s'écroulait depuis longtemps et n'a rien pu fonder à la place ; l'autre, vainqueur des Gaules, n'a usé de sa puissance que pour opprimer sa patrie ; l'autre, enfin, n'a remporté que de stériles victoires, l'ordre qu'il établit fut celui de la servitude, et son épopée sanglante resta sans résultat. Charlemagne, au contraire, civilisa l'Europe, tailla à coups d'épée les sociétés modernes, sauva le droit, fit régner l'ordre sans toucher à la liberté, respecta les assises nationales des champs de Mars ou de Mai, fit briller d'un vif éclat le flambeau des arts et des lettres, et planta la croix jusqu'aux forêts de la Germanie et jusqu'aux plaines du Danube. Voilà la vraie grandeur et la vraie gloire. Toute autre est trompeuse et fait aux peuples plus de mal que de bien.

Le roi des Francs accueillit avec respect les envoyés du pape Adrien. « Il examina mûrement la situation, dit Eginhard, et réunit aussitôt à Genève l'assemblée générale des Francs. A l'unanimité, il fut reconnu que l'envoyé du Seigneur apostolique avait appuyé sa requête de raisons péremptoires et que la guerre contre Didier était nécessaire. Le glorieux roi, divisant son armée en deux corps, prit le commandement du premier et franchit les Alpes par le mont Cenis, pendant que son oncle, le comte Bernard, avec le second corps, traversait le mont Joux, sur l'autre versant des Alpes. Didier occupait déjà les défilés. Charles vint camper en face des Lombards, et envoya une division à travers les gorges de la montagne pour prendre l'ennemi à revers. Didier devina le piège et quitta brusquement sa position, en sorte que, par l'aide du Seigneur et l'intercession du bienheu-

ENTRÉE DE CHARLEMAGNE DANS PAVIE

reux apôtre Pierre, sans combat ni effusion de sang, le roi Charles traversa les défilés et entra en Italie. » L'heure de la justice avait sonné pour la monarchie lombarde, et les trahisons et l'impiété des rois Hildebrand, Astolphe et Didier allaient être châtiées. Sitôt que Didier vit le péril, il s'empressa de s'enfermer dans Pavie, et d'envoyer à Vérone son fils Adalgise avec la veuve et les fils de Carloman, sous la garde du comte Oger le

Danois, que le moine de Saint-Gall met en scène d'une façon si pittoresque. Située sur l'Adige, Vérone offrait par ce fleuve une communication facile avec l'Adriatique et Constantinople, et Didier espérait que l'empereur d'Orient viendrait à son secours et ne laisserait pas le roi des Francs s'emparer de l'Italie. Son espoir fut déçu. A peine arrivé, Charlemagne organisa le blocus de Pavie, fit construire une église au milieu de son camp, puis, laissant la direction du siège à son oncle Bernard, il s'élança dans le bassin septentrional du Pô, s'empara de Milan, de Brescia, de Mantoue, s'assura du cours de l'Adige en aval de la cité, intercepta toutes les communications avec la mer, et parut tout à coup devant Vérone.

A sa vue, la terreur s'empara des habitants. Adalgise s'enfuit, et la garnison se rendit à discrétion, en livrant au vainqueur, outre les clefs de la ville, la belle-sœur et les neveux du roi Charles et le comte Oger.

On a prétendu que Charlemagne avait souillé sa gloire en faisant périr les fils de Carloman. Cette calomnie a été réfutée par les Bollandistes, qui ont publié, en 1685, les actes de l'un d'eux, saint Siagrius, devenu plus tard le premier évêque de Nice. Il est probable que le second, Pépin, mourut en bas âge. Quant au comte Oger, qui méritait un châtiment exemplaire pour avoir trahi son maître au profit de l'ennemi, il fut accueilli avec bonté, réintégré à son rang parmi les leudes, et sa sœur Auda fut mariée à Roland, neveu de Charlemagne, futur héros de Roncevaux. Touché de tant de clémence, Oger revint en France et, quelque temps plus tard, entra au monastère de Saint-Faron à Meaux.

Charlemagne revint aussitôt devant Pavie, où il trouva la reine Hildegarde et ses fils. Didier se défendait avec l'énergie du désespoir. Le siège durait depuis six mois et menaçait de se

prolonger encore. Les desseins de Dieu sur la papauté allaient
enfin se révéler.

C'était en l'année 774. « On entrait, dit le *Liber Pontificalis*,
dans la semaine sainte. Charlemagne résolut d'aller célébrer
à Rome la fête de Pâques. Il partit, accompagné d'un certain
nombre d'évêques, abbés, juges, ducs et comtes. Une troupe
de cavaliers l'escortait. Il traversa ainsi la province de Toscane,
précipitant tellement sa marche, que le samedi saint il était
aux portes de la Basilique vaticane. La surprise, la joie du
très bienheureux pape Adrien à la nouvelle de la prochaine
arrivée du héros franc, ne peuvent se décrire. Il envoya à sa
rencontre toute l'armée romaine, avec ses bannières, à plus de
trente milles, au lieu dit Nova. A un mille de Rome, toutes
les écoles, dirigées par leurs maîtres, les enfants tenant à la
main des palmes ou des rameaux d'olivier et chantant des
hymnes, abordèrent le roi et firent retentir l'air d'acclamations triomphales. Ce pieux et touchant cortège était suivi des
croix processionnelles, de tout le clergé et des fidèles des
paroisses de Rome, ainsi qu'il se pratiquait aux réceptions
officielles des patrices. A la vue des croix, Charlemagne descendit de cheval avec toute son escorte et fit à pied le reste
du chemin. Le Pontife, entouré de son sénat sacerdotal, attendait le roi au sommet du portique de Saint-Pierre. Charlemagne
voulut monter à genoux les degrés de la basilique, en les bai-
sant l'un après l'autre. Ce fut ainsi qu'il parvint près du très
bienheureux pape, et, se saluant, ils s'embrassèrent. Le très
chrétien roi Charles, tenant la main droite du Pontife, entra
dans le temple, et cependant le clergé, les religieux, la foule
entière chantaient ces paroles prophétiques : *Benedictus qui
venit in nomine Domini!*

« Avec leur roi, les évêques, abbés, juges, ducs et comtes

francs vinrent se prosterner devant l'autel de la Confession de saint Pierre, louant Dieu et proclamant à haute voix qu'ils devaient à l'intercession du prince des apôtres leur victoire sur les Lombards. Le très saint pape et le très excellent roi se jurèrent mutuellement alliance et fidélité sur le corps de saint Pierre ; ils firent ensuite leur entrée solennelle à Rome et se rendirent à la basilique du Sauveur au Latran, où ils passèrent ensemble toute la journée du samedi saint. Ils se séparèrent au commencement de la nuit, le pape pour présider la cérémonie du baptême, usitée dans cette vigile sainte, le roi pour retourner dans les appartements de la Basilique vaticane. »

Quelles scènes et quels souvenirs ! Y a-t-il rien de plus grand au monde que cette alliance de la religion et de la royauté, cette union de la force morale et de la force matérielle, et cette amitié sainte entre le Pape et le héros franc !

Mais un événement plus considérable encore devait se produire les jours suivants.

« Dès l'aube du jour, le lendemain, jour de Pâques, le très saint pontife, accompagné des magistrats et de la milice romaine, se rendit près du roi, qui fut conduit processionnellement avec tous les Francs de son escorte à la basilique de Sainte-Marie-ad-Præsepe. Après la messe pontificale, le Pape et le roi se rendirent au Latran où ils mangèrent ensemble à la table apostolique. Le mercredi suivant, Charlemagne prit entre ses mains l'acte de Carisiacum (Quierzy-sur-Oise) par lequel son père le roi Pépin avait fait donation au Siège apostolique de diverses cités et provinces d'Italie. Il en fit donner lecture à haute voix, et en approuva, lui et les Francs qui l'accompagnaient, toutes les clauses. Puis, de sa libre volonté, le roi très chrétien fit dresser par son chapelain et notaire Etherius une nouvelle donation dans la forme de la première.

Par cet acte, Charlemagne renouvelait au bienheureux Pierre et au pontife Adrien la concession des mêmes villes et territoires. Le roi confirma cet acte en y apposant de sa main sa signature et en le faisant souscrire par tous les évêques, abbés,

JÉSUS-CHRIST, PRINCIPE DU POUVOIR

Jésus-Christ remet à saint Pierre les clefs et à Charlemagne l'étendard surmonté de la croix. Le *Vicaire* du Christ, c'est le Pape; le Défenseur du Christ, c'est l'Empereur. — Mosaïque du neuvième siècle, dans le *triclinium* de Saint-Jean-de-Latran, à Rome.

ducs et comtes de sa suite. La charte, signée de la sorte sur le maître-autel du bienheureux Pierre, fut ensuite déposée dans l'intérieur de la Confession, sur le tombeau du prince des apôtres. Là, Charlemagne et tous les Francs s'engagèrent par serment, vis-à-vis du bienheureux Pierre et de son vicaire, le pontife Adrien, à en observer toute la teneur. Une copie authentique du diplôme, rédigée également par Étherius, fut déposée par les mains du roi dans l'évangéliaire qu'on fait baiser aux pèlerins sur la Confession même, afin d'y rester à jamais comme une garantie solennelle et un monument à la gloire du grand roi et de la nation des Francs. De plus, Charlemagne en fit exécuter d'autres exemplaires qu'il emporta dans son royaume. »

On comprend, après ces grands événements, pourquoi la statue équestre de Charlemagne a été placée, depuis lors, avec celle de Constantin le Grand, à l'entrée de la basilique de Saint-Pierre. Bossuet, dans son *Sermon sur l'unité de l'Église*, a résumé admirablement les desseins de la Providence établissant, par les mains des rois francs, l'indépendance du Saint-Siège : « Dieu, dit-il, qui voulait que son Église, la mère commune de tous les royaumes, dans la suite ne fût dépendante d'aucun royaume dans le temporel, et que le siège où les fidèles doivent garder l'unité à la foi fût mis au-dessus des partialités que les divers intérêts et les jalousies d'État pourraient causer, jeta les fondements de ce grand dessein par Pépin et Charlemagne. C'est par une heureuse suite de leur libéralité que l'Église, indépendante dans son chef de toutes les puissances temporelles, se voit en état d'exercer plus librement, pour le bien commun et sous la commune protection des rois chrétiens, cette puissance céleste de régir les âmes, et que, tenant en main la balance droite au milieu de tant d'empires souvent ennemis, elle entretient l'unité dans tout le corps, tantôt par d'inflexibles décrets et tantôt par de sages tempéraments. »

L'alliance ainsi contractée entre la papauté, désormais indépendante, et le royaume des Francs, devait régénérer l'Europe.

Cependant le siège de Pavie durait toujours, et Charlemagne dut quitter Rome pour rejoindre son camp. La résistance de Didier fut héroïque. Il était aidé dans la lutte par l'ancien duc d'Aquitaine, Hunald ; tous deux multiplièrent leurs efforts pour obliger les Francs à se retirer. Les sorties et les assauts se succédèrent presque chaque jour, pendant un mois. A la fin, les habitants, exaspérés par les privations et les souffrances, se ruèrent à coups de pierres sur le duc Hunald et traînèrent son cadavre dans les rues. Didier, la rage au cœur, se vit contraint de capituler. Il se rendit à discrétion, avec sa femme la reine Ansa et une de ses filles.

Au mois de juin 774, Charlemagne entra victorieux dans Pavie. Didier, sa femme et sa fille furent envoyés en France et passèrent le reste de leurs jours dans des monastères. Les habitants et les délégués des provinces italiennes soumises aux Lombards vinrent prêter serment de fidélité entre les mains du vainqueur. Parmi eux se trouvait Paul, fils de Warnefrid, chancelier de Didier, que la clémence de Charlemagne conserva à la vie, et qui devait bientôt, sous le nom de Paul Diacre, apporter à l'école palatine une gloire rivale de celle d'Alcuin.

Peu de jours après, Charlemagne était solennellement proclamé roi des Lombards, et recevait la couronne de fer des mains de l'archevêque de Milan.

La monarchie lombarde prenait ainsi fin après une durée de deux cent six ans, et la papauté était délivrée du plus grand péril qu'elle eût couru depuis Poitiers.

III

Vingt-six ans plus tard, le 25 décembre de l'année 800, Charlemagne était de nouveau à Rome auprès du pape Léon III, et s'apprêtait à célébrer solennellement la nuit de Noël, sans se douter, disent tous les chroniqueurs, du grand événement qui allait s'accomplir par les mains du saint pontife.

C'était trois siècles après cette autre nuit de Noël 496, dans laquelle Clovis avait reçu le baptême et consacré au Christ le royaume de France.

Pendant ces trois siècles, la promesse de Clovis avait été tenue, et la prophétie de saint Remi s'était réalisée. La monarchie française n'avait cessé de prospérer, et maintenant l'Europe presque entière était soumise au sceptre du roi Charles.

Le pape Léon III eut alors une sublime inspiration.

Il voulut faire revivre les jours de Constantin le Grand et de Théodose, consolider la grande œuvre du héros franc, maintenir l'unité dans la famille des nations européennes et donner à la chrétienté, en la personne de Charlemagne et en celle de ses successeurs, un protecteur permanent.

Il faut lire le récit de cette scène dans Eginhard :

« Le roi, dit le chroniqueur, se rendit à la basilique du bienheureux Pierre pour y assister aux messes solennelles de la grande fête, et il s'agenouilla devant le maître-autel où il fit sa prière. Comme il se relevait, le pape Léon lui mit sur la tête la couronne d'or. Aussitôt l'immense foule des Romains éclata en acclamations : « Vive Charles-Auguste, vie et victoire au « grand et pacifique empereur des Romains, couronné par « Dieu lui-même ! » Les acclamations se prolongèrent, répétées dans des transports d'allégresse sans fin. Quand un peu de silence lui permit de parler, Charles déclara que, s'il avait soupçonné l'intention du pape, il se fût abstenu de paraître dans la basilique, malgré la solennité de cette grande fête. On l'interrompit pour l'acclamer encore. Il attendit de nouveau que l'explosion universelle fût calmée, et il parla des dangers politiques qu'une telle proclamation pouvait faire naître. Mais il ne put résister aux vœux unanimes du peuple chrétien, et déclara

qu'il se soumettait à la volonté de Dieu, exprimée par son
vicaire, par les évêques et par l'assistance tout entière. A cette
parole d'adhésion répondit une nouvelle salve d'applaudissements et d'actions de grâces ; après quoi, le Pontife versa
l'huile du sacre sur la tête du nouvel empereur. »

Le Saint-Empire romain d'Occident était créé. Il devait, à
travers bien des vicissitudes, vivre jusqu'à nos jours. S'il fut
souvent infidèle à sa haute mission, du moins rendit-il à l'Église
et à la civilisation chrétienne, en une foule de circonstances, de
précieux services.

L'énergie créatrice de la papauté avait planté une épée au
milieu de l'Europe pour la garantir contre de nouvelles invasions. Restait à porter le glaive au cœur même des forces
ennemies : ce fut l'œuvre des croisades.

Sceau de Baudouin, comte de Flandre,
Élu empereur de Constantinople par les Croisés, 16 mai 1204.
Tiré des *Sigilla comitum Flandriæ*; Brugis, 1639.

La France croisée partant pour la Terre-Sainte.
La France chrétienne, obéissant à l'appel du pape Urbain II, dans le concile de Clermont, se lève
au cri de « Dieu le veut ! » — Dessin de Boucher, dans l'*Histoire de France* du P. G. Daniel. Paris, 1729.

CHAPITRE V

JÉRUSALEM

I

ÉRUSALEM ! la Croisade ! quel nom et quelle grande chose ! La chrétienté s'ébranlant tout entière pour aller combattre les infidèles et arracher le tombeau de Notre-Seigneur aux injures des Sarrasins ! L'Occident se levant contre l'Orient pour continuer en Palestine l'œuvre commencée par Charles Martel à Poitiers ! Tous les peuples catholiques faisant trêve aux combats pour prendre part ensemble *au saint voyage* ; les princes cessant leurs guerres et oubliant leurs sujets de querelles ; les brigands, larrons et coureurs d'aventures demandant eux-mêmes la croix pour expier leurs fautes et mourir

en paix avec Dieu; les vieillards, les femmes, saisis par la folie de
la croix, partant avec enthousiasme, avec une sainte allégresse,
pour des pays inconnus, presque assurés de ne jamais revenir,
mais heureux d'avance à la pensée de la mort glorieuse qui les
attend; les jeunes gens, les hommes faits, les guerriers déjà
célèbres, les ducs, comtes et barons, vassaux et vavassaux, se
déterminant à leur tour, obéissant au cri de leur conscience et
à l'entraînement populaire, faisant broder la croix rouge sur
leurs épaules par leurs mères, leurs épouses ou leurs fiancées,
et vendant une partie de leurs biens afin de se procurer l'argent
nécessaire pour l'équipement, l'entretien et la nourriture de
leurs soldats; ce grand mouvement religieux et militaire se pro-
pageant soudainement, à la voix de Pierre l'Ermite et du pape
Urbain II, de telle sorte que pendant une année entière on crut
que l'Europe allait se dépeupler et qu'il n'était pas un château,
pas une ville, pas un village qui ne fût en préparatifs pour
l'expédition en Terre Sainte; puis toute cette multitude, près
d'un million d'âmes, s'élançant avec impatience, chantant des
hymnes composés pour la marche, quittant les frontières de la
France, traversant l'Allemagne, la Hongrie, l'empire d'Orient,
au milieu de difficultés sans nombre, atteignant enfin en Asie
Mineure le profanateur des Lieux Saints, si longtemps cherché,
le battant en bataille rangée, s'emparant de Nicée et d'Antioche,
et mettant enfin le siège devant Jérusalem! quel drame! quelle
épopée! quels souvenirs!

Ah! lorsque nos pères marchaient ainsi, priant et chantant,
l'épée au côté, la joie dans le cœur, aspirant à pleins poumons
l'air qu'ils traversaient, brûlant de se mesurer avec les infidèles,
ils ne se demandaient pas si leur conduite était inspirée par une
sage politique, et si toutes les précautions avaient été bien prises
à l'avance pour assurer le succès.

Non, la politique n'entrait guère dans leurs délibérations.
La foi seule les guidait. Ils allaient réellement à la grâce de
Dieu, cherchant sa gloire et la grâce d'une bonne mort, et
cependant, comme il arrive toujours, leur foi servait à leur
insu une politique merveilleuse, qui allait créer définitivement
l'Europe, effacer les dernières traces de la barbarie, imposer

PIERRE L'ERMITE REMETTANT AU PAPE URBAIN II
EN 1094, LE MESSAGE DE SIMÉON, PATRIARCHE DE JÉRUSALEM
D'après un dessin colorié, par Germain Picavet. *Histoire des Croisades*, ms. du quinzième siècle.
Bibliothèque de Bourgogne, à Bruxelles.

l'ordre public, faire naître le commerce international, développer les sentiments chevaleresques, le respect de la femme et
la protection des faibles, unir les peuples, et donner naissance
à cette incomparable époque dont les monuments et même les
ruines font encore l'ornement de nos cités et qui s'appelle le
moyen âge, l'âge d'or de l'humanité chrétienne.

Sommes-nous assez loin de cette ardeur, de cette foi, de cet
enthousiasme! Quel étonnement nous inspirent les croisades,

ces départs héroïques non seulement des chevaliers et des simples soldats, mais aussi de cette foule de vieillards, de femmes et d'enfants, qui, ne pouvant combattre, priaient à la suite de l'armée, et, devant chaque ville qu'on rencontrait, demandaient naïvement si c'était là cette Jérusalem que l'on allait délivrer ! Ah ! pendant que notre plume s'apprête à retracer pour nos générations sceptiques, froides et dégoûtées de tout, hormis du plaisir, les grandes scènes de l'an 1099, nous faisons malgré nous un retour sur notre temps et nous souffrons de cette apathie et de cette langueur dans lesquelles se meurent aujourd'hui tant de nations jadis héroïques. La France ! les Francs, soldats de Dieu ! c'étaient là jadis des noms qui sonnaient bien haut dans tout l'Orient ! Pourquoi n'en est-il plus de même aujourd'hui ? C'est que la foi a baissé, et avec elle l'enthousiasme chevaleresque. C'est aussi qu'il n'y a point de place dans le monde, dans la politique ni dans l'histoire, pour une France impie. Laissez revivre la foi, vous verrez aussitôt le nom de la France grandir à nouveau.

Quand on relit les croisades, l'esprit se reporte involontairement aux guerres de la Vendée. Comme les croisés, en effet, les Vendéens se battaient pour Dieu et pour l'Église du Christ ; comme les croisés, les Vendéens emmenaient à leur suite, en partant pour la guerre sainte, leurs femmes et leurs enfants ; comme les croisés, les Vendéens marchaient devant eux, pleins d'ardeur et de foi ; comme les croisades, enfin, les guerres de Vendée n'ont point eu, en apparence, de résultat pratique et se sont terminées par la défaite, mais elles ont atteint leur but providentiel : le sang vendéen et breton a désarmé la colère de Dieu, et obtenu le rétablissement en France du culte catholique, de même que le sang des croisés amena sur l'Europe les bénédictions célestes.

C'est ce grand bienfait que célébrait le poète italien, l'auteur immortel de la *Jérusalem délivrée*, quand il s'écriait :

« Je chante les pieux combats et le guerrier qui délivra le tombeau de Jésus-Christ. De nombreux exploits signalèrent sa valeur et sa prudence ; des travaux nombreux éprouvèrent sa patience dans cette glorieuse conquête... O Muse! toi qui ne ceins point ta tête d'un périssable laurier cueilli sur l'Hélicon, ô Muse! allume en mon sein une céleste ardeur et enflamme mes chants !... O toi qui dissipes la nuit des ans et de l'oubli, toi qui conserves dans un dépôt fidèle les événements passés, Mémoire, redis-moi les noms des guerriers et le nombre de leurs soldats! Que leur antique renommée, perdue dans le silence, obscurcie par les années, revive en mes vers, et donne à ma langue des sons que tous les siècles entendent et qui retentissent au-delà des temps! »

II

Partis en l'année 1096, sous le commandement des princes les plus illustres de la chrétienté, Godefroi de Bouillon, duc de la basse Lorraine ; Hugues le Grand, comte de Vermandois ; Robert Courte-Heuze, duc de Normandie ; Raymond, comte de Toulouse ; Bohémond, prince de Tarente, fils de Robert Guiscard, et son neveu, le vaillant Tancrède ; Robert, comte de Flandre ; Étienne, comte de Chartres, etc., les croisés traversèrent l'Allemagne et la Hongrie, et vinrent camper sous les murs de Constantinople. Alexis Comnène les attendait, mais cette multitude de guerriers l'effraya. « Si quelqu'un désire savoir le nombre des croisés, s'écrie la princesse impériale Anne Comnène dans ses Mémoires, qu'il compte les grains de sable de la mer, les étoiles du ciel, les feuilles et les fleurs qui croissent au printemps. »

Les tergiversations et la duplicité de l'empereur, qui se souciait peu de combattre pour le tombeau du Christ et n'entendait profiter des forces chrétiennes que pour augmenter ses États, irritèrent profondément les croisés. L'idée de fonder à Constantinople un empire latin qui protégerait l'Europe contre les barbares traversa la pensée de plusieurs chefs; mais Godefroi de Bouillon sut rappeler ses compagnons à la modération, et l'armée, franchissant le Bosphore, entra en Bithynie, rallia en passant les chrétiens qui étaient partis prématurément avec Pierre l'Ermite et dont beaucoup avaient péri, enleva d'assaut la ville de Nicée et battit le sultan sedjoucide Kilidi-Arslan dans les plaines de Dorylée, le 25 juin 1097.

Ce jour-là, trois cent mille Turcs furent repoussés et vingt mille d'entre eux restèrent sur le champ de bataille. Cette belle victoire était d'un bon augure pour le succès de l'expédition.

Quelques jours après, la ville d'Édesse était prise et Baudouin de Flandre en était proclamé roi. Après un siège de huit mois, les croisés entraient dans Antioche et y trouvaient miraculeusement la sainte Lance. Cette précieuse relique, portée en tête de l'armée, devint alors un nouveau gage de victoire. Les croisés repoussent une nouvelle armée musulmane, et quittant les rivages de la mer marchent enfin vers Jérusalem. Malheureusement, les garnisons laissées à Édesse et à Antioche, les nombreux combats déjà livrés, les désertions, les privations et les fatigues avaient décimé l'armée : il n'y avait plus que cinquante mille chevaliers; mais ils formaient l'élite des guerriers chrétiens et ils avaient à leur tête Godefroi de Bouillon !

Lorsqu'ils eurent gravi la dernière colline qui les séparait de la Ville sainte, les croisés à la vue des remparts s'écrièrent avec transport : *Jérusalem! Jérusalem!* puis l'armée entière se prosterna sur cette terre bénie, et s'avança ensuite, nu-pieds,

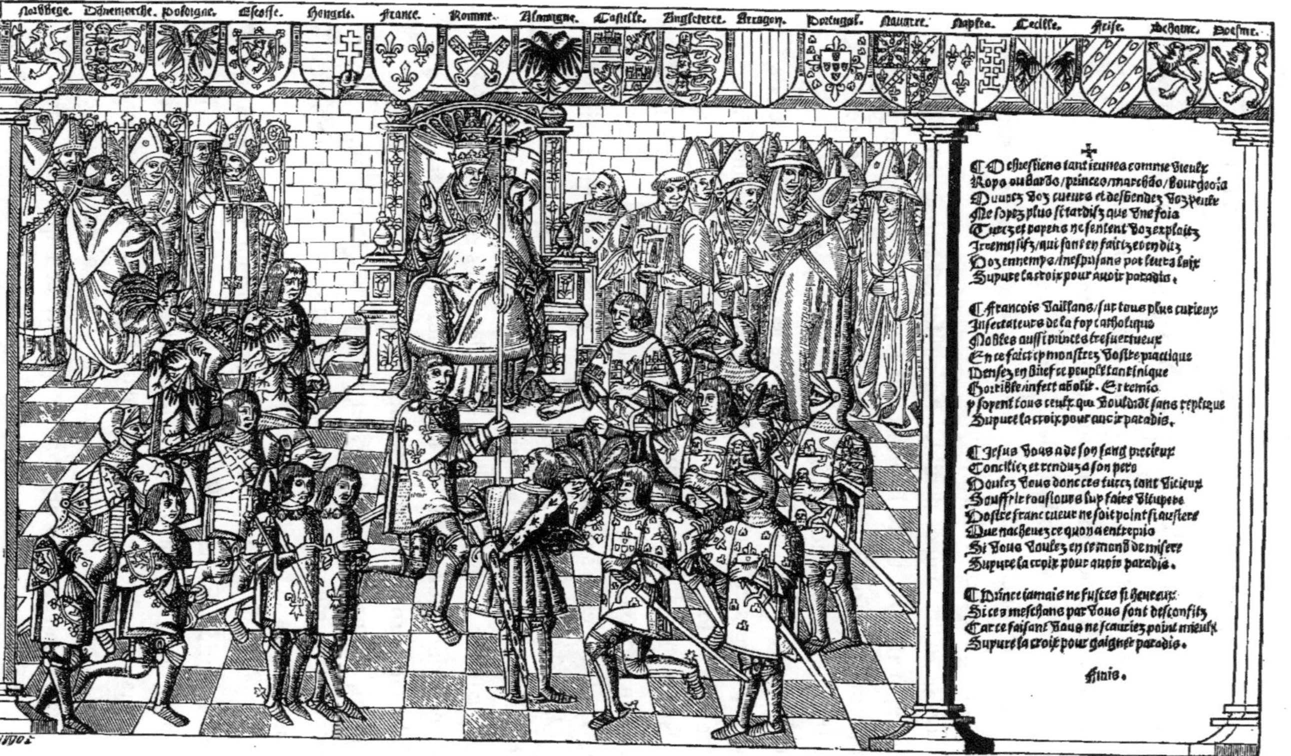

LE PAPE URBAIN II PRÉSIDE LE CONCILE DE CLERMONT, EN 1095

Urbain convoque les peuples chrétiens à la première croisade, pour la délivrance de la Terre-Sainte. Fac-similé d'une gravure sur bois du *Grand Voyage de Hierusalem*, imprimé par François Regnault, en 1522.

jusqu'aux murs de Sion, en chantant le cantique d'Isaïe : *Leva
in circuitu oculos tuos, et vide : omnes isti congregati sunt, vene-
runt tibi !* La place fut aussitôt investie par les trois camps de
Godefroi, de Raymond et de Tancrède qui commandait les
forces de son oncle Bohemond resté à Antioche pour assurer le
ravitaillement des croisés.

Le siège fut long et pénible. La chaleur, surtout, était accablante, et il fallut toute l'autorité de Godefroi de Bouillon pour
empêcher les croisés de s'abandonner au désespoir. Heureusement, une flotte génoise vint apporter au port de Joppé des
munitions et des provisions de toute espèce, et des machines de
guerre, béliers et tours roulantes, purent être construites avec
le bois de la forêt des Oliviers.

Enfin, le jeudi 14 juillet 1099, au matin, Godefroi de
Bouillon donna le signal de l'attaque, et les croisés, au cri
de : *Dieu le veut !* s'élancèrent vers les murs de la Ville sainte.

L'armée chrétienne, forte alors d'environ quarante mille
chevaliers et hommes d'armes, était divisée en plusieurs frac-
tions, correspondant aux diverses nationalités et commandées
par les principaux chefs de la croisade. Par un stratagème
habile, Godefroi de Bouillon avait, pendant la nuit du mercredi
au jeudi, changé ses quartiers et transporté ses machines de
guerre, notamment sa grande tour roulante, vers un point où
les assiégés ne s'étaient pas préparés à l'attaque.

La garnison de Jérusalem, dirigée par un lieutenant du
calife égyptien Eftichar-Eddaulah, comprenait soixante mille
hommes dont quarante mille soldats réguliers et vingt mille
habitants. La place était habilement fortifiée, approvisionnée
pour de longs mois encore, et munie de machines puissantes;
elle avait déjà repoussé un premier assaut, et l'approche d'une
armée de Sarrasins donnait aux assiégés l'espérance qu'ils se-

BAUDOUIN, COMTE DE FLANDRE
Proclamé roi d'Édesse après la prise de cette ville, et plus tard empereur d'Orient.
D'après la *Chronique de Jérusalem*.

raient bientôt délivrés. Aussi, la veille, pendant une procession
solennelle que les pèlerins avaient faite autour de la ville, les

soldats de Mahomet n'avaient-ils pas craint de se moquer de l'armée chrétienne et d'insulter la croix. Ils devaient payer cher cette forfanterie et ces sacrilèges.

Dès que le jour parut, les clairons retentirent dans le camp des chrétiens; tous les croisés volèrent aux armes; toutes les machines s'ébranlèrent à la fois; des pierriers et des mangonneaux vomirent contre l'ennemi une grêle de cailloux, tandis qu'à l'aide des tortues et des galeries couvertes les béliers s'approchaient du pied des murailles. Les archers et les arbalétriers tiraient continuellement sur les remparts; les plus braves, couverts de leurs boucliers, plantaient des échelles dans les lieux où le mur de la place paraissait offrir moins de résistance. Au midi, à l'orient et au nord de la ville, les trois tours roulantes s'avançaient vers le rempart, au milieu du tumulte et parmi les cris des ouvriers et des soldats. Godefroi paraissait sur la plus haute plate-forme de sa forteresse de bois, accompagné de son frère Eustache et de Baudouin du Bourg[1]. Il animait les siens par son exemple. Tous les javelots qu'il lançait portaient la mort parmi les Sarrasins. Raymond, Tancrède, le duc de Normandie, le comte de Flandre, combattaient au milieu de leurs soldats; les chevaliers et les hommes d'armes, animés de la même ardeur que les principaux chefs, se pressaient dans la mêlée et couraient de toutes parts au devant du péril. — Le Tasse a merveilleusement rendu les premières heures de cet assaut :

« La veille du jour qui doit éclairer le combat, dit-il, le pieux Bouillon se livre à la prière : il ordonne que tous ses guerriers se prosternent aux pieds des prêtres et fassent l'humble aveu de leurs fautes et que du pain céleste ils se nourrissent et se fortifient...

1. Michaud, *Histoire des Croisades*

« L'aurore allume ses feux, avant-coureurs du jour qui la suit. A sa clarté naissante, les infidèles voient de tous côtés s'élever les trois formidables tours, partout leurs yeux rencontrent des béliers, des catapultes et mille instruments funestes. Ils se troublent à cet aspect.

« Mais bientôt, avec une ardeur égale, ils travaillent à leur défense, et ramènent aux endroits qui vont être attaqués les machines qu'eux-mêmes ont préparées.

« Des flèches empoisonnées volent dans les airs ; un nuage immense de traits obscurcit le ciel et dérobe la clarté. Du sein des machines guerrières partent des coups plus terribles : des globes de marbre, des poutres armées de fer, portent sur les remparts la destruction et la mort.

« La foudre est moins meurtrière : les armures sont brisées ; les cadavres disparaissent ; il n'en reste que des lambeaux sanglants et déchirés. Les javelots traversent le corps tout entier, fuient encore loin du guerrier blessé et laissent la mort dans la blessure.

« Tant de fureur et de carnage n'étonne point les Sarrasins. Déjà ils ont tendu des toiles et d'autres matières dont la molle résistance trompe les efforts des chrétiens et les affaiblit. Ils lancent des flèches et des pierres au milieu des rangs les plus serrés.

« Les chrétiens, avec une ardeur toujours égale, poussent leur triple attaque. Les uns, à l'abri de leurs machines, se dérobent aux traits qui pleuvent inutilement sur eux. D'autres font rouler auprès des murailles ces redoutables tours, que les assiégés repoussent de toutes leurs forces : le bélier s'élance et, par d'horribles secousses, ébranle le pied des remparts, tandis que les ponts s'abaissent sur le sommet. »

Ce tableau est d'autant plus admirable qu'il est absolu-

ment conforme à la vérité historique, et que le poète, supérieur
en ce point comme en beaucoup d'autres à Homère, n'a négligé
aucun des détails fournis par les chroniqueurs. Ses héros ne
sont pas des demi-dieux, ni des êtres fantastiquement créés
par l'imagination et mis en mouvement par le génie : ils ont
vécu, ils ont combattu, ils ont réellement triomphé; ce sont
des hommes, mais des hommes tels que les fait le christianisme !

Cependant le combat continuait toujours au pied des remparts.
Le principal effort des assiégés consistait à empêcher les tours
roulantes et surtout celle de Godefroi, surmontée d'une grande
croix d'or, d'approcher des murailles. Les croisés, de leur côté,
s'attelaient aux roues de la machine et peu à peu la faisaient
avancer.

« Ce n'était point une armée, dit le chroniqueur Guillaume
de Tyr, c'était le peuple entier qui unissait ses efforts pour
approcher des murailles le gigantesque engin de guerre. Il
n'y eut en ce jour ni infirme, ni vieillard, ni enfant, ni femme
qui ne se fît soldat : tous avaient juré de mourir pour le Christ
ou de vaincre avec lui. »

Malheureusement, les remblais pratiqués hâtivement dans
les fossés du retranchement fléchissaient sous le poids des machines. D'autre part, les assiégés firent une sortie et portèrent
le désordre dans l'armée chrétienne. Vers le soir, les tours de
Godefroi et de Tancrède ne pouvaient plus se mouvoir et celle
de Raymond tombait en ruines. Il fallut remettre l'assaut au
lendemain.

L'armée chrétienne avait grand besoin de repos : mais pou-
vait-on dormir quand on était si près du but ? « Nul ne songea,
dit le chroniqueur, à prendre le moindre repos pendant cette
nuit qui précédait la victoire ou la mort. » Le terrain fut aplani

et tassé devant les tours roulantes et les autres machines mises
en place. Pendant ce temps, les assiégés réparaient les brèches
faites à leurs murailles.

PRISE DE JÉRUSALEM

Enfin se leva l'aurore du grand jour, le vendredi 15 juillet
1099, l'un des plus glorieux qu'ait vus le monde.

Le premier choc fut impétueux et terrible. « Les chrétiens,

reprend l'historien des croisades, indignés de la résistance qu'ils
avaient trouvée la veille, combattaient avec fureur. Les assiégés,
qui avaient appris l'arrivée d'une armée égyptienne, étaient
animés par l'espoir de la victoire : des machines formidables
couvraient leurs remparts. On entendait de tous côtés siffler les
javelots ; les pierres, les poutres lancées par les chrétiens et les
infidèles s'entre-choquaient dans l'air avec un bruit épouvantable
et retombaient sur les assaillants. Du haut de leurs tours, les
musulmans ne cessaient de lancer des torches enflammées et
des pots à feu. Les forteresses de bois des chrétiens s'approchaient des murailles au milieu d'un incendie qui s'allumait de
toutes parts. Les infidèles s'attachaient surtout à la tour de Godefroi, qui combattait au milieu des morts et des blessés et ne
cessait d'exhorter ses compagnons à redoubler de courage et
d'ardeur. Le comte de Toulouse, qui attaquait la ville au Midi,
opposait toutes ses machines à celles des musulmans : il avait à
combattre l'émir de Jérusalem, qui animait les siens par ses
discours et se montrait sur les murailles escorté de l'élite des
soldats égyptiens. Vers le Nord, Tancrède et les deux Robert
paraissaient à la tête de leurs bataillons. Immobiles sur leur forteresse roulante, ils se montraient impatients de se servir de la
lance et de l'épée. Déjà leurs béliers avaient sur plusieurs points
ébranlé les murailles derrière lesquelles les Sarrasins pressaient leurs rangs et s'offraient comme un dernier rempart à
l'attaque des croisés. »

Écoutons maintenant le poète :

« Cependant Godefroi éprouve ailleurs des fortunes diverses.
On combat de son côté avec toutes les forces de l'homme et
toutes les ressources de l'art.

« Les infidèles sur leurs remparts ont planté un tronc d'arbre
qui fut jadis un mât de vaisseau. A ce tronc est attachée une

poutre, dont la tête est armée de fer et qui, retirée en arrière par des câbles, se reporte en avant avec un mouvement redoublé...

« Cette poutre immense frappe contre la tour; les chocs répétés en relâchent les jointures, l'ouvrent, l'ébranlent et la repoussent. Mais tout à coup de cette terrible machine sortent des faux tranchantes qui vont couper les câbles auxquels est suspendue la poutre ennemie.

« Elle tombe, et dans sa chute entraîne les hommes, les armes et les créneaux... Bouillon s'avance. Il se flatte d'arborer bientôt sur la muraille sa triomphante enseigne ; mais tout à coup on lance sur lui de noirs torrents de flamme et de fumée... Jamais, de ses entrailles brûlantes, l'Etna ne vomit tant de feux. Jamais, dans les ardeurs de l'été, le ciel de l'Inde ne brûla de tant de vapeurs embrasées.

« Partout volent des vases de feu et des flèches allumées. Une épaisse fumée dérobe la lumière du jour, le feu s'attache à la machine ; le cuir qui la défend se ride et bientôt ne pourra plus la garantir.

« Mais Bouillon, le front toujours serein, l'âme toujours intrépide, encourage ses guerriers qui, pour sauver la tour, arrosent le cuir dont elle est revêtue. Mais déjà l'eau commence à leur manquer. Soudain s'élève un vent impétueux qui reporte l'incendie contre ses auteurs.

« Le feu s'élance sur les toiles que l'infidèle a tendues et les dévore : les remparts sont couverts de flammes. O pieux guerrier ! ô mortel chéri des cieux ! l'Éternel combat pour toi ; les vents obéissent au son de tes trompettes, et la nature s'arme pour te défendre ! »

Un autre prodige, d'un ordre tout à fait surnaturel, est rapporté par Guillaume de Tyr et Raymond d'Agiles. A l'heure de midi, c'est-à-dire au moment même où dans toutes les églises chrétiennes sonnait la cloche de l'*Angelus*, prière qui venait d'être ordonnée par Urbain II pour le succès de la croisade, parut tout à coup dans les airs, sur le mont des Oliviers, un chevalier agitant son bouclier et faisant signe aux soldats du Christ de ne pas se décourager et de s'élancer à nouveau vers la ville. A cet aspect, Godefroi et Eustache son frère sont remplis d'une foi indicible. A grands cris, ils rappellent ceux de leurs soldats qui déjà s'éloignaient des murailles et rentraient dans le camp. Alors toutes les fatigues et toutes les blessures sont oubliées : les assiégeants reviennent à la charge avec une nouvelle ardeur ; les femmes, les enfants, les malades eux-mêmes accourent dans la mêlée, apportent de l'eau, des vivres, des armes, et unissent leurs efforts à ceux des guerriers. Enfin la grande tour aborde la muraille, laisse tomber son pont-levis et, au milieu des cris d'allégresse, Godefroi, accompagné de Raimbaud Creton, des deux frères Lethalde, d'Engelbert de Tournai, de son frère Eustache et de Baudouin du Bourg, se précipite sur les remparts et culbute les Sarrasins. En même temps, Tancrède et les deux Robert font de nouveaux efforts, et se jettent enfin dans la place avec tous leurs guerriers ; les uns pénètrent par une brèche à demi ouverte, les autres escaladent les murs avec des échelles, plusieurs s'élancent du haut des tours. Les musulmans fuient de toutes parts, et l'on n'entend plus que le cri de guerre des croisés : *Dieu le veut ! Dieu le veut !* Aussitôt les compagnons de Godefroi et de Tancrède vont enfoncer à coups de hache la porte de Saint-Étienne, et la ville est ouverte à la foule des croisés qui se pressent à l'entrée et se disputent l'honneur de porter les derniers coups aux infidèles.

Raymond seul éprouvait encore quelque résistance ; mais, quand il fut averti du triomphe de ses frères d'armes par les cris des musulmans, il releva le courage de ses compagnons, fit

planter des échelles le long des murs, et escalada les remparts.
Les Sarrasins, épouvantés, culbutés de toutes parts, se réfu-
gièrent avec l'émir dans la forteresse de David, et bientôt tous

TOMBEAU DE GODEFROY DE BOUILLON

Tel qu'il existait dans l'église du Saint-Sépulcre à Jérusalem, avec une épitaphe latine qui signifie :
« Ci-git l'illustre Godefroy de Bouillon, qui conquit toute cette Terre-Sainte au culte du Christ ;
que son âme repose avec Jésus ! » Monument des premières années du douzième siècle, aujourd'hui
détruit. D'après un dessin exécuté sur les lieux, en 1828.

les croisés, réunis dans Jérusalem, s'embrassent, pleurent de joie
et bénissent le Dieu des armées.

Jérusalem était prise ! « C'était, dit Guillaume de Tyr, le
vendredi 15 juillet 1099, à trois heures de l'après-midi, heure

solennelle où le Sauveur rendit sur la croix son esprit à son Père. Il y avait trois ans que le peuple fidèle s'était engagé dans cette glorieuse croisade. Le pontife de la sainte Église était Urbain II, en France régnait le roi Philippe Iᵉʳ, Henri IV détenait la souveraineté de Germanie, et Alexis portait le sceptre de l'empire grec. »

« L'étendard triomphant, s'écrie le poète, se déploie dans les airs, les vents respectueux soufflent plus mollement ; le soleil, plus serein, se dore de ses rayons. Sion et la colline semblent s'incliner et lui offrir l'hommage de leur joie.

« Tous les chrétiens, à la fois, poussent les cris de l'allégresse et de la victoire ! Les montagnes en retentissent et répètent leurs derniers accents. »

III

Les croisés victorieux passèrent au fil de l'épée les Sarrasins, qui se défendaient avec l'énergie du désespoir dans les rues et les mosquées. Les chroniqueurs évaluent au chiffre de dix mille le nombre des infidèles qui furent massacrés, et dans une lettre écrite au pape par l'archevêque de Pise, on trouve ce passage : « Si vous voulez savoir ce qu'on a fait des ennemis trouvés dans Jérusalem, sachez que, dans le portique de Salomon et dans le temple, le sang des Sarrasins atteignait jusqu'aux genoux des chevaux. »

Mais, dit Albéric d'Aix, « tandis que le sang coulait ainsi à grands flots, Godefroi de Bouillon, étranger à ces scènes de carnage, avait déposé son armure et revêtu la robe de laine des pénitents. Pieds nus, suivi de trois de ses officiers, |Baldric, Adelbold et Stabulon, il sortit de l'enceinte fortifiée, fit humblement, suivant l'usage des pèlerins, le tour des murailles et, rentrant par la porte qui fait face au mont des Oliviers après avoir

L'ÉGLISE DU SAINT-SÉPULCRE, A JÉRUSALEM

Fondée en 326 par l'empereur Constantin, sur l'emplacement du sépulcre de Jésus-Christ, et restaurée
par les croisés en 1099. État actuel, d'après une photographie.

franchi le lit du Cédron, il vint, fondant en larmes, se prosterner au sépulcre de Notre-Seigneur Jésus-Christ, Fils du Dieu

vivant. Longtemps il y resta en prière, rendant grâces au Dieu tout-puissant qui lui accordait la faveur de contempler de ses yeux mortels ce lieu sacré, terme de son pèlerinage et objet de tous ses vœux. » Bientôt la nouvelle de cet acte de dévotion, de reconnaissance et d'humilité se répandit dans l'armée chrétienne. Aussitôt les fureurs s'apaisèrent, et les croisés, quittant leurs armures sanglantes, s'élancèrent ensemble, les pieds nus, la tête découverte, vers l'église de la Résurrection.

Dix jours après, par une acclamation unanime, Godefroi de Bouillon fut proclamé roi du nouveau royaume de Jérusalem, et chargé de veiller sur la précieuse conquête. Godefroi accepta ce fardeau ; mais quand on voulut poser une couronne sur son front : « A Dieu ne plaise, s'écria-t-il, que je porte une couronne en un lieu où mon Sauveur fut couronné d'épines ! » Il ne voulut prendre que le titre de duc du Saint-Sépulcre, et laissa les autres chefs se partager les immenses richesses trouvées dans la mosquée d'Omar. Sa piété préférait un trésor d'une autre nature. Un des fidèles de Jérusalem lui avait révélé l'existence d'une insigne relique de la vraie croix qui, depuis l'invasion des Sarrasins d'Égypte, avait été enfouie dans le sous-sol d'une maison abandonnée. On l'y retrouva, en effet, dans un reliquaire d'or, donné autrefois par l'empereur Héraclius. Godefroi en remit une parcelle à l'église de Paris, et un autre fragment considérable au vaillant Raimbaud Creton, qui, l'un des premiers, s'était élancé sur les murs de la ville sainte.

Les chrétiens de Jérusalem, ajoute Guillaume de Tyr, n'avaient point oublié le vénérable Pierre l'Ermite, que cinq ans auparavant ils avaient vu dans la ville, et à qui le patriarche Siméon, au nom du clergé et du peuple chrétien, avait remis ses lettres pour implorer le secours des princes d'Occident. Ils se portèrent à sa rencontre : agenouillés devant le serviteur de

Dieu, ils lui baisaient les mains en pleurant de joie ; ils lui rappelaient son premier pèlerinage et les promesses si glorieusement réalisées qu'il leur avait faites alors, et lui rendaient grâces pour le zèle héroïque déployé par lui dans l'accomplissement de sa mission. Le patriarche Siméon n'était point à Jérusalem : il n'eut pas la consolation de revoir l'apôtre des croisades, dont il avait si puissamment encouragé la vocation ; il avait dû se rendre dans l'île de Chypre pour y mendier des aumônes en faveur des chrétiens. Mais l'humilité de Pierre l'Ermite ne s'accommodait point de tels honneurs, et il fut des premiers à revenir en Europe pour s'y ensevelir dans la solitude d'un cloître bénédictin.

Bientôt, après la bataille d'Ascalon dans laquelle l'armée chrétienne écrasa l'armée musulmane qui accourait au secours de Jérusalem, les croisés, libres de leur vœu, songèrent à retourner en Europe. La ville sainte n'eut plus pour défenseurs que trois cents chevaliers, la sagesse de Godefroi et l'épée de Tancrède, résolu de terminer ses jours en Asie. Les uns s'embarquèrent sur la Méditerranée, les autres traversèrent la Syrie et l'Asie Mineure. Ils arrivaient en Occident, portant des palmes dans leurs mains et faisant retentir sur leur passage des hymnes de triomphe.

« Leur retour fut regardé, dit M. Michaud, comme un miracle, comme une espèce de résurrection, et leur présence était partout un sujet d'édification et d'enthousiasme. La plupart d'entre eux s'étaient ruinés dans la guerre sainte ; mais ils rapportaient d'Orient de précieuses reliques, que leur piété mettait au-dessus des plus riches trésors. On ne pouvait se lasser d'entendre le récit de leurs travaux et de leurs exploits. Des larmes se mêlaient aux transports de l'admiration et de la joie lorsqu'ils parlaient de leurs nombreux compagnons que la mort avait moissonnés en Asie. Il n'était point de famille qui n'eût à pleurer un défenseur de la croix ou qui ne se glorifiât d'avoir un martyr dans le ciel... Dans toutes les occasions où il ne fallait que de la bravoure, on ne trouve rien de comparable aux exploits des croisés. Réduits à un petit nombre de combattants, ils ne triomphèrent pas moins de leurs ennemis que lorsqu'ils avaient des armées innombrables. Quarante mille croisés s'emparèrent de Jérusalem, défendue par une garnison de soixante mille Sarrasins. Il restait à peine vingt mille hommes sous leurs drapeaux lorsqu'ils eurent à combattre toutes les forces de l'Orient dans les plaines d'Ascalon. L'imagination des hommes les plus indifférents sera toujours frappée des traits d'héroïsme que nous présente l'histoire des croisades. Que de noms illustrés par cette guerre sont encore aujourd'hui l'orgueil des familles et de la patrie ! Ce qu'il y a peut-être de plus positif dans les résultats de la première croisade, c'est la gloire de nos pères, cette gloire qui est aussi un bien réel pour une nation ; car les grands souvenirs fondent l'existence des peuples comme celle des familles et sont la plus noble source du patriotisme. Mais les croisés offraient un autre spectacle ignoré de l'antiquité, c'est la réunion de l'humilité religieuse et de l'amour de la gloire. L'histoire nous présente sans cesse ces guerriers si fiers, l'effroi de l'Asie et des musulmans, abaissant leur front victorieux dans la poussière et marchant de conquête en conquête couverts du sac de la pénitence. Les prêtres qui les exhortent aux combats ne relèvent leur courage qu'en leur reprochant leurs fautes. Lorsqu'ils éprouvent des revers, mille voix s'élèvent parmi eux pour accuser leur conduite ; lorsqu'ils sont victorieux, c'est Dieu seul qui leur a donné la victoire, et la religion leur défend de s'en glorifier. »

Ce qu'on a peine à concevoir, quand on fait abstraction de

la haine que les athées portent à la religion, c'est que des historiens aient pu dire que les croisades n'avaient été que d'inutiles
tournois contre les Sarrasins. Quoi! n'est-il pas certain que les
croisés ont sauvé l'Europe? Si, à l'époque où partirent Godefroi
de Bouillon et ses compagnons d'armes pour la Palestine, les
musulmans s'étaient élancés sur Constantinople, l'empire
d'Orient s'écroulait et le croissant ne trouvait plus d'obstacle. Ce
qui, dans tous les cas, est hors de doute, c'est que la marche de
l'armée chrétienne en Asie Mineure et en Syrie épargna aux
nations européennes le fléau des guerres religieuses, et transporta le champ de bataille en Orient. Quand on a étudié les invasions des Maures en Espagne et celle d'Abdérame en Gaule, on
comprend l'utilité des croisades, on s'incline devant le génie
d'Urbain II, et on bénit une fois de plus les bienfaits de la chrétienté. Pendant que les héros chrétiens versaient leur sang en
Orient, l'Europe était dans une paix profonde, les brigandages
cessaient, la trêve de Dieu était respectée, et les lettres, les arts,
les sciences et le commerce se développaient à l'aise, au sein
d'une liberté civile que nos siècles peuvent envier.

Pour comprendre la croisade, il faut se placer en face d'une
cathédrale gothique, se plonger sous ses voûtes, jeter les regards sur ses colonnes, ses admirables sculptures, ses rosaces et
ses vitraux étincelants, et se représenter par la pensée le peuple, l'époque et la foi capables de créer de telles merveilles et
d'offrir au Dieu Sauveur de tels hommages et de telles hymnes
avec la pierre, le marbre et l'airain.

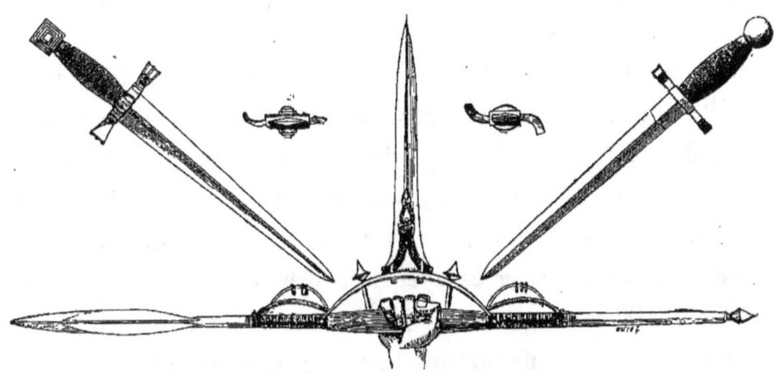

Armes mauresques du xie au xive siècle. — Adargue et poignards.
Tiré de l'*Armeria real* de Madrid.

CHAPITRE VI

LAS NAVAS DE TOLOSA

I

E grand mouvement religieux qui avait conduit Godefroi de Bouillon et ses compagnons d'armes en Palestine dura près de deux siècles, de 1099 à 1270. Il y eut, dans cet intervalle, huit grandes croisades, commandées par les rois, les empereurs ou les plus puissants princes d'Europe. « On ne saurait trop apprécier, s'écrie l'historien protestant Hurter, les services rendus par la papauté en réunissant les forces de l'Occident contre les torrents de guerriers sauvages débordés de l'Orient. Qui sait si les croisades n'ont pas préservé l'Europe d'une invasion qui aurait pu devenir aussi dangereuse que celles de 710 et de 1683? Et si, de l'année 1529 nous portons nos regards à environ quatre siècles en arrière, ne devons-nous pas présumer que l'Europe n'a été sauvée d'invasions semblables de la part des partisans de Mahomet que par ceux qui dirigèrent les forces de l'Europe vers les pays de l'islamisme ? » C'est aussi la pensée de Joseph de Maistre. « Lorsqu'au moyen âge, dit-il, nous allâmes en Asie, l'épée à la main, pour essayer de briser, dans son propre terrain, ce redoutable croissant qui menaçait toutes les libertés de l'Europe, les Français furent à la tête de cette mémorable entreprise. Un simple particulier qui n'a légué à la postérité que son nom de baptême, orné du modeste surnom de l'Ermite, aidé seulement de sa foi et de son invincible volonté, souleva l'Europe, épouvanta l'Asie, brisa la féodalité, anoblit les serfs, transporta le flambeau des sciences et changea l'Europe. »

Mais, à côté de ces grandes expéditions européennes contre la Palestine et les Sarrasins d'Orient, il y en eut d'autres, non moins éclatantes, dirigées contre les infidèles qui occupaient encore, depuis la grande invasion musulmane, quelques pays d'Europe et, entre toutes, celle qui fit le plus d'honneur à la chrétienté et eut les résultats les plus féconds, la croisade espagnole, qui se termina par la journée à jamais mémorable de Las Navas de Tolosa.

II

C'était en 1212, sous le pontificat d'Innocent III, l'un des plus grands papes qu'ait eus l'Église, et dont le nom brille comme un phare étincelant au sommet du moyen âge.

A cette époque, l'Espagne catholique avait déjà reconquis en partie son indépendance et sa foi religieuse. Les jours de Pélage étaient loin. Plusieurs royaumes chrétiens, en attendant l'unité nationale qui devait se former plus tard, s'étaient constitués au nord de la péninsule ibérique : ceux de Navarre, de

Léon, de Castille, de Portugal. Sous les coups répétés de héros
dont l'histoire générale a précieusement gardé les noms, les
Maures s'étaient peu à peu repliés vers le Sud, et la chrétienté
commençait à espérer qu'un jour viendrait bientôt où l'Espagne
serait complètement délivrée des sectateurs de Mahomet.

Malheureusement, les rois espagnols étaient sans cesse en
querelles et consumaient inutilement leurs forces en rivalités et
en guerres intestines. En outre, à l'époque où se place le merveilleux récit qui va suivre, ces souverains foulaient aux pieds
les règles de l'Église, et donnaient à leurs peuples le déplorable
exemple de passions incestueuses qui les mettaient en lutte ouverte avec les évêques et le souverain pontife. Pour satisfaire ses
ambitieux projets, l'un, le roi de Castille, avait épousé Bérengère, fille du roi de Léon et sa parente au degré prohibé ; pour
obéir à ses passions coupables, l'autre, le roi d'Aragon, récemment couronné par le saint père, avait oublié ses devoirs, tenté
un divorce tardif pour contracter un second mariage, et persé-
cuté l'Église qui s'opposait à ses desseins.

Avertis de ces luttes, prévenus aussi de la croisade des Albigeois, qui retenait au nord des Pyrénées, sous le commandement
de Simon de Montfort, les chevaliers chrétiens de France et
d'Allemagne, les Maures résolurent de tenter un grand effort
pour reconquérir l'Espagne entière et, de là, s'élancer à nouveau
sur l'Europe.

Ils étaient alors commandés par le calife Mohamed-ben-
Nasser, qui réunit une armée considérable, que les historiens
arabes portent au chiffre de six cent mille hommes. L'Afrique
avait envoyé toutes ses troupes. On disait que le débarquement
avait duré quinze jours, et qu'ensuite le roi des Maures, certain
de la victoire, avait donné ordre de brûler les vaisseaux. Depuis
les jours de Charles Martel, jamais danger si grand n'avait me-

nacé l'Europe. L'islamisme, refoulé en Orient, tentait en Occident une diversion suprême.

Le génie d'Innocent III aperçut aussitôt le péril. En hâte, il rappela les princes d'Espagne aux sentiments chrétiens, fit cesser leurs scandales, et les exhorta tous à s'unir pour marcher au-devant de l'ennemi commun. Ses lettres admirables allèrent réveiller le courage et le zèle d'Alphonse IX, roi de Castille, de Pierre II, roi d'Aragon, et de Sanche VII, roi de Navarre ; d'autres furent adressées à l'épiscopat espagnol : « Maintenant, écrivait le grand pontife aux évêques de Tolède et de Compostelle, maintenant le jour est arrivé où tous doivent s'assister mutuellement, car l'ennemi de la croix cherche, non seulement à opprimer l'Espagne, mais à opprimer les chrétiens de tous les pays. Si, parmi ceux-ci il existait quelques divisions, qu'on les suspende et qu'on les soumette à votre décision ; des peines ecclésiastiques doivent effrayer les princes et les sujets qui voudraient trahir la cause de la foi ! »

Le pape ne se bornait pas à encourager les princes espagnols. Il enjoignit aux chevaliers de Calatrava et de Saint-Jacques d'unir leurs forces à celles des rois, donna pouvoir aux archevêques et évêques d'excommunier quiconque troublerait la paix des royaumes pendant la guerre sainte, et nomma légat en Espagne l'archevêque de Tolède, Rodrigue Ximenès. Puis il écrivit à tous les évêques de France, en leur ordonnant d'inviter les chevaliers à voler au secours du roi de Castille, Alphonse, qui devait prendre le commandement de l'armée, et, de concert avec ce dernier, fixa l'octave de la Pentecôte pour l'époque du départ. Tolède fut désignée pour être la place d'armes et le lieu du rendez-vous général.

Enfin, pour unir les forces spirituelles aux armes temporelles des croisés, Innocent III ordonna à Rome, le mercredi 22 mai

1212, une procession générale afin d'obtenir « que Dieu accordât la victoire à la chrétienté et que les païens n'y régnassent pas ». Tout le peuple s'assembla dès le matin dans les églises, et après les prières, se dirigea au son des cloches, précédé de la croix, nu-pieds et en silence, sur la place de Latran. Le pape, de son côté, avec les cardinaux, les évêques et les chapelains, se

CHEVALIER DE L'ORDRE DE CALATRAVA
D'après une gravure d'un ouvrage du xv⁰ siècle

rendit à l'église, éleva la relique sacrée de la vraie croix, et la porta au palais de l'archevêque d'Albano, d'où il parla à la foule. Un jeûne sévère et des aumônes furent en outre destinés à appeler la miséricorde de Dieu. De semblables processions eurent lieu dans toute la France, et partout le peuple chrétien supplia le Seigneur de donner la victoire aux armées de la foi. Ce sont tous ces détails, ces dangers, ces terreurs et les élans généreux des nations qu'il faut avoir devant les yeux, si l'on veut juger sainement les croisades et le rôle de la papauté au moyen âge.

Pendant ce temps, l'armée chrétienne se formait à Tolède.

Les chevaliers les plus renommés arrivèrent de tous côtés. Les troupes des villes et des communes, exercées depuis longtemps dans le maniement des armes, se présentèrent avec leurs chevaux et leurs chars garnis de munitions et de provisions. Tous les ordres de chevalerie de l'Espagne parurent avec leurs grands-maîtres, surtout ceux du Temple et de Saint-Jean. « On admirait, dit Hurter, l'infanterie du Portugal, aussi impétueuse dans l'attaque que persévérante à braver les fatigues d'une expédition ; l'infant Pierre, troisième fils du roi Sancho, la commandait. Le roi d'Aragon, Pierre II, dont la bouillante valeur était déjà célèbre et qui avait levé pour les frais de la guerre un impôt sur chaque paire de bœufs et sur chaque bête de somme, se présenta à la tête des familles les plus nobles, des barons et des chevaliers, et d'une foule de frondeurs et de fantassins. Avec l'archevêque de Bordeaux et l'évêque de Nantes, originaire de la Castille, vint aussi Arnault, abbé de Cîteaux, élu récemment à l'archevêché de Narbonne. Tous étaient accompagnés de troupes nombreuses. Parmi les grands seigneurs français, on remarquait le vicomte de Turenne, le comte de la Marche, Hugues de la Ferté, tous compagnons fidèles de Simon de Montfort, le comte Centulus d'Astarac, et beaucoup d'autres dont les noms n'ont pas été conservés. Les exhortations et les promesses du souverain pontife avaient aussi produit leur effet en Italie. Le duc Léopold d'Autriche arriva plus tard avec une nombreuse escorte. Le nombre des guerriers partis des pays en deçà des Pyrénées s'éleva à deux mille chevaliers avec leurs écuyers, à dix mille lances à cheval et à près de cinquante mille hommes à pied. Toute l'armée pouvait s'élever à plus de cent mille hommes. »

Les troupes étaient campées sous des tentes, sous les arbres des plaines délicieuses du Tage. On avait eu soin, comme le roi l'avait promis par ses messagers, que pendant le séjour on ne manquât jamais de vivres ; on en distribua tous les jours aux malades, aux femmes et aux enfants, outre les vivres et la solde pour les valets et la nourriture des chevaux.

GRAND-MAITRE DE L'ORDRE DU TEMPLE

La bienveillance du roi, ses nobles sentiments, maintinrent l'armée dans une franche gaieté. La vigilance des archevêques conserva la paix parmi cette foule d'hommes qui n'étaient unis par aucun autre lien que par le désir de faire sentir aux ennemis de la chrétienté la puissance des armes et le courage de la foi des chrétiens, et il n'y eut aucune espèce de trouble.

23

Lorsqu'enfin toutes les troupes sur lesquelles on pouvait compter furent réunies, l'armée, divisée en trois corps, quitta Tolède le 21 juin et traversa les montagnes qui s'élèvent entre cette ville et la vallée de la Guadiana. En tête marchaient les étrangers sous le commandement de Diego Lopez de Haro; celui-ci était suivi par le roi d'Aragon et les croisés espagnols; venaient enfin le roi Alphonse et les chevaliers de Castille. Le quatrième jour de marche, fête de saint Jean-Baptiste, le premier corps arriva devant le château maure appelé Magdalon. L'assaut fut immédiatement donné et le château emporté; mais déjà les croisés étrangers, s'il faut en croire le récit d'Alphonse lui-même, songeaient à se retirer. Heureusement, sur les instances du roi d'Aragon, ils consentirent à continuer l'entreprise.

L'armée arriva bientôt en face de Calatrava, de l'autre côté de la Guadiana. Cette ville était fortifiée par des fossés, des tours et une double enceinte de murailles. Sa forte garnison avait plus de confiance dans l'expérience militaire et l'habileté de ses chefs que dans ses munitions. Des chausse-trapes répandues dans la rivière ne purent empêcher le passage de l'armée chrétienne. Les trois corps, Français, Aragonais et Castillans, enveloppèrent la ville et établirent le siège. Presque aussitôt les Sarrasins offrirent de rendre la place et de se retirer sans bagages. Une discussion s'éleva à ce sujet parmi les princes croisés : « Je ne voulais, écrivait plus tard au pape le roi Alphonse, accepter à aucun prix cette capitulation : mais le roi d'Aragon et les Francs tinrent conseil et virent que la ville était munie de murs et d'avant-murs et de fossés profonds, et qu'on ne pouvait la prendre qu'en sapant les murailles. C'eût été un grave dommage pour les chevaliers de Salvatierra à qui elle avait appartenu, et l'on n'aurait pu, ainsi démantelée, la conserver ensuite. Ils insistèrent donc auprès de moi par tous les moyens pour me faire accepter la reddition de la place sauve et intacte, avec les armes et les vivres en abondance qui s'y trouvaient, alors que l'armée en était assez dépourvue, en permettant aux Sarrasins de se retirer les mains vides et sans armes. Devant leur volonté inébranlable à cet égard je fis céder la mienne, à la condition que la moitié des armes, des vivres et du butin formerait la part du roi d'Aragon, et l'autre moitié la part des Francs. Pour les miens et pour moi-même, je ne voulais rien retenir. »

Les croisés entrèrent dans Calatrava le dimanche 1er juillet 1212.

Bien qu'Alphonse n'eût rien voulu garder du butin pour lui et ses soldats, les étrangers furent néanmoins mécontents de ce qu'on les eût empêchés de se livrer au pillage. Ils prétextèrent que la chaleur insupportable, les maladies et le manque de vivres les forçaient à s'en retourner, et ils allèrent rejoindre l'armée de Simon de Montfort. Il ne resta pas cinquante chevaliers ni un seul fantassin : ceux qui se retirèrent éprouvèrent devant Tolède la honte de ne pas être reçus dans la ville dont on leur ferma les portes.

Le roi d'Aragon attendit pendant quelques jours à Calatrava l'arrivée du roi de Navarre. Pendant ce temps, le roi de Castille s'avançait devant Alarcos et s'en emparait. Puis les trois rois espagnols, réunissant leurs forces, marchèrent au nom de la Sainte Trinité devant Salvatierra. Mais on ne voulut pas assiéger la ville, parce que les longueurs d'un siège paralysaient le courage des guerriers, on craignait le manque de vivres, et enfin on disait que l'armée des Sarrasins n'était pas éloignée.

Le dimanche, 8 juillet, l'armée s'élança de nouveau vers le Sud, et les combattants parurent si nombreux et si bien pourvus d'armes et de chevaux, que l'absence des étrangers ne se fit pas trop sentir.

On était alors à trois journées de marche des montagnes Noires, où se tenait l'émir Mohamed dans une forte position. Lorsque les Sarrasins apprirent que les chevaliers étrangers étaient partis et que l'armée chrétienne manquait de provisions, ils descendirent vers Baëza, ville située au-delà du Guadalquivir et non loin de sa source. Après le plateau de Tolosa, le chemin tournait entre un mur de rochers et les excavations d'un torrent qui coule dans la forêt. Mohamed espérait qu'au milieu de ces gorges et dans cette contrée inhospitalière la disette décimerait l'armée chrétienne et l'obligerait bientôt à la retraite.

Le roi Alphonse se rendait compte du danger que couraient les croisés : « Nous étions au pied des montagnes, dit-il dans sa relation de la croisade, lorsque les Sarrasins venus par l'autre versant en occupèrent la crête, avec le dessein de nous fermer tout accès. Nos soldats gravirent néanmoins les hauteurs sans la moindre hésitation, et, comme les Sarrasins n'étaient encore arrivés qu'en petit nombre, ils les en délogèrent et se rendirent maîtres du fort de Ferrat que le sultan avait fait construire pour garder le passage. La prise de ce fort nous assurait un libre chemin sur tout le versant du Nord et jusqu'aux sommets. Mais, par là, pas le moindre filet d'eau, aridité complète, dont bêtes et gens eurent beaucoup à souffrir.

« Les Sarrasins, reconnaissant qu'ils ne pouvaient défendre ce point, s'attachèrent à l'occupation d'un autre, très étroit et presque impraticable sur la pente du Midi. Cette gorge, mille hommes pourraient la défendre contre l'univers entier. A l'issue, l'innombrable armée des Sarrasins avait déjà planté ses tentes. Nous ne pouvions ni prolonger notre séjour sur le sommet à cause du manque d'eau, ni avancer à cause des obstacles qui nous barraient le chemin.

« Quelques-uns des nôtres conseillèrent alors de redescendre au pied de la montagne et de chercher une autre voie à deux ou trois haltes plus loin. Mais pour moi, n'admettant ni défaillance

dans la foi ni risque de mon honneur, je ne pus souscrire à cet avis, aimant mieux mourir en tentant cette gorge réputée humainement infranchissable que faire dans une question de confiance en Dieu un seul pas en arrière pour chercher un plus facile chemin. »

Le courage et la foi du héros de Castille devaient être récompensés, à la veille même de la grande bataille, par un événement que les chevaliers espagnols considérèrent comme un secours du ciel.

III

L'armée chrétienne était dans la situation la plus périlleuse.

En face d'elle, au-delà du défilé infranchissable, se tenait l'armé musulmane, et sur les crêtes flottait la tente rouge de l'émir-al-mumenin.

Derrière était la montagne qu'on venait de gravir et qu'on ne pouvait plus descendre sans péril, car une retraite en ces conditions, sous les yeux des Sarrasins, à travers les ravins, se fût bien vite changée en une déroute effroyable.

L'émir guettait sa proie et semblait assuré d'une facile victoire. Le roi Alphonse, dans sa tente, priait Dieu de l'inspirer et de sauver les guerriers chrétiens.

Tout à coup, le samedi 14 juillet, un pâtre, mal vêtu, à demi sauvage, se présente au camp et demande à parler au roi de Castille. On le conduit en présence du roi. Celui-ci l'interroge. Le pâtre déclare qu'il a vu les dispositions des infidèles, qu'il sait que l'armée chrétienne ne peut traverser le défilé gardé par l'ennemi, mais qu'il connaît un autre sentier, ignoré des Maures, par lequel les croisés pourront passer à sa suite. Alphonse aussitôt remercie Dieu de ce secours inespéré. En toute hâte, il fait venir Diego Garcias de Romero et les chevaliers d'avant-garde, et les envoie à la découverte avec l'hôte inconnu des forêts et de la montagne. Celui-ci les guide. Le chemin était raboteux, pierreux et sans eau, et débouchait à travers des forêts épaisses sur une hauteur spacieuse, dominant le camp ennemi, et qui, si elle avait l'inconvénient d'être aride, avait l'avantage d'être naturellement fortifiée. A l'instant, les chevaliers prévinrent les princes de l'heureuse découverte. Ceux-ci laissèrent les croisés

franchir en silence le pénible sentier et passèrent les derniers.
L'armée chrétienne était sauvée. Le pâtre disparut, et son nom
même n'a pas été recueilli; mais l'Espagne catholique a pieusement conservé tous ces grands souvenirs qui l'attachent à
l'Église du Christ, et le sentier du pâtre inconnu est encore
appelé de nos jours le *Porto real* ou le *Porto imperador*.

Les Sarrasins, ne voyant plus les tentes des croisés, crurent
d'abord que leurs ennemis s'étaient enfuis, et ils s'élancèrent,
en poussant des cris de joie, dans le fort abondonné. Mais lorsqu'ils aperçurent les tentes chrétiennes sur le plateau et virent
que les Espagnols faisaient des dispositions pour s'y établir, ils
envoyèrent un corps d'armée pour chasser les premiers chevaliers arrivés avec Diego Garcias. Cette tentive fut infructueuse.
Les rois d'Aragon, de Navarre et de Castille accoururent sur le
sommet de la montagne et y demeurèrent jusqu'à ce que toute
l'armée fût installée et rangée sur la plate-forme.

Après midi, Mohamed fit sortir toute son armée du camp.
Elle était rangée en bataille avec art, et se tint jusqu'au soir
prête pour le combat. Mais Alphonse sut contenir l'ardeur de
ses guerriers. « Je voulais, dit-il, me rendre compte du nombre
des ennemis, de leurs dispositions, de leur arrangement, de leur
manière d'être en toutes choses. Je pris donc conseil des hommes
les plus sages et les plus experts, et il fut décidé qu'on attendrait
jusqu'au lundi suivant, pour respecter le saint jour du dimanche. »
Cette circonspection fut très utile aux chrétiens. Les Sarrasins
crurent qu'ils avaient peur, devinrent téméraires et allèrent
jusqu'à faire publier à Jaën et à Baëza que dans trois jours ils
amèneraient les trois rois prisonniers. Le dimanche, de bon
matin, les Sarrasins restèrent encore sous les armes jusqu'à midi.
L'émir était assis à l'ombre de sa tente rouge, entouré d'une
pompe royale, et attendant le combat. Les chrétiens ne bougè-

rent pas. A peine quelques escarmouches vinrent-elles interrompre l'attente muette des deux armées.

Dans l'après-midi les rois délibérèrent sur ce qu'ils feraient le jour suivant. Les évêques se rendirent dans les tentes des grands seigneurs et des soldats, les encourageant et leur promettant la grâce de Dieu. Alphonse arma chevalier Nunez son cousin, fils du roi de Navarre, comme étant à la veille des événements les plus graves.

Vers minuit le cri des hérauts d'armes : « Levez-vous pour le combat du Seigneur ! » retentit dans tout le camp. On célébra d'abord le mystère de la mort du Seigneur, les chefs et les soldats confessèrent leurs fautes, et l'on distribua la sainte Eucharistie. C'est ici qu'il faut lire une note de l'historien Hurter, bien frappante sous la plume d'un écrivain protestant : « Notre génération, dit-il, peut à peine comprendre le courage que la confession des péchés devait inspirer à des esprits simples, entourés des dangers de la mort; mais si, à la confession, on veut joindre le gage de la grâce et de l'amour de Dieu obtenu par la communion on aura le secret de tant d'actions prodigieuses par lesquelles se distinguèrent une foule de guerriers au moyen âge. » Il est impossible de mieux dire. Ce secret n'est pas seulement celui des croisades : c'est aussi celui du vrai patriotisme.

Les préparatifs achevés, l'armée chrétienne sortit de son camp et offrit la bataille aux Sarrasins.

C'était le lundi 16 juillet 1212.

Chacun des trois rois avait divisé son armée en trois corps, les Castillans au milieu. Parmi ceux-ci, l'honneur de l'avant-garde appartenait au vaillant Diego Lopez; au centre, commandé par Gonzalve Nunez, brillaient les armures d'acier des grands-maîtres des ordres du Temple, de l'Hôpital, de Saint-Jean et de Calatrava avec leurs chevaliers expérimentés; les frères

Rodrigues et Alvar de Cameros dirigeaient un corps composé
de nobles placés sur les flancs, afin de porter de prompts secours
partout où le danger le réclamerait ; Rodrigues, le zélé et pieux
archevêque de Tolède, les autres évêques et les seigneurs les
plus illustres du pays se trouvaient à l'arrière-garde autour du
roi. A la gauche, Garcias Ximénès commandait l'avant-garde
des Aragonais ; Ximénès Coronal et Aynard Pardo étaient au
centre, à la tête du corps principal ; la fleur de la noblesse
aragonaise et les troupes de quelques villes formaient le troi-

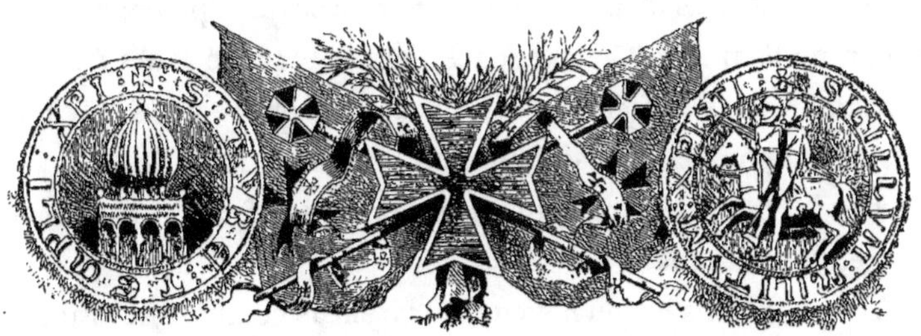

SCEAU ET ARMES DE L'ORDRE DU TEMPLE

sième rang de bataille autour du roi et de son oncle Sancho,
comte du Roussillon et de la Cerdagne ; ces trois corps étaient
soutenus par de forts détachements placés sur les flancs. A
droite, figuraient le petit nombre de Français restés auprès de
l'armée, groupés parmi les guerriers du vaillant roi de Navarre.
Les bourgeoisies des villes, placées chacune sous sa bannière,
étaient dispersées dans les différentes ailes. L'armée, ainsi
rangée en bataille, invoqua le Tout-Puissant, et tous se tinrent
prêts à mourir pour la foi.

Quant aux ennemis, disent les chroniqueurs, ils occupaient
la pointe escarpée de la montagne, au-delà d'une forêt et du
lit profond d'un ruisseau. Sous une tente formée avec des carquois, était assis l'émir, revêtu du manteau noir d'Abdul-

moumen, la souche victorieuse des Almohades, l'épée au côté
et le Coran à la main. Devant la tente se tenait l'élite de l'infanterie, rangée en bataillons épais, ornée des plus brillants
costumes; plusieurs des fantassins placés sur les premiers rangs
étaient enchaînés avec ceux placés au centre, afin de ne laisser
aucun espoir de fuite. Plus en avant était le corps des Almohades, formidables par leurs chevaux, leurs armes et leur
nombre. Des escadrons de Bédouins, habiles à manier la lance,
soit en poursuivant, soit en fuyant, protégeaient les flancs de
l'armée. Les plus braves chevaliers marocains, pour gagner la
faveur de l'émir par leur audace, avaient quitté leurs chevaux
et combattaient à pied. On évalua leur nombre à 80 000 hommes. Personne ne connaissait le chiffre de l'infanterie.

Dès le matin, le roi Alphonse donna le signal, ardemment
désiré, de l'attaque.

Diégo, son fils et son neveu, ouvrirent le combat. Les Maures
commencèrent par lâcher pied; mais, de nouveaux soldats
étant arrivés, ils repoussèrent les assaillants au bruit de leur
musique guerrière. Le premier corps des chrétiens se replia
avec perte sur le deuxième. Le combat, soutenu par les rangs
du centre, devint alors plus acharné. Les chevaliers du Temple
et ceux de Calatrava paraissaient déjà épuisés, les corps placés
sur les flancs ne pouvaient pénétrer en avant, quelques croisés
commençaient à reculer : alors le roi de Castille dit à haute
voix à l'archevêque de Tolède : « Il faut mourir ici tous ensemble. — Non, répondit l'archevêque; c'est ici, mon roi,
que vous triompherez de vos ennemis! » Le roi reprit aussitôt :
« En avant! au secours de ceux qui se trouvent dans le plus
grand danger. »

Cet incident de la bataille est raconté par le roi lui-même en
ces termes :

« Les Sarrasins avaient pu occuper avant nous une ligne de hauteurs fort abruptes, très difficiles à gravir à cause des taillis qui étaient entre eux et nous, et des énormes ravins qui en avaient déchiré la pente ; il y avait là de grands obstacles pour nous, et pour eux un avantage considérable. Et pourtant nos avant-gardes, appuyées par les corps du centre, taillèrent en pièces les bataillons ennemis qui défendaient les collines inférieures. Ils atteignirent ainsi le gros de l'armée ennemie, où était le sultan au milieu de l'élite de ses guerriers. Ils eurent alors à soutenir les efforts réunis de la cavalerie, des fantassins et des arbalétriers. Ils étaient en grand danger d'être écrasés, et ce n'était qu'avec peine qu'ils leur tenaient tête, ou plutôt ils ne le pouvaient déjà plus.

« Je vis que cette lutte était au-dessus de leurs forces, et je m'avançai pour charger avec la cavalerie, précédé de la croix et de notre étendard, sur lequel est représentée l'image de la Vierge et de son divin Fils. Notre résolution était prise de mourir pour la foi. En voyant l'outrage fait à la croix de Jésus-Christ et à l'image de sa mère, que les mécréants s'efforçaient de renverser sous une grêle de flèches et de pierres, une sainte fureur nous emporte dans la mêlée et nous coupons en deux tronçons, par une large trouée, l'armée des infidèles ! »

Les Navarrais, de leur côté, ayant atteint les hauteurs, repoussaient tous les Maures qui s'en approchaient ; mais le gros de l'armée sarrasine restait impénétrable à cause de la multitude de flèches qu'il lançait. Il était alors midi, et le combat restait indécis. Mais la charge du roi Alphonse décida de la victoire. Les Navarrais brisèrent la chaîne qui entourait l'infanterie sarrasine. Nunez de Lara la franchit avec son cheval pour entraîner ses compagnons. Pierre accourut aussi avec les Aragonais. Lorsque l'émir vit ses gardes du corps plier aussi, la grande bannière prise, son fils aîné tué, il se sauva d'après le conseil de son frère, accompagné de quatre hommes seulement avec ses trésors qu'il avait fait charger sur des chevaux et des chameaux, malgré toute sa confiance dans la victoire. Il se rendit ainsi dans la ville voisine de Baëza, et de là, sans s'arrêter, à Jaën ; puis il descendit le Guadalquivir jusqu'à Séville où seulement il se crut en sûreté. Les habitants de Baëza l'ayant interrogé : « Je ne sais ce que vous avez à faire, leur dit-il ; que Dieu vous soit en aide ! »

Après le départ de leur chef, les Maures prirent la fuite de tous côtés. Les chrétiens s'élancèrent sur eux jusqu'après le coucher du soleil et en firent un horrible carnage. Il y eut encore plus de tués pendant la poursuite que pendant le combat, quoique le champ de bataille fût couvert d'une telle foule de cadavres que l'on pouvait à peine le traverser sans danger avec un cheval vigoureux. « Cent quatre-vingt-cinq mille cavaliers sarrasins se sont rendus, dit la relation royale, et le nombre des fantassins est incalculable. » La reine Bérengère, fille du roi de Castille, écrivit à sa sœur Blanche, femme de Louis de France et mère de saint Louis, que la perte des chrétiens était insignifiante, comparativement à celle des ennemis. Les écrivains arabes, dans leur douleur, considérèrent la bataille de Las Navas de Tolosa comme une des causes du dépeuplement de l'Afrique et de la décadence de la puissance maure en Espagne.

Pendant que les vainqueurs poursuivaient les fuyards, l'archevêque, les évêques et les prêtres, reconnaissants de l'assistance miraculeuse que Dieu leur avait donnée, entonnaient, en versant des larmes de joie, l'hymne d'actions de grâces : « Seigneur Dieu, nous te louons ! Seigneur Dieu, nous te glorifions ! »

LE ROI ALPHONSE VIII HARANGUANT SES TROUPES

au moment de livrer la bataille de Las Navas de Tolosa. — Tableau d'Antonio Cazanovas. Madrid, 1871.

Ce ne fut qu'après le coucher du soleil que l'armée s'établit dans le camp ennemi. Il était si vaste, que toute l'armée chrétienne remplit à peine la motié de l'espace. Elle y trouva une quantité considérable de richesses en or, en argent, en monnaies, ornements, vêtements de soie et vases précieux. Alphonse abandonna sa part de butin aux rois d'Aragon et de Navarre. Les provisions de vivres étaient immenses. Il y avait des armes en si grand nombre, que toute l'armée entretint ses feux pendant deux jours avec les flèches et le bois des lances. Il eût fallu plus de deux mille bêtes de somme pour emporter les carquois remplis de flèches.

Ces détails, recueillis avec soin par les chroniques, nous permettent d'apprécier à sa portée le triomphe de l'armée chrétienne.

Le troisième jour après la bataille, les croisés se remirent en marche, et s'emparèrent de Tolosa de Las Navas et de Baëza. Les débris de l'armée maure s'étaient rassemblés à Ubeda. La ville fut aussitôt assiégée. « Sa situation, dit le roi de Castille, et les fortifications qu'on avait construites semblaient rendre la ville imprenable : nul n'avait ouï dire que cette place eût jamais été prise par un général. » L'assaut fut donné le huitième jour. Dès que les assiégés virent un Aragonais escalader la muraille, pris d'une terreur subite, ils proposèrent de racheter la ville et leur vie pour un million de pièces d'or. Plusieurs chefs de l'armée furent séduits par cette condition ; mais le roi la rejeta et les évêques déclarèrent qu'un tel marché ne convenait pas aux soldats de Dieu. Il fut cependant accepté ; mais une épidémie qui éclata presque aussitôt dans le camp fut regardée comme une juste punition de cette faiblesse. Les maladies et les fièvres forcèrent les chrétiens à se retirer. Tous les prisonniers furent employés à porter les

bagages ou à rebâtir les couvents en ruines. A Calatrava, les
croisés rencontrèrent le duc Léopold d'Autriche avec une nombreuse escorte. Il revint avec les rois alliés jusqu'à Tolède où
l'on célébra des fêtes magnifiques en l'honneur des vainqueurs
et du roi de Castille. L'armée se rendit à Notre-Dame et re-
mercia Dieu de lui avoir donné la victoire. Après cette solennité,
chaque soldat retourna dans sa patrie.

Jamais l'Espagne catholique n'avait remporté un pareil
triomphe. Mais elle sut témoigner sa reconnaissance envers la
Papauté. Le héros de la Castille adressa à Innocent III une
courte relation de la croisade et lui envoya l'Alferez, la grande
bannière maure, et la tente de l'émir. Pierre d'Aragon, de son
côté, fit porter à Rome la lance de Mohamed. Pendant plusieurs
siècles, et tout au moins jusqu'en 1474, on vit ces dépouilles
suspendues au dôme de Saint-Pierre, comme des monuments
de la protection accordée par le Christ à ses serviteurs. Aussi,
dit Hurter, la joie ne fut-elle pas plus vive en Espagne qu'à
Rome. Le Très-Haut avait exaucé les prières du Père de la
chrétienté. Aussitôt que le pape eut reçu la relation royale, il
convoqua le clergé, ordonna une fête d'actions de grâces, fit
lire la lettre d'Alphonse devant tout le peuple, puis il la traduisit
et l'expliqua lui-même, et loua les exploits et la vaillance du
prince qu'il exhorta à attribuer l'honneur de la victoire, non à
lui, mais au Dieu des armées, dont la puissance a fait de si
grandes choses.

Le triomphe de Las Navas eut un tel retentissement en
Europe, qu'il servit de thème à une foule de récits merveilleux
qui sont restés dans la mémoire des peuples. En France, on
disait avoir vu, pendant les processions, certains signes au ciel
qui présageaient la victoire. Mais ce fut surtout en Castille qu'on
voulut garder, pour les siècles futurs, un impérissable souvenir

de la grande journée, et Alphonse institua, pour le 16 juillet, la fête annuelle du « Triomphe de la Croix », pendant laquelle on montrait les bannières conquises, et on exhortait le peuple à renouveler ses témoignages de reconnaissance envers le Seigneur.

MAHOMET II
Médaille attribuée à Matteo de Pasti. xve siècle.

CHAPITRE VII

PRISE DE GRENADE

I

A bataille de Las Navas de Tolosa avait porté un coup terrible à la puissance des Maures. Il fallut encore près de trois siècles, cependant, pour que la chrétienté pût arracher définitivement à la barbarie musulmane le beau royaume d'Espagne.

C'est l'histoire de cette délivrance, couronnée par la capitulation de Grenade, le 6 janvier 1492, et la retraite du dernier des Abencérages, que nous voulons raconter.

Glorieuse page pour l'Espagne, que cette lutte acharnée, incessante, mêlée de succès et de revers, et aboutissant enfin à la victoire et à la liberté! Glorieuse page aussi pour la Papauté, qui ne cesse pas un seul jour d'exciter les ardeurs, de réveiller les courages, de rappeler à tous la noblesse du but poursuivi, d'appeler à l'aide les États catholiques, d'envoyer des subsides, de prêter des vaisseaux, de faire entendre de siècle en siècle sa grande voix qui promettait le triomphe final! Glorieuse page enfin pour les héros morts pour les causes de Dieu et de la patrie dans les plaines de Las Navas, de Tarifa ou de Grenade.

La nation qui a de telles annales et qui a rendu à l'Église de si grands services ne périra pas, et nous la verrons se relever un jour et retrouver le rang qu'elle a tenu en Europe pendant près de deux siècles.

II

Déconcertés par la défaite de Las Navas, les Maures perdirent un grand nombre de places fortes. Dans les quarante années qui suivirent, ils furent sans cesse battus. Saint Ferdinand III, roi de Castille et de Léon, fils et héritier d'Alphonse IX et de dona Bérengère, leur enleva successivement Cordoue, Séville, Cadix et Xérès.

Pourquoi l'Espagne ne fut-elle pas entièrement délivrée dès cette époque, et pourquoi les Maures ne furent-ils pas, après tant de défaites, refoulés en Afrique? C'est que l'Espagne catholique était divisée alors en plusieurs petits royaumes, Aragon, Navarre, Léon, Castille et Portugal, et que, sans cesse, de nouvelles querelles intestines paralysaient le bras de ses souverains. C'est que souvent aussi les princes espagnols oubliaient la loi divine, se plongeaient dans le vice et la débauche et écartaient de leurs armes les bénédictions de Dieu. Les Maures durent à ces diverses causes la conservation du royaume de Grenade et d'une partie de l'Andalousie.

Quelques années s'écoulèrent. C'était le temps où les Croisades jetaient leurs dernières lueurs, et où le plus grand roi qu'ait eu la France, saint Louis, conduisait ses guerriers en Orient et en Afrique. Après lui, les temps s'assombrissent : Philippe le Bel rompt violemment avec les traditions chrétiennes, les légistes portent des coups funestes à la chrétienté en sapant les bases sur lesquelles reposait la famille catholique, la voix des Souverains Pontifes appelant à de nouvelles croisades n'est plus écoutée, et le Croissant reste définitivement maître de l'Asie et de l'Afrique en attendant le jour où, profitant des nouvelles dispositions de l'Europe, il s'emparera de la riche proie qu'il convoite aux rives du Bosphore.

Aussi les Musulmans voyaient-ils avec regret leurs possessions espagnoles leur échapper. Le dessein de réparer le désastre de Las Navas et de reprendre les villes perdues ne les quittait point. Excité par le sultan d'Égypte, l'empereur du Maroc franchit le détroit de Gibraltar, en 1339, et vint au secours du roi de Grenade. En apprenant cette nouvelle invasion, le pape Benoît XII réconcilia les rois d'Aragon, de Castille et de Portugal, et cimenta entre eux une étroite alliance contre les infidèles. Un évêque français, celui de Rodez, Bernard d'Albiès, fut l'heureux négociateur de ce traité d'alliance offensive et défensive, et il reçut en récompense le chapeau de cardinal, tant le Souverain Pontife attachait de prix au succès de la croisade ! L'armée espagnole mit le siège devant Lérida. Mais bientôt l'on apprit l'arrivée des Maures, dix fois plus nombreux que les chrétiens. Le grand-maître de l'Ordre d'Alcantara, Gonzalve, engagea vivement les Espagnols à ne pas reculer, et dressa une embuscade dans laquelle les musulmans tombèrent sans défiance. Une belle victoire récompensa les chrétiens de leur courage, et vingt mille soldats du Prophète, avec Abdemeleck, fils de l'empereur du Maroc, restèrent, dit-on, sur le champ de bataille.

A cette nouvelle, le sultan Albohacen jura de venger la défaite de son armée et la mort de son fils. Il réunit sa flotte et rassembla une armée formidable, avec des contingents venus de Bougie, de Tunis, et même d'Égypte. Un grand succès couronna ses premiers efforts. La flotte chrétienne, imprudemment engagée à Algésiras par l'amiral Ténorius, fut anéantie, et les musulmans purent tout à leur aise traverser le détroit et s'organiser près de Grenade. Pendant plus de cinq mois, l'Afrique versa ses bataillons en Espagne. Comme aux temps d'Abdérame, les musulmans amenaient avec eux leurs femmes et leurs enfants, et déclaraient hautement qu'ils voulaient venger sur l'Espagne les expéditions chrétiennes en Orient. Les écrivains ne sont pas d'accord sur leur nombre : les uns le portent à six cent mille fantassins et soixante mille cavaliers, d'autres seulement à quatre cent mille hommes. Il faut ajouter, en tous cas, que cette armée fut grossie du contingent grenadin. Dans ces conditions, les Espagnols, qui ne purent réunir que vingt-cinq mille fantassins et quatorze mille cavaliers, semblaient devoir être écrasés.

Le Souverain Pontife intervint encore. Ne pouvant donner de soldats, il donna ce qui fait la force et assure le succès d'une armée chrétienne : ses exhortations et ses bénédictions. Par ses soins, tous les soldats d'Alphonse de Castille, d'Alphonse de Portugal et de Pierre d'Aragon reçurent la croix rouge, comme aux beaux jours des Croisades; un Français, Lugus, porta le grand étendard de la Croix, et les évêques, ayant à leur tête l'archevêque de Tolède, se joignirent aux guerriers. Le commandement de l'avant-garde

fut donné à Emmanuel de Lara ; celui de l'arrière-garde à
Gonzalve d'Aguilas ; les rois, entourés de toute la noblesse

INTÉRIEUR DE L'ANCIENNE MOSQUÉE DE CORDOUE

Aujourd'hui cathédrale, construite au huitième siècle, par Abdérame Ier, et convertie au culte
catholique après l'expulsion des Maures ; un des plus vastes et des plus magnifiques monuments
de l'architecture mauresque.

espagnole, restèrent à la tête du corps de bataille. Il était
convenu que le roi de Portugal, avec les grands-maîtres

d'Alcantara et de Calatrava, tiendrait tête au roi de Grenade, et Alphonse de Castille au sultan du Maroc.

Cependant l'armée musulmane s'était avancée et faisait le siège de Tarifa. Quand il apprit l'approche des alliés, Albohacen commit la faute de lever le siège avec précipitation, et de s'élancer au-devant de l'armée chrétienne qu'il se flattait de vaincre facilement. Son espérance fut trompée. Dès le premier engagement, la panique se mit parmi ses troupes, et ses bandes innombrables reculèrent en désordre jusqu'aux rives du Salado. Là, les chrétiens, désormais sûrs de vaincre, se jetèrent sur les musulmans et en firent un massacre effroyable. Les écrivains les plus sérieux, notamment Mariana, parlent de deux cent mille morts, soit pendant la bataille, soit pendant la déroute. Les Espagnols perdirent très peu d'hommes. Albohacen s'enfuit et repassa le détroit, laissant derrière lui deux autres fils qui périrent dans la retraite. Iousouf, roi de Grenade, se sauva derrière les remparts de Marbella. Le butin fut énorme, et les historiens disent qu'il fit pour un temps baisser la valeur courante de l'or et de l'argent.

La grande victoire de Tarifa, qui mit fin aux invasions des Maures, est du 30 octobre 1340. Elle fut due surtout aux Castillans et aux Portugais, car les Aragonais étaient sur leurs vaisseaux qui ne parurent point, et les Vascons et les Navarrais étaient retenus avec leur roi Philippe au service du roi de France.

Alphonse de Castille s'efforça de profiter du triomphe. Au commencement de l'année 1341, il se remit en marche et feignit de se porter sur Malaga que les musulmans fortifièrent en toute hâte, puis, tout à coup, il se jeta sur Alcala-la-Réal qui, dégarnie de troupes, se rendit sans résistance, ainsi que toutes les forteresses de la contrée : Priégha, Lucena, Benamexi, etc. Une fois de plus, l'Espagne trouvait l'occasion d'en finir avec la domination des Maures; mais les démêlés des rois chrétiens arrêtèrent les succès d'Alphonse. Les musulmans, vaincus, restèrent redoutables; l'heure de Dieu n'était pas encore sonnée.

Un long intervalle s'écoule ici, rempli par les infamies de Pierre le Cruel, la lutte de ce prince contre Henri de Transtamare, et l'intervention de du Guesclin et des grandes compagnies. C'était le moment où Constantinople tombait sous les coups de Mahomet II, où le pape Calixte III prêchait vainement une grande croisade, où les Turcs montaient jusqu'en Hongrie, arrêtés seulement dans leur marche victorieuse par un grand capitaine, Jean Hunyade, et un grand franciscain, saint Jean de Capistran, où enfin la France, en punition de ses attentats contre Boniface VIII et la papauté, subissait les horreurs de la guerre de Cent Ans.

Les Maures d'Espagne profitèrent de toutes ces circonstances, et plus d'un siècle après Tarifa, en 1450, ils étaient encore les maîtres du royaume de Grenade.

Mais alors naissaient deux héros, marqués par Dieu du signe que portent au front les libérateurs de leur patrie : un homme, Ferdinand, roi d'Aragon; une femme, Isabelle, reine de Castille.

C'est à ces deux *Rois catholiques,* comme les appela le pape Innocent VIII après la prise de Grenade, qu'était réservé l'honneur d'affranchir définitivement l'Espagne d'un joug qu'elle subissait depuis sept siècles. Honneur impérissable, que rien ne diminuera jamais.

Isabelle épousa Ferdinand V, en 1469, et ce mariage prépara l'union de la Castille et de l'Aragon et la grandeur future de l'Espagne; pendant les premières années de son union, la reine dut lutter à main armée pour assurer sa couronne; mais, à peine victorieuse, en 1476, et en paisible possession de ses États, elle engagea aussitôt son mari à combattre les Maures. Cette femme admirable, une des gloires les plus pures de la chrétienté, fut l'âme de toutes les expéditions dirigées par Ferdinand. Sa foi était digne de son courage et de son génie. En la voyant, revêtue du casque et de la cuirasse, au siège de Grenade, l'armée espagnole tressaillait d'enthousiasme, comme les armées françaises à la vue de Jeanne d'Arc, qui, dans le même siècle, délivrait la France de la domination anglaise.

Voici le portrait que Mariana, l'historien espagnol, nous a laissé des deux rois catholiques :

« Le roi et la reine avaient la taille médiocre, mais bien prise et bien proportionnée, le visage plein d'agréments, la démarche noble et majestueuse, le regard doux et gracieux, le teint blanc; mais les fatigues de la guerre et le hâle avaient bruni le visage de Ferdinand. Les cheveux du roi étaient épais et longs, les sourcils touffus, la bouche petite, les lèvres vermeilles, les épaules larges, la tête haute, la voix aiguë, la parole libre, l'esprit vif et pénétrant, le jugement ferme et solide, les mœurs douces et aisées, l'abord facile, doux et clément envers ceux qui avaient à traiter avec lui. Il possédait au suprême degré toutes les vertus civiles, politiques et guerrières; jamais les affaires ne l'embarrassaient, quelque grandes et quelque épineuses qu'elles fussent; il se délassait en travaillant. Ennemi de la mollesse et de la superfluité, il menait une vie frugale et telle qu'il convenait à un prince qui était presque toujours à la guerre. Il savait manier un cheval avec beaucoup de grâce et de vigueur,

. dans les tournois comme dans les combats. Étant jeune, il aimait les jeux de hasard ; plus avancé en âge, il s'occupait à chasser pour se délasser l'esprit des grandes affaires et des occupations sérieuses attachées nécessairement à la royauté.

« La reine avait tous les agréments, la beauté, la bonne mine, qui rendent une femme aimable et respectable, les cheveux blonds, les yeux bleus, ennemie du fard et des agréments empruntés, bien contente de ceux que la nature lui avait donnés d'une main libérale. La dignité, la noblesse, la modestie de son visage, donnaient encore un nouveau lustre à sa beauté. L'étude des belles-lettres, les exercices de la religion et de la piété partageaient son temps. Elle avait pour le roi son époux un grand fonds d'estime et de tendresse, accompagnées de jalousie et de soupçons. Elle avait quelque teinture de la langue latine, ce qui manquait à Ferdinand qui n'avait point étudié pendant tout le temps de sa jeunesse, à la réserve de l'histoire d'Espagne et de ses ancêtres où il prenait beaucoup de plaisir, aussi bien qu'aux conversations des gens de lettres, dont il sut assez bien profiter. »

Tels étaient les deux princes auxquels la Providence avait adjoint le plus grand ministre et le plus grand capitaine de l'époque, le cardinal Ximénès et Gonzalve de Cordoue, qui devaient, après une longue et difficile guerre, mettre la dernière main à l'œuvre de Pélage, de Charlemagne, du Cid et d'Alphonse.

III

La guerre de Grenade dura dix ans, avant d'aboutir à la grande journée du 6 janvier 1492.

Nous résumerons d'abord cette longue et mémorable

campagne, afin de montrer la persévérance et l'énergie des deux rois catholiques.

Quand la guerre commença, en 1482, les Maures, nous l'avons déjà dit, ne possédaient plus dans la péninsule ibérique que le royaume de Grenade. La situation de ce royaume, écrivait Mariana en 1723, est très avantageuse entre l'Andalousie et Carthagène. L'air qu'on y respire est agréable et doux : la terre fertile, plus que dans toutes les autres contrées de l'Espagne; les montagnes mêmes dont le pays est tout rempli sont très propres à l'agriculture, à cause d'un grand nombre de sources qui en descendent et qui les arrosent de tous côtés, ce qui entretient aux arbres une perpétuelle verdure et contribue beaucoup à l'agrément du climat. L'air est doux en hiver comme en été : cette égalité du climat contribue infiniment à conserver la santé du corps, principalement du côté que la ville de Grenade est située, ville très peuplée et très agréable. Elle a donné son nom à tout le royaume, qu'elle a tiré elle-même d'une longue caverne de la campagne d'Alfahar où les habitants sacrifiaient autrefois aux démons. Il y avait alors en ce royaume quatorze villes assez considérables et quatre-vingt-dix-sept bourgs.

Le vieil auteur ajoute, avec un grand sens chrétien : « Ce qui paraît le plus incroyable est qu'un empire fondé en moins de trois ans ait duré tant de siècles. Ce sont des ressorts cachés de la Providence de Dieu qui s'est servi du ministère et de l'épée de ces barbares pour châtier les crimes des Espagnols. Rien ne réussit contre l'ordre et contre la volonté de Dieu : au contraire, les choses les plus difficiles s'aplanissent et deviennent aisées quand on est secondé du secours de Dieu. »

Ferdinand et Isabelle étaient résolus d'avance à attaquer

les Maures et à les chasser d'Espagne; mais le roi de Grenade
leur donna un juste motif d'entrer en campagne, en s'em-

INTÉRIEUR DU PALAIS DE L'ALHAMBRA, A GRENADE
XIII° siècle.

parant, en 1480, au mépris des traités, de la place de Zahara,
dont il emmena les habitants en esclavage.

Les rois d'Aragon et de Castille étaient à Médina del Campo, lorsqu'ils apprirent cet événement. Ils donnèrent aussitôt l'ordre à tous les gouverneurs des villes voisines de se préparer à la guerre sans perdre de temps, et de se tenir sur leurs gardes pour ne pas éprouver le sort de Zahara. L'armée fut prête au commencement de 1482.

On délibérait pour savoir de quel côté on dirigerait l'attaque, lorsqu'on apprit que la ville d'Halbama était sans défense. Diego Merlo, gouverneur de Séville, et Rodrigue Ponce, marquis de Cadix, se mirent aussitôt en marche pendant la nuit, par des chemins détournés, à la tête de deux mille cinq cents chevaux et quatre mille fantassins. Trois cents hommes des plus intrépides prirent les devants. En approchant de la ville, ils ne trouvèrent ni sentinelles ni corps de garde, et remarquèrent que tout était tranquille dans la forteresse. Ils plantèrent aussitôt des échelles, gravirent la muraille, poignardèrent les sentinelles qui dormaient, et coururent ouvrir les portes de la ville du côté de la campagne par où toutes ces troupes entrèrent. En vain les bourgeois de la ville et les Maures de la citadelle essayèrent-ils de se défendre : ils furent vaincus et massacrés, et, le soir, 28 février 1482, la place était aux mains du roi de Castille.

Cette brillante affaire jeta la terreur dans la ville de Grenade, qui n'est éloignée d'Halbama que de trente milles. Les Maures, voyant la décision et les armements de Ferdinand et d'Isabelle, commencèrent à craindre que la fin de leur empire espagnol n'approchât, et les historiens rapportent qu'un vieillard, qui passait à Grenade pour avoir le don de prophétie, s'écria : « Je crains que les ruines de Zahara ne retombent sur nos têtes, et un pressentiment me fait croire à la fin de la domination des Maures en Espagne ! »

Le roi de Grenade, Albohacen, ne pouvait accepter sans combattre une pareille défaite. Il partit de sa capitale avec trois mille cent chevaux et cinquante mille fantassins, et vint faire à son tour le siège d'Halbama. Mais les Espagnols se défendirent héroïquement, faisant rouler du haut de la montagne de grosses pierres qui écrasaient les barbares. A la fin, Albohacen se retira à l'approche de l'armée castillane amenée par Ferdinand, et la ville devint à tout jamais chrétienne. Ce succès enflamma le courage des Espagnols. Isabelle voulut qu'on allât assiéger immédiatement Loxa, mais l'armée n'était pas assez nombreuse, et il fallut lever le siège après s'être borné à ravager la plaine de Grenade.

Cet échec fut amplement compensé dès la première campagne par la division intestine qui se glissa entre les Maures. Les Grenadins chassèrent de leurs murs Albohacen, auquel ils reprochaient son incapacité, et mirent à sa place son fils Boabdil; mais plusieurs villes importantes, notamment Malaga, restèrent fidèles au vieux roi, de sorte que la nation se vit tout à coup divisée en deux factions.

Cette grave nouvelle fut bientôt connue en Espagne et dans toute l'Europe, et le Souverain Pontife, toujours prêt à encourager les efforts des chrétiens, se hâta d'appuyer les efforts de Ferdinand et d'Isabelle. Le pape Sixte proclama la croisade, accorda une grande indulgence à tous ceux qui s'enrôleraient contre les Maures ou qui mettraient dans la caisse militaire une certaine somme d'argent, et ordonna au clergé de fournir cent mille écus d'or pour cette pieuse entreprise. C'est ainsi que partout, alors même qu'il ne semble être question que des intérêts particuliers d'une nation, on retrouve l'action tutélaire de la papauté.

La campagne fut reprise au commencement de l'année

1483. Elle débuta malheureusement par un désastre. L'armée chrétienne, conduite par quelques généraux ardents et imprudents, s'aventura trop tôt sous les murs de Malaga et fut taillée en pièces. Un grand nombre de seigneurs furent tués ou faits prisonniers : on en compta plus de quatre cents de la plus grande noblesse d'Espagne. Il n'y en eut qu'un fort petit nombre qui se sauva avec le grand-maître de Saint-Jacques et le marquis de Cadix par des chemins détournés. L'armée entière fut mise en déroute, et l'Espagne fut comme ébranlée à la nouvelle de ce malheur. Ferdinand réunit aussitôt de nouvelles troupes et les envoya à la rencontre du roi Boabdil qui attaquait la place de Lucena. Une nouvelle bataille, cette fois plus heureuse, eut lieu près de Loxa, et les Maures furent écrasés à leur tour. Boabdil, étant descendu de cheval pour se cacher entre des saules au bord d'une rivière, fut reconnu par trois soldats qui le firent prisonnier et le remirent aux mains du colonel du régiment royal qui le fit conduire à Lucena. Mille cavaliers et quatre mille fantassins maures restèrent sur le champ de bataille.

Cette victoire et la prise du roi de Grenade comblèrent de joie la cour, qui était alors à Madrid, et consolèrent Ferdinand et Isabelle de l'échec précédent. Ferdinand partit lui-même pour diriger plus activement la guerre. Il avait avec lui six mille chevaux et quarante mille fantassins qui prirent d'assaut Tagiara et ravagèrent de nouveau toute la plaine de Grenade. Par un acte de haute politique, et pour diviser de plus en plus ses ennemis, le roi d'Aragon donna la liberté à son prisonnier Boabdil à condition de payer un tribut annuel de douze mille écus d'or et de rendre la liberté à quatre cents prisonniers castillans dans l'espace de cinq ans.

Puis, l'hiver approchant, les deux rois catholiques se rendirent à Victoria.

A ce moment, le comte de Cabra et le colonel du régiment royal, étant venus saluer leurs souverains, furent reçus avec de grandes marques de bienveillance qui attestent le prix qu'on savait attacher alors à la valeur personnelle et le désir qu'on avait de poursuivre jusqu'au bout la conquête du royaume de Grenade. Pour leur faire plus d'honneur, tous les prélats et les grands de la cour allèrent au-devant d'eux. Le cardinal Mendoce, archevêque de Tolède, conseiller de Ferdinand, les introduisit à l'audience de Leurs Majestés; on assigna au comte de Cabra sur le trésor une pension viagère, et l'on ajouta aux armes de sa maison un buste de roi couronné avec neuf étendards mauresques autour de l'écusson, comme une marque éclatante de sa valeur et une récompense digne de son mérite et de ses services, et pour encourager les autres à bien faire, par l'espérance de tels honneurs, en servant la patrie et la religion.

L'expédition de 1484 fut conduite par Ferdinand et Isabelle en personne. Après avoir fait courir le bruit qu'il se rendait à Albama, le roi d'Aragon se rendit devant Allora, et, après une vive canonnade, emporta la place d'assaut, le 20 juin. Enflé par ce succès, Ferdinand osa se présenter devant Grenade et resta cinquante jours sous les murs de la ville offrant la bataille à l'ennemi; mais à la fin il dut se retirer et ramener son armée en Castille.

L'année suivante, dès le mois de janvier, les Espagnols rentrèrent en campagne. Isabelle avait communiqué sa pieuse ardeur à toute l'armée. On ne voulait plus de repos avant d'avoir pris Grenade; mais on savait que la lutte serait longue encore. Le siège fut mis devant Aronda, forteresse voisine de Malaga. Dans le même temps, Boabdil fut chassé par ses sujets, qui lui reprochaient ses relations avec les chrétiens, et remplacé par Abohardilles, frère du vieux roi Albohacen. Pour assurer son autorité sur tout le royaume de Grenade, Abohardilles fit égorger son frère. Ce meurtre inutile et odieux écarta de lui dès le principe un grand nombre de Maures qui se rapprochèrent de Boabdil, exilé à Cordoue. Profitant de ces luttes intestines, de ces crimes et de ces folies barbares, Ferdinand prit Aronda, Casarbanelle, Marbelle, Cambile et Albahar, sur la frontière de Jaën. Toutes ces victoires et tant de villes prises rendirent le nom du vainqueur redoutable aux Maures et célèbre dans toute l'Europe. On commença dès lors à pressentir la grandeur future de l'Espagne, qui devait remplir tout le seizième et le dix-septième siècle du prestige de ses souverains et de la force de ses armées.

La campagne de 1486 fut aussi fructueuse que les précédentes. Ferdinand et Isabelle emportèrent d'assaut la place de Loxa, devant laquelle le grand Gonzalve de Cordoue commença à se distinguer et fut fait gouverneur d'Illora. A ce moment, les habitants de Grenade rappelèrent Boabdil, et la guerre civile recommença entre les deux rois maures, comme si la Providence elle-même avait voulu les livrer aux chrétiens.

En 1487, Ferdinand résolut de frapper un grand coup et de s'emparer de Malaga, la ville la plus importante que les infidèles possédassent encore en Espagne, après Grenade, et la seule par laquelle les Maures d'Afrique pouvaient venir au secours de leurs frères vaincus. On approchait de la fin de cette longue et pénible campagne. Étant arrivé sur les frontières du pays ennemi, le roi fit assembler ses généraux

et ses principaux officiers, pour tenir un grand conseil de
guerre sur l'ouverture et les opérations de la campagne. Il
leur dit en peu de mots qu'il les menait à une victoire certaine, et qu'ils allaient combattre des ennemis faibles et peu
aguerris, fort affaiblis par leurs discussions intestines. Quand
les troupes eurent connu la volonté de Ferdinand, elles

REDDITION DE LA VILLE DE MONTEFRIO, PRÈS GRENADE, EN 1486

Les alcades et les chefs maures remettent les clefs de cette ville au roi Ferdinand le Catholique
et à la reine Isabelle, après le siège. — Bas-relief des stalles du chœur du maître-autel de la cathédrale, sculpté en bois au seizième siècle.

témoignèrent plus d'ardeur que jamais pour aller chercher
les ennemis, étant en disposition de marcher partout où il
voudrait les conduire, et de s'exposer à toutes les fatigues
et à tous les périls pour avancer sa gloire et pour l'honneur
de la patrie. Aussitôt après avoir décampé, on prit le chemin
de Vèles, ville peu éloignée de Malaga, et que l'on résolut
d'assiéger d'abord. Le camp fut établi sur le bord de la
rivière. Les habitants firent d'abord une sortie et tuèrent

un grand nombre de soldats de Galice qui ne gardaient nul ordre ni nulle discipline dans leurs campements; mais les Castillans les repoussèrent à leur tour jusque sous les fortifications de la ville[1].

Abohardilles, ayant été informé de l'entreprise des Espagnols, partit de Grenade et alla au secours des assiégés, bien persuadé que le reste du royaume aurait le sort de la ville et que Grenade même ne ferait pas une grande résistance quand celle-ci serait prise. Il vint donc avec mille chevaux et vingt mille hommes de pied, et s'établit sous les murs de la place. Mais les Castillans l'attaquèrent aussitôt. Les retranchements de son camp ne purent résister à leur courage. Le camp fut emporté et tout le bagage pillé. Les Maures furent mis en déroute, chacun se débanda et se sauva comme il put. Le roi vaincu et malheureux se vit tout à coup méprisé et abandonné de ses sujets. Les habitants de Grenade ne voulurent point le recevoir après sa défaite, se déclarèrent tous en faveur de son rival qu'ils saluèrent comme roi légitime, et ne voulurent pas même permettre à Abohardilles d'entrer dans la ville. Quant aux assiégés de Vèles, désespérés, ils engagèrent leur général à s'entendre avec les croisés, et, à la fin d'avril, une capitulation fut signée en vertu de laquelle la ville fut remise à Ferdinand, à condition que les assiégés emporteraient tous leurs effets et qu'il leur serait permis de se retirer où ils voudraient.

L'armée castillane se porta ensuite, pleine d'espérance, sous les murs de Malaga, dans les premiers jours du mois de mai 1489. Cette ville, déjà célèbre dès cette époque, est située dans une belle plaine épaulée d'une colline sur laquelle s'élevaient alors deux forteresses, celle d'Alcasaba et celle

1. Mariana, *loc. cit.*

de Gébalfar. Elle n'était pas d'une grande étendue, mais propre et bien peuplée, avec un port excellent sur la mer, et des coteaux tout couverts de vignobles, de jardins et de maisons de plaisance. Le commerce d'Afrique et d'Orient rendait cette cité riche et florissante. Une double muraille l'entourait et rejoignait les deux forteresses.

L'armée royale s'installa sur les hauteurs voisines. Elle comprenait toute la noblesse espagnole accourue près du roi. La reine Isabelle était arrivée pour encourager ses sujets de Castille par sa présence. Elle avait avec elle le cardinal Mendoce et Ferdinand de Talahora, que cette princesse avait tiré de l'ordre de Saint-Jérôme pour le faire évêque d'Avila, à cause de ses grandes vertus et de ses éminentes qualités. Auprès des rois catholiques, on remarquait aussi le marquis de Villena, le comte de Bénévent, le grand-maître de Saint-Jacques, le grand amiral, le grand-maître d'Alcantara, André Cabrera, marquis de Moya, tous les seigneurs d'Andalousie, et aussi les principaux seigneurs d'Aragon qui avaient amené des troupes auxiliaires.

Le siège commença aussitôt et fut poussé avec vigueur. Un grand fossé fut creusé de la ville à la mer pour cerner les assiégés et couper leurs communications. Les Maures essayèrent d'entraver ces travaux par de fréquentes sorties. Une nuit notamment, trois mille d'entre eux se jetèrent sur le camp du marquis de Cadix, après avoir égorgé les sentinelles; mais le général, sans perdre son sang-froid, mit promptement ses troupes en bataille et marcha au-devant de l'ennemi. Le choc fut rude et sanglant, et le marquis blessé; mais les Maures furent vaincus et repoussés sur la ville.

Réduits aux dernières extrémités et n'attendant rien du

dehors, les musulmans essayèrent à cette époque d'assassiner le roi Ferdinand. Cette anecdote est racontée par tous les historiens du temps. Un Maure, qui avait acquis parmi les siens une grande réputation de sainteté, se dévoua pour cette criminelle entreprise. Il se laissa prendre volontairement par les gardes avancées, et il fut conduit, pendant que le roi dormait, dans la tente du marquis de Moza. Ce misérable, ébloui par la magnificence et la richesse des meubles, ne douta point que ce ne fût l'appartement du roi et, prenant en main un poignard qu'il tenait caché sous ses vêtements, il se précipita sur Alphonse de Portugal qui s'entretenait alors avec Béatrix Bobadilla. Celui-ci esquiva le coup en se baissant, et on se saisit du Maure qui fut mis en pièces.

Au bruit du siège de Malaga, plusieurs étrangers de distinction accoururent pour acquérir de la gloire en combattant les infidèles. Un reste du souffle des Croisades sembla animer encore l'Europe. Maximilien d'Autriche, qui fut plus tard empereur d'Allemagne, vint de Flandre avec deux vaisseaux chargés de munitions et de machines de guerre ; le duc de Medina-Sidonia vint aussi avec de nouvelles troupes. La garnison de la ville recevait également de temps à autre des renforts qui se glissaient à travers les croisés ; mais la faim commença à presser les assiégés et à faire souffrir les habitants. Les bourgeois de Malaga, craignant d'être forcés et pillés, demandèrent à se rendre malgré la garnison, et un certain Dordux, homme riche et d'une grande autorité dans la ville, alla trouver Ferdinand pour lui proposer de capituler à certaines conditions.

Le roi usa alors d'un stratagème habile. Il déclara publiquement que les assiégés ne devaient attendre aucune grâce ; mais il fit dire sous main à Dordux que lui, les siens et ses amis seraient favorablement traités, et recevraient même de hautes récompenses s'ils voulaient se servir de leur influence pour engager leurs concitoyens à se rendre.

Sur cette espérance, le Maure fit entrer dans la citadelle une garnison castillane qui arbora sur le haut du donjon l'étendard de Castille. A cette vue, les Maures épouvantés se rendirent aussitôt. Ils espéraient avoir le même traitement que Dordux; mais ils furent consternés lorsque les soldats castillans, entrant dans la ville, leur enlevèrent leurs biens et la liberté. Ferdinand leur permit toutefois de s'exonérer de la servitude par le payement d'une somme modique. A la fin du mois d'août, les rois catholiques firent leur entrée solennelle et rendirent à Dieu leurs actions de grâces : le triomphe définitif approchait.

Quand on connut la prise de Malaga, il y eut des réjouissances dans toute l'Espagne, et même dans une grande partie de l'Europe chrétienne. On prévoyait partout que Grenade ne tarderait pas à subir le même sort. Ferdinand et Isabelle écrivirent au Pape, et, avec son consentement, rétablirent dans Malaga l'ancien siège épiscopal. On ne pouvait mieux reconnaître le secours divin et les prières de l'Église en faveur du succès de la croisade.

Quelques troubles survenus en Aragon empêchèrent les rois catholiques de profiter de la victoire et rendirent peu fructueuse la campagne de 1488. L'armée castillane s'empara cependant de quelques forteresses importantes. En 1489, de grands préparatifs furent faits à Jaën. L'armée comptait alors douze mille chevaux, cinquante mille fantassins, la plus florissante jeunesse du royaume, et bon nombre de Biscayens, peuple essentiellement fidèle à ses rois et endurci aux fatigues de la guerre. Ce fut avec ces forces que Ferdinand, au mois de juin, alla mettre le siège devant la ville de Basta, située en partie sur un coteau, en partie dans une plaine, et gouvernée par Hacen, dit le Vieux.

Le siège fut long et difficile. Une bonne garnison défendait la place, dans laquelle il y avait des vivres et des munitions pour quinze mois. Les Castillans furent un moment vaincus et refoulés en désordre pendant une sortie; mais Ferdinand rétablit l'ordre et poursuivit les Maures jusqu'aux portes de la cité. Puis, pour enlever tout espoir aux assiégés, le roi catholique fit élever neuf bastions autour de la ville, d'espace en espace, avec de bons corps de garde, afin d'empêcher les sorties. Toutes les troupes furent distribuées dans des postes avantageux, tandis que le marquis de Cadix, créé duc à la fin du siège, faisait des rondes avec la cavalerie pour empêcher les secours de pénétrer dans Basta.

Plusieurs mois s'écoulèrent ainsi. A la fin, pour réveiller l'ardeur des troupes, la reine arriva, avec sa fille aînée, l'archevêque de Tolède, plusieurs évêques, les ducs d'Albe et de Najara, le marquis d'Astorga et le grand amiral, avec de nouvelles troupes qui firent perdre aux habitants de Basta l'espérance d'échapper aux croisés. Presque aussitôt après, Hacen le Vieux, ayant délibéré avec le roi de Grenade, demanda à capituler. Les conditions furent acceptées de part et d'autre, et au commencement de décembre le roi et la reine, avec toute la cour, entrèrent en triomphe dans la ville. Le gouvernement de la place fut confié à Diègue Mendoce, frère du cardinal d'Espagne.

La prise de Basta jeta la terreur dans plusieurs villes voisines qui se rendirent volontairement sans être assiégées, et entre autres Almeria, ville très forte, qui aurait pu soutenir un long siège. Le vieux roi maure, Abohardilles, désespéré, vint trouver le roi catholique dans cette place et se rendit à discrétion. Ferdinand lui concéda la ville de Fondaraxe, située dans les montagnes de Grenade, avec quelques bourgs et villages et une pension annuelle de dix mille écus

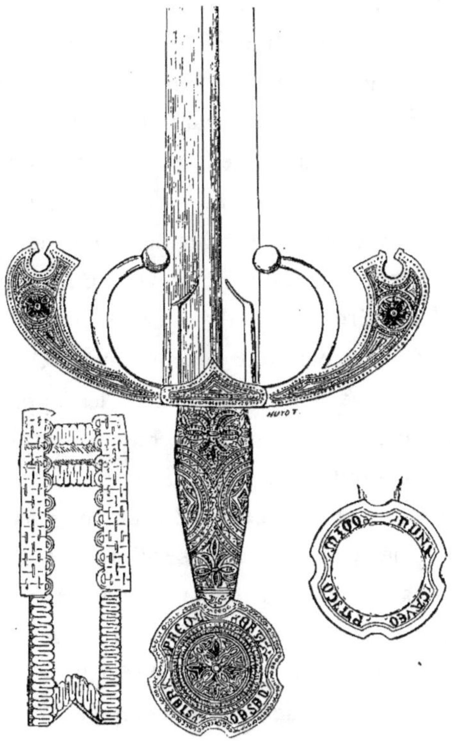

ÉPÉE D'ISABELLE LA CATHOLIQUE

Sur le pommeau, on lit, en inscription moitié espagnole, moitié latine : *Je désire toujours l'honneur ; maintenant, je veille ; paix avec moi.* Conservé à l'*Armeria real* de Madrid.

d'or. C'était un léger dédommagement pour la perte d'un royaume ; mais on plaignait d'autant moins Abohardilles qu'il était monté sur le trône par un fratricide.

Isabelle et Ferdinand poursuivirent encore la campagne pendant quelques jours, malgré l'hiver, et s'emparèrent de plusieurs citadelles, notamment d'Almunecar où les trésors des rois de Grenade étaient renfermés, et de Salobrena où l'on gardait comme dans une prison les enfants et les frères des rois maures.

On fit enfin la revue des troupes et on trouva vingt mille hommes de moins qu'au début de la campagne, ce qui montre à quel point cette guerre était acharnée. Trois mille hommes avaient été tués dans les combats, les autres étaient morts de froid ou de faim, ou avaient été emportés par la peste.

Après tant de victoires et tant de succès, les rois catholiques reprirent le chemin de Séville. Tous les peuples, dit Mariana, couraient en foule pour voir un roi et une reine qui venaient d'opérer tant de merveilles et qui avaient augmenté leurs États par tant de conquêtes. On portait leurs noms jusqu'au ciel dans les louanges et les applaudissements qu'on leur donnait. On les regardait comme des princes donnés par Dieu pour le salut et la gloire de la patrie; on ne doutait plus qu'ils ne dussent bientôt achever ce gros ouvrage, et délivrer l'Espagne entière de la servitude et de la tyrannie des Maures sous laquelle on gémissait depuis huit cents ans. Tous les princes étrangers, étonnés et pleins de joie pour ces grands événements, leur envoyaient à l'envi leurs ambassadeurs pour les féliciter de tant de conquêtes si avantageuses à la religion chrétienne, souhaitant avec de grands empressements de faire alliance avec eux et de s'unir à l'Espagne.

A la même époque, le soudan d'Égypte, prévenu des progrès des catholiques espagnols et de la chute probable du royaume de Grenade, entra dans une vive colère et expédia au roi Ferdinand un ambassadeur, habilement choisi, Antoine Milan, gouverneur du monastère des Cordeliers de Jérusalem, pour lui dire que, s'il ne s'arrêtait pas dans ses conquêtes

et s'il chassait les Maures d'Espagne, tous les chrétiens
d'Égypte et de Syrie seraient massacrés. Le roi de Naples
eut le tort, qu'il expia plus tard si cruellement, d'appuyer
ces menaces et d'engager le roi catholique à battre en retraite.
Mais Ferdinand et Isabelle n'écoutèrent ni les menaces du
soudan d'Égypte ni les conseils perfides du roi de Naples,
et se bornèrent à répondre à l'envoyé des Sarrasins qu'il
leur paraissait juste et légitime de revendiquer sur des usur-
pateurs un royaume que ceux-ci avaient conquis autrefois
contre tout droit, et qu'en outre l'intérêt de la religion et
la délivrance de l'Espagne devaient passer avant toutes choses.
Il y avait peu à craindre, au surplus, que le soudan d'Égypte
exécutât ses menaces et se privât ainsi des grands tributs
que lui payaient les chrétiens d'Asie et les pèlerins de
Jérusalem.

Le moment était donc enfin venu d'entreprendre une
dernière et décisive campagne. Il ne restait plus à conquérir
que la capitale du royaume maure et les plaines et les montagnes qui environnaient Grenade.

Ferdinand et Isabelle se préparèrent pieusement à cette
lutte suprême, et écrivirent au Pape pour obtenir par son
entremise les secours et les prières de la chrétienté. L'œuvre
de tant de héros et de tant de rois, depuis Pélage jusqu'au
Cid, jusqu'à Alphonse et saint Ferdinand, l'œuvre à laquelle
s'étaient consacrés depuis tant de siècles les guerriers d'Aragon,
de Castille, de Navarre, de Léon, de Portugal et de tant
d'autres provinces et royaumes, l'œuvre qui avait fait couler
tant de larmes et verser tant de sang, qui avait tant de fois
ému l'Europe et pour laquelle des chevaliers de toutes les
nations catholiques avaient franchi les Pyrénées, cette œuvre
allait recevoir son couronnement.

IV

Les historiens et les voyageurs nous ont laissé d'admirables descriptions de la ville et des environs de Grenade.

Grenade, dit l'un d'eux, est bâtie sur deux collines séparées par une petite rivière qui coupe et sépare la ville et la plaine par la moitié. Ses remparts, solidement bâtis, étaient flanqués, au temps de Boabdil, par mille trente tours. Il n'y avait que sept portes aux murailles. Il était impossible de la bloquer entièrement en raison du grand nombre d'ouvrages et de fortifications qui la défendaient. La place publique, longue de six cents pieds, large de deux cents, tout entourée de belles maisons de même symétrie et de même architecture, formait son principal ornement.

Deux fortes citadelles défendaient la ville. La plus grande, du côté du Midi, était entourée d'une muraille particulière. C'était l'Alhambra, fondé par Mahomet le Merveilleux et achevé par Joseph Bulhagix en 1346. L'autre citadelle était l'Albaïcin, située au Nord, entre les collines. On comptait alors dans Grenade soixante mille maisons, au dire des ambassadeurs de Jacques II, roi d'Aragon, au concile de Vienne, et deux cent mille habitants, sur lesquels il y avait au moins 50 000 chrétiens renégats et 30 000 chrétiens esclaves. Tous les citoyens de la ville étaient divisés en vingt-trois classes. Les revenus des rois maures tirés de Grenade et de la province entière s'élevaient à 710 000 écus d'or, sans parler des impôts et de la taxe du septième prélevée pour le trésor royal.

Chateaubriand, dans les *Aventures du dernier Abencérage*, fait de Grenade un tableau encore plus enchanteur :

« Grenade, dit-il, est bâtie au pied de la Sierra-Nevada sur deux hautes collines que sépare une profonde vallée. Les maisons placées sur la pente des coteaux, dans cet enfoncement de la vallée, donnent à la ville l'air et la forme d'une grenade entr'ouverte, d'où lui est venu son nom. Deux rivières, le Xénil et le Douro, dont l'un roule des paillettes d'or et l'autre des sables d'argent, lavent le pied des collines, se réunissent et serpentent ensuite au milieu d'une plaine charmante appelée la Véga. Cette plaine, qui domine Grenade, est couverte de vignes, de grenadiers, de figuiers, de mûriers, d'orangers ; elle est entourée par des montagnes d'une forme et d'une couleur admirables. Un ciel enchanté, un air pur et délicieux, portent dans l'âme une langueur secrète dont le voyageur qui ne fait que passer a même de la peine à se défendre. »

Les fortifications élevées par les Maures faisaient passer Grenade pour imprenable.

Vers le Couchant, ses murailles la protégeaient. Au delà étaient la vaste plaine et des campagnes d'une fertilité extraordinaire, arrosées par une foule de petits ruisseaux qui s'échappent des montagnes et leur donnent une perpétuelle fraîcheur. Aussi en toute saison cette plaine est-elle chargée de fleurs ou de fruits. Vers l'Orient, la ville est appuyée sur de hautes montagnes qui se joignent et s'étendent jusqu'aux bords de la Méditerranée, en la mettant à l'abri de toute surprise.

Ajoutons qu'une nombreuse garnison, formée de tous les débris des armées maures, fantassins et cavaliers, défendait la place, et l'on comprendra les difficultés matérielles de l'entreprise que les rois catholiques allaient tenter.

Avant de donner le signal du départ, Ferdinand essaya de la persuasion. Il envoya aux Grenadins et à leur roi Boabdil des ambassadeurs chargés de leur offrir une capitulation honorable s'ils voulaient lui ouvrir leurs portes. Cette seule proposition enflamma le courage des Maures, réveilla leur ardeur et calma leurs querelles intestines. On eût dit que leurs yeux s'étaient ouverts tout à coup et avaient aperçu l'abîme dans lequel ils étaient près de tomber. Les derviches exhortèrent tous les guerriers à prendre leurs armes, tous les habitants à s'unir contre l'ennemi de Mahomet, et Boabdil fit répondre au roi catholique qu'il défendrait sa capitale et ne céderait qu'à la force. Il fit plus : se mettant à la tête de son armée, il s'élança sur le territoire conquis récemment par les Espagnols et reprit et rasa de fond en comble la ville d'Alhendine. Au même moment, le vieux roi Abohardilles, lassé de vivre sous la protection des chrétiens, quittait l'Espagne et retournait pour toujours en Afrique, avec ses trésors. Boabdil restait l'unique maître de son royaume, délivré de tout rival, et relevé aux yeux de ses compatriotes par le fait d'armes qu'il venait d'accomplir.

Isabelle et Ferdinand comprirent qu'il n'y avait plus une minute à perdre en négociations inutiles. Le signal fut donné à Séville. L'armée se forma aussitôt ; les seigneurs accoururent pour combattre sous les yeux du roi, la croisade fut prêchée dans toutes les provinces ; des guerriers étrangers, pleins d'ardeur et de foi chrétienne, accoururent de tous côtés, et, quand tout fut prêt, les croisés se mirent en marche.

Le 22 avril de l'année 1491, l'armée chrétienne saluait de loin les mille trente tours de Grenade la Belle, et campait dans la plaine en face des murailles. Ferdinand avait sous ses ordres cinquante mille hommes de pied et dix mille chevaux ; mais ce qui donnait à son armée une force invincible, c'était la confiance tirée des succès antérieurs, la conviction assurée de la victoire, et l'enthousiasme que communiquait aux chevaliers et aux soldats la pieuse reine, qui passait à cheval, belle et souriante sous son casque d'or relevé, animée d'une foi indomptable, et surexcitée par l'approche du triomphe final. C'était le moment où la reine accueillait dans le camp Christophe Colomb, et plus vaillante, plus confiante que son mari et que les rois d'Angleterre et de France, donnait au grand navigateur chrétien les trois vaisseaux destinés à découvrir de nouveaux mondes et à appeler de nouveaux peuples à la connaissance de la religion. Isabelle la Catholique était le bon génie de l'Espagne. Heureuses les nations qui ont de tels souverains !

Cependant, comme il était à croire que le siège serait long, le camp fut organisé avec le plus grand soin, et l'on éleva en face de Grenade comme une nouvelle ville que la reine baptisa du nom de Santa-Fé. « Les tentes, dit Mariana, étaient divisées par bataillons, avec un ordre merveilleux et une grande commodité, d'espace en espace. Tout le camp ressemblait à une ville propre et bien ordonnée. »

Le roi Ferdinand reprit alors la tactique qui lui avait si bien réussi les années précédentes. Il envoya les généraux, et particulièrement son fils aîné qui faisait alors ses premières armes, avec le marquis de Villena, ravager les montagnes voisines de la ville dans lesquelles se trouvait une population aguerrie qui pouvait à tout instant tomber sur les assiégeants et porter secours à la ville. L'opération réussit mieux encore qu'on ne l'espérait. Le marquis de Villena battit les montagnards, refoula les Maures sortis de Grenade pour l'inquiéter, et pénétra jusqu'aux montagnes les plus reculées, répandant partout l'épouvante. Un parti de cavalerie mauresque qui s'était engagé dans les gorges pour s'opposer au retour des Castillans fut battu à plate couture et contraint de regagner les retranchements.

Quand le fils du roi revint au camp, Ferdinand assembla la

cour, et devant tous les guerriers il arma le jeune prince chevalier et lui donna le baudrier militaire en récompense du courage qu'il avait montré et pour l'engager à mieux faire encore à l'avenir.

Plusieurs expéditions semblables à celle du marquis de Villena furent dirigées de différents côtés pour isoler complètement la ville et la prendre par la famine. On donnait aussi à tous moments de petits combats contre les assiégés qui faisaient des sorties. Les canons, dont les Maures n'avaient pas encore l'usage, épouvantaient l'ennemi et l'obligeaient à se mettre à couvert derrière les remparts. On approcha à la fin les batteries fort près des murailles de la ville, après avoir pris des tours qui servaient de corps de garde aux assiégés.

Un accident faillit un jour tout compromettre. Le feu, ayant pris par hasard dans la tente du roi, causa une grande alarme dans tout le camp. La plupart des tentes, en effet, étaient composées ou couvertes de branchages. Un flambeau que la reine laissa par mégarde dans la tente de son époux y mit le feu qui se répandit tout à coup et enflamma toutes les tentes voisines sans qu'il fût possible d'arrêter l'incendie. Le roi crut d'abord à un piège des Grenadins. Il sortit précipitamment de sa tente, couvert de son bouclier, craignant que les Maures ne profitassent du désordre où était le camp pour faire une vigoureuse sortie. Le duc de Cadix, pour éviter quelque surprise, passa toute la nuit à la tête de la cavalerie du côté par lequel on pouvait attendre les assiégés. Heureusement, ceux-ci ne songèrent pas à profiter de l'incident et, suivant l'expression d'un écrivain, on eut plus de peur que de mal.

Dès le lendemain, l'armée recommençait ses courses

dans les plaines et les montagnes voisines et enfermait entièrement la place dans un cercle de fer.

Ferdinand et Isabelle avaient appelé à Santa-Fé tout
leur conseil, dans lequel on remarquait depuis peu le confes-
seur de la reine, un religieux franciscain, Ximenès, qui devait
devenir si célèbre par la suite. Ce nouveau ministre, d'un
esprit vaste, élevé, aimant l'ordre et la justice, passionnément
épris de la gloire de l'Église et des intérêts des rois catholiques, entra pleinement dans les vues de ses souverains sur
le siège de Grenade et la nécessité d'en finir à jamais avec
la domination musulmane.

C'est avec le cardinal Mendoce, avec Ximenès, Gonzalve
de Cordoue, le duc de Cadix et plusieurs autres grands
ministres et capitaines, que les rois d'Aragon et de Castille
tranchaient toutes les difficultés politiques ou militaires et
correspondaient avec le Saint-Siège et les souverains d'Europe,
attentifs au résultat de la lutte.

Vers l'automne, la faim commença à se faire sentir dans
Grenade où s'étaient réfugiés en grand nombre les habitants
des campagnes. Aussi les Maures, animés par leur désespoir,
firent-ils tous leurs efforts pour amener Ferdinand à accepter
une bataille rangée. Ils sortirent de la ville et employèrent
toutes sortes de ruses pour attirer les chrétiens hors de leurs
retranchements. Mais Ferdinand était trop habile pour tomber
dans le piège, et il était tellement assuré que la famine ne
tarderait pas à obliger les ennemis à se rendre à discrétion
qu'il ne voulut ni répandre le sang de ses soldats ni risquer
le sort d'une bataille.

Il y avait déjà sept ou huit mois que le siège durait et les
Maures ne se rendaient pas. Ils se défendaient toujours avec
courage, sans se rebuter de leurs mauvais succès ni de l'état

déplorable où leur ville était réduite. Ils firent même plusieurs tentatives pour forcer le camp des Espagnols; mais ils furent chaque fois repoussés. Tous leurs guerriers mouraient en vain dans la plaine. C'est ici qu'il faudrait rapporter, si nous ne craignions d'allonger ce récit outre mesure, quelques-uns de ces tournois singuliers qui mirent alors aux prises, dans les vallons de Santa-Fé ou sur les penchants des collines de la Sierra, les plus illustres chevaliers maures et chrétiens. Ces épisodes, ornés par les légendes andalouses, vivent encore dans la mémoire des peuples, et longtemps on montra aux étrangers qui visitaient la ville et les environs de Grenade le vieux pin sous lequel le grand-maître de Calatrava tua le valeureux Abayados, qui reçut à la fois la mort et le baptême de la main de son vainqueur, et le frêne énorme aux branches duquel les chevaliers victorieux attachaient les armes de leurs ennemis vaincus.

A la fin, Boabdil, ayant perdu toute espérance, voyant ses plus vaillants chevaliers morts et le peuple horriblement tourmenté par la faim, convaincu qu'une plus longue résistance ne ferait qu'irriter davantage le vainqueur sans amener aucun résultat utile, demanda à capituler et envoya des ambassadeurs à Ferdinand et à Isabelle. Les rois catholiques allaient enfin recueillir le fruit de leur persévérance et de leur énergie.

La négociation fut longue. Elle dura près de deux mois.

Il fut enfin réglé de part et d'autre que le roi et les habitants de Grenade remettraient la ville aux rois de Castille et d'Aragon, avec la forteresse de l'Alhambra, et qu'à l'avenir les Maures répandus dans toute l'étendue du royaume d'Espagne ne reconnaîtraient point d'autres souverains que la reine Isabelle et ses successeurs. Pour sûreté de cette convention, cinq cents personnes choisies entre les enfants et les frères

des notables de Grenade devaient être remises aux mains de
Ferdinand et d'Isabelle jusqu'à la prise de possession de la
ville et des forteresses.

En retour, les rois catholiques s'engageaient, tant pour

LE GÉNÉRALIF, A GRENADE

Fameux jardin que l'on distingue sur une montagne, en sortant de l'Alhambra. Dans ce jardin,
l'on voyait un palais où les rois de Grenade venaient passer le printemps. Il était bâti dans le même
genre que l'Alhambra.

eux que pour leurs successeurs, à protéger les Maures et leurs
descendants, à les traiter comme les autres Espagnols, à les
juger selon les règles de la justice ordinaire, à leur laisser
la libre jouissance de leurs biens, privilèges et libertés. Ceux
qui ne voudraient pas rester en Espagne, après le renverse-

ment de leur patrie, furent d'avance autorisés à repasser la mer avec tous leurs meubles, et Ferdinand et Isabelle promirent de leur fournir des vaisseaux pour la traversée.

On refusa à Boabdil le droit de porter à l'avenir le titre de roi, quoique le comte de Tendilla le lui eût offert auparavant, s'il eût voulu rendre Grenade sans résistance. C'était un juste châtiment de la lâcheté de ce prince, et en même temps une sage mesure pour enlever tout point de ralliement aux Maures dont les révoltes ultérieures montrèrent que, s'ils avaient accepté la capitulation, ils n'avaient pas arraché de leur cœur la haine du nom chrétien. On obligea aussi le roi maure à remettre en liberté tous les captifs chrétiens qui étaient à Grenade et à livrer tous les canons et instruments de guerre, mais on promit aux habitants qu'ils pratiqueraient librement leur religion à charge de vivre en paix, et jouiraient pendant trois ans de la remise de la plus grande partie des impôts.

Quand ce projet de capitulation fut connu, il excita à Grenade la fureur d'une partie de la garnison qui voulait s'ensevelir sous les ruines de la patrie, ou tout au moins combattre jusqu'au dernier jour. Un Maure fanatique souleva la population, en lui disant que les promesses des rois catholiques étaient autant de mensonges, et Boabdil, épouvanté, s'enferma dans l'Alhambra. Mais dès le lendemain les Maures firent réflexion qu'ils ne pouvaient plus rien contre leur destinée, qu'il valait mieux accepter des conditions honorables que de se rendre à discrétion et de subir les horreurs d'un pillage inévitable, et le tumulte s'apaisa. Boabdil écrivit aussitôt à Ferdinand des lettres pressantes, en l'informant de ce qui venait d'arriver et en l'engageant à user de diligence pour s'emparer dès le lendemain de la forteresse. Il lui envoyait

en même temps un sabre enrichi de pierreries, et deux
magnifiques chevaux avec leurs harnais mauresques.

V

Les lettres du roi maure furent remises à Ferdinand et à
Isabelle le 1er janvier 1492. Joyeuses étrennes pour l'Espagne et
pour la chrétienté! La domination maure allait prendre fin, l'Espagne était affranchie, la Croix rayonnait sur toute la péninsule!

Il est aisé, dit Mariana, de juger la joie que ressentit Ferdinand à cette lecture, en apprenant une nouvelle aussi agréable
qui finissait les inquiétudes et les travaux de la guerre, et le
rendait maître d'un grand royaume que les barbares possédaient
depuis tant de siècles! On disposa en diligence tout ce qui
était nécessaire pour la cérémonie du lendemain. La cour était
alors en deuil pour la mort du roi de Portugal; mais on le quitta
pour prendre des habits magnifiques et conformes à la joie
d'une telle fête. Toute l'armée fut rangée en bataille comme
pour aller au combat, et elle prit sa marche vers la citadelle et
la ville; la reine et les princes ses enfants suivaient à une distance raisonnable. Tous les courtisans, vêtus d'habits brodés
d'or et de soie, étalaient en grande pompe la magnificence et
le luxe de Castille.

Lorsque le roi Ferdinand, à la tête de son armée, approcha de la citadelle, Boabdil en sortit pour venir au-devant
de lui, accompagné de cinquante cavaliers. Il descendit de
cheval et voulut baiser la main du roi, qui le refusa par
égard pour l'infortune. La tristesse était répandue sur le
visage du prince maure qui songeait à la situation présente
de sa fortune et qui dit en peu de mots à Ferdinand : « Grand
roi, nous sommes maintenant assujettis à votre domination,

nous vous abandonnons la ville avec le reste du royaume, nous espérons que vous nous traiterez avec douceur et modération. » Boabdil remit alors les clefs de la ville à Ferdinand, qui les donna à la reine, et la reine au prince son fils, qui les remit à son tour entre les mains du comte de Tendilla, nommé gouverneur des troupes destinées à la garde du royaume de Grenade. Ces préliminaires terminés, Ferdinand et Isabelle franchirent les portes et entrèrent à l'Alhambra avec une nombreuse cavalerie, suivis d'un grand cortège de seigneurs et d'un grand nombre d'ecclésiastiques, parmi lesquels on distinguait les archevêques de Tolède et de Séville et plusieurs autres prélats, le grand-maître de Saint-Jacques, le duc de Cadix et surtout Fernand de Talahora, évêque d'Avila, désigné pour être archevêque de Grenade.

On récita d'abord les prières accoutumées pour rendre à Dieu de très humbles actions de grâces de cette grande conquête; puis on plaça sur le haut du donjon la croix que l'archevêque de Tolède portait à la main avec deux étendards, l'un royal, l'autre de Saint-Jacques. A cette vue, l'armée entière poussa de grands cris de joie et le clergé entonna le *Te Deum* pendant lequel le roi, humblement, à genoux, remerciait Dieu qui s'était servi de lui pour ôter un royaume chrétien des mains et de la tyrannie des infidèles et pour relever en Espagne le nom chrétien. La croix fut ensuite arborée dans tous les lieux où était auparavant le croissant.

Après la cérémonie, tous les seigneurs de la cour vinrent se présenter devant le roi pour le féliciter de sa conquête. Ils lui baisèrent la main, chacun à son rang, un genou en terre. Le même honneur fut rendu à la reine et au prince, son fils. Un grand repas eut lieu ensuite et, le soir, les rois catholiques reprirent le chemin du camp.

Le même jour, cinq cents prisonniers furent délivrés sans
rançon et vinrent remercier Ferdinand de la liberté qu'il leur
avait procurée, en le louant des grandes choses qu'il venait de
faire pour la religion et la patrie, et en l'appelant le restau-
rateur de l'Espagne dont il avait humilié les ennemis en se
couvrant lui-même d'une gloire immortelle.

Ferdinand, toutefois, ne jugea pas à propos d'entrer dans la
ville de Grenade avant de pouvoir le faire en toute sûreté. On
prit donc possession tout d'abord des portes, des tours, des
bastions, des grandes places, et l'on mit partout des corps de
garde. Enfin, le 6 janvier 1492, le roi, la reine, les princes, les
grands et toute la cour entrèrent dans la ville de Grenade avec
le même ordre et la même pompe qu'à l'Alhambra. L'armée
tout entière se rendit d'abord à l'église que l'on avait puri-
fiée et disposée pour la circonstance, afin de rendre à Dieu de
solennelles actions de grâces pour tant de victoires remportées
par l'assistance divine. Ferdinand et Isabelle, ajoute Mariana,
parurent en cette espèce de triomphe plus augustes et plus
brillants que jamais, dans le fort de leur âge, après avoir ter-
miné avec tant de gloire une guerre si longue et si difficile qui
augmentait leurs États d'un nouveau royaume.

Ce fut une joie universelle dans toute l'Espagne de voir
l'impiété bannie et la véritable religion restaurée comme elle
était avant l'usurpation des Maures. Tous les royaumes chrétiens prirent part à cette conquête et en firent des feux de joie.
Les princes de l'Europe envoyèrent leurs ambassadeurs féliciter les rois de Castille et d'Aragon et aussi le souverain pontife Innocent VIII qui avait tant fait pour le succès de cette
longue croisade. Les provinces d'Espagne firent de grandes
réjouissances, des fêtes et des tournois, et donnèrent des jeux
et des spectacles. Les hommes et les femmes de tout âge

et de toute condition allaient en foule dans les églises faire des offrandes en actions de grâces et remercier Dieu de cette grande victoire, surtout dans l'église de Saint-Jacques, où l'on fit un éloquent panégyrique des rois de Castille et d'Aragon. C'étaient là les saintes joies de nos pères, joies pures de tout mélange, qui exaltaient l'âme et la rapprochaient de Dieu en même temps qu'elles réjouissaient les yeux.

Et Boabdil? Que devint ce roi lâche et hypocrite? Ferdinand lui avait donné la vallée de Purchena, située dans le royaume de Murcie, avec une pension considérable. Mais bientôt, poursuivi de remords et ne pouvant plus vivre sur les lieux où avaient régné ses ancêtres, le dernier des Abencérages repassa en Afrique.

En quelques lignes, Chateaubriand a rendu cette scène dramatique : « Lorsque Boabdil, dernier roi de Grenade, fut obligé d'abandonner le royaume de ses pères, il s'arrêta au sommet du mont Padul. De ce lieu élevé, on découvrait la mer où l'infortuné monarque allait s'embarquer pour l'Afrique ; on apercevait aussi Grenade, la Véga et le Xénil, au bord duquel s'élevaient les tentes de Ferdinand et d'Isabelle. A la vue de ce beau pays et des cyprès qui marquaient encore çà et là les tombeaux des musulmans, Boabdil se prit à verser des larmes. La sultane Aïxa, sa mère, qui l'accompagnait dans son exil, avec les grands qui composaient jadis sa cour, lui dit: « Pleure maintenant comme une femme un royaume que tu « n'as pas su défendre comme un homme. » Ils descendirent de la montagne, et Grenade disparut à leurs yeux pour toujours! »

Bataille de Lépante, 1571. — D'après une gravure italienne du temps.

CHAPITRE VIII

BATAILLE DE LÉPANTE

I

L'aigle et ses aiglons.
Tiré des *OEuvres du Bienheureux François de Sales.*
Paris, Sébastien Huré, 1652.

E 7 octobre 1571, à cinq heures du soir, le pape saint Pie V travaillait au Vatican. Plusieurs prélats l'entouraient. Le trésorier Bussoti lui soumettait un travail important. Tout à coup, Pie V lui impose silence de la main, se lève, va à la fenêtre, l'ouvre, et reste quelques minutes, les yeux fixés vers un coin du ciel, dans une muette et profonde contempla-tion. Les assistants le regardaient avec surprise : son visage et son attitude dénotaient une vive émotion. Puis, se retournant, transporté, il s'écrie : « Ne parlons plus d'affaires, ce n'en est pas le temps. Courons rendre grâces à Dieu dans son église, notre armée remporte la victoire ! »

Ces mots à peine achevés, il congédia les assistants et se précipita, les yeux baignés de larmes, à genoux dans son oratoire.

Les prélats et le trésorier, témoins de ce fait extraordinaire, allèrent aussitôt le confier aux cardinaux. Tous ensemble notèrent le jour et l'heure de la vision.

C'étaient bien le jour et l'heure où, dans les eaux de Lépante, triomphait la chrétienté.

II

La journée de Lépante est une des plus glorieuses pages de l'histoire du christianisme. Qu'une telle victoire ait pu être préparée par les soins de la Papauté et gagnée par la flotte chrétienne en 1571, alors que l'ancien empire d'Orient appartenait tout entier au Croissant et qu'en Occident l'hérésie protestante avait mis l'Europe en feu, détaché de l'unité catholique la moitié de l'Allemagne, le Danemark, la Suède, la Norvège, l'Angleterre et la Suisse, déchaîné sur la France les horreurs de la guerre civile et enlevé aux princes demeurés fidèles à la vraie religion tout souci autre que celui de sauvegarder l'ordre dans leurs États, c'est un fait qui tient du prodige, et un événement dans lequel se manifeste au plus haut point la merveilleuse assistance de Dieu.

Lorsqu'au milieu du seizième siècle, les soldats de Soliman et de Sélim, appelés par Luther, et connaissant les déplorables discordes qui avaient divisé la famille chrétienne et isolé cette Papauté qui leur avait barré le chemin à Poitiers, en Syrie et en Espagne, s'élançaient de Constantinople sur l'Europe, par les chemins de la Hongrie ou par les voies de Rhodes et de Chypre, ils croyaient aller à une victoire certaine et tout semblait en effet leur promettre le succès. Interrogeant l'horizon du regard, Soliman disait : « Le monde est à moi! » Mais il avait compté sans la sentinelle du Vatican, et les événements devaient bientôt montrer au farouche conquérant que le monde est et reste à Dieu.

On comprend toutefois l'illusion des sultans, lorsqu'on suit leurs progrès et leurs conquête en Asie Mineure et en Europe. Les deux premières branches du tronc musulman, celle des Arabes et celle des Maures, avaient été tranchées par Charles Martel, Charlemagne, Alphonse, et Ferdinand le Catholique; mais la troisième, celle des Turcs, avait grandi en Orient et pris de redoutables proportions depuis le jour où Mahomet II était entré, victorieux, dans la ville de Constantin, le 29 mai 1453. A partir de cette fatale époque, le monde musulman avait été constitué dans sa formidable unité, avec ses souverains héréditaires et absolus, sa capitale, ses provinces, sa flotte et son armée, et plus de quatre siècles de guerres et de massacres n'ont pu avoir raison de ces barbares campés sur le sol européen.

Aujourd'hui même, qu'il suffirait d'un coup d'épaule pour chasser les Turcs du Bosphore, les nations chrétiennes semblent craindre de les toucher, et les convulsions de l'Islam en Égypte, au Soudan ou en Asie, préoccupent encore et souvent effrayent la diplomatie occidentale! Que devait-on penser au quinzième siècle, lorsque les nouveaux maîtres de Constantinople montaient vers l'Allemagne par les plaines du Danube, avec des armées de deux cent mille hommes, ou couvraient la Méditerranée de leurs vaisseaux et de leurs pirates? Si Dieu n'avait pas prêté son secours à la chrétienté; s'il n'avait pas donné une force merveilleuse à la croix de Capistran et aux épées d'Hunyade, de Mathias Corvin et de Scanderberg; s'il n'avait pas confié au peuple hongrois, au royaume de Saint-Étienne et de Ladislas le Saint une mission providentielle pour servir de rempart aux nations chrétiennes, où donc l'Europe eût-elle trouvé des bataillons assez nombreux pour repousser les hordes musulmanes ? Le rationalisme historique raconte les exploits des héros chrétiens et les victoires d'une poignée d'hommes contre une foule, sans cesse renouvelée, de barbares fanatiques; mais il serait bien en peine de les expliquer, car ici ce n'est pas la force qu'on voit triompher, mais la faiblesse. C'est aux écrivains catholiques qu'il appartient de mettre en relief, dans ces héroïques récits, l'action providentielle et le rôle tutélaire de la Papauté.

Les successeurs de Mahomet, Bajazet et Soliman, accrurent encore les forces de l'empire turc, en l'augmentant de nouvelles provinces et en écrasant la Hongrie à la fatale journée de Mohacs en 1526; après la conquête de la Grèce, les Janissaires n'attendaient plus qu'une occasion pour se jeter sur l'Italie et venger enfin les désastres du Croissant dans les plaines de Poitiers et de l'Andalousie.

Cette occasion semblait être propice sous le règne de Sélim II, fils de Soliman, en l'année 1570.

A cette époque, en effet, les princes chrétiens semblaient tous hors d'état de se liguer contre les Turcs. L'empereur d'Allemagne, Maximilien, ne songeait qu'à réparer les désastres causés en Hongrie par les victoires de Soliman, et ne devait pas facilement rompre la trêve qu'il avait conclue avec Sélim. Le roi de Pologne, Sigismond, vieillissait et ne voulait plus porter les armes. Le roi de France était trop jeune et trop occupé à lutter contre les protestants. L'Angleterre et les États du Nord étaient gagnés à l'hérésie; le roi d'Espagne, Philippe II, était préoccupé des Pays-Bas ; Venise, dont les

LE PAPE SAINT PIE V

Qui fit alliance avec l'Espagne et Venise contre les Turcs et prépara la victoire de Lépante.
D'après une gravure italienne du temps.

Turcs redoutaient la puissance, souffrait d'une affreuse disette qui avait désolé les côtes de l'Adriatique; le Pape enfin, le Pape lui-même, paraissait devoir uniquement chercher à garder à l'Église les nations d'Occident, sans songer désormais aux invasions musulmanes. D'un autre côté, les anciens soldats de Soliman murmuraient de leur inaction, et menaçaient de se soulever contre Mohamed, le grand-vizir, et contre les généraux Piali et Mustapha, favoris du sultan, qui jadis les avaient conduits à la victoire et maintenant livraient le Grand-Seigneur aux séductions du luxe et de la débauche. Sélim comprit qu'il fallait combattre pour éviter une révolte, et, après de longues hésitations, se détermina à attaquer l'île de Chypre. L'étendard du Prophète fut déployé !

A cette nouvelle, Venise fut terrifiée. L'île de Chypre, qui lui appartenait depuis un siècle, était une de ses plus riches possessions. On ne pouvait douter, d'ailleurs, que la prise de l'île ne fût suivie à bref délai d'une tentative des musulmans sur les rives de l'Adriatique. Le vieux doge Loredano venait de mourir dans sa quatre-vingt-dixième année. Les quarante magistrats s'enfermèrent dans le palais Saint-Marc et, à l'unanimité, élurent Mocenigo, homme énergique, qui parut le plus propre à sauver la patrie.

En même temps un exprès fut expédié au Pape. Même affaiblie par l'ingratitude et l'abandon des États hérétiques, la Papauté semblait encore le palladium des nations en péril. Pie V n'hésita pas. Sans oublier les autres soins qui réclamaient son action en France, en Allemagne et aux Pays-Bas, il convoqua aussitôt le sacré-collège et lui communiqua la nouvelle qu'il venait de recevoir. Les cardinaux ne se dissimulèrent pas l'imminence du danger, et l'assemblée entière supplia le

Souverain Pontife de pourvoir, s'il était possible, au salut de la chrétienté.

Sans perdre un instant, Pie V écrivit à tous les princes chrétiens pour leur signaler le péril que courait l'Europe et les engager à former immédiatement une ligue contre l'ennemi commun. Sa lettre au roi d'Espagne est admirable : « Mon cher fils, lui disait-il, nous prions instamment Votre Majesté de se liguer avec tous les princes chrétiens pour combattre le plus implacable et le plus cruel ennemi du nom de Jésus-Christ... Les autres rois se rendront à vos sollicitations, suivront votre exemple et regarderont tous le danger commun où la république chrétienne est exposée comme un danger qui leur serait particulier. Nous seconderons vos saintes intentions avec joie, et nous épuiserons la Chambre apostolique... Pendant qu'on fera entrer les princes dans cette ligue, et qu'on lèvera des soldats, nous conjurons Votre Majesté, par les entrailles de la miséricorde de Dieu, de faire incessamment mettre en mer la plus puissante flotte qu'elle pourra équiper pour l'envoyer en Sicile. La grandeur du péril dont toute la chrétienté est menacée et la conservation de vos propres États doivent vous y porter. »

Philippe II entra pleinement dans les vues du Souverain Pontife, et donna ordre à André Doria de conduire sur les côtes de Sicile cinquante galères espagnoles. Déjà, depuis le mois de juin, l'escadre vénitienne était à Messine sous le commandement de Zane. Afin de joindre l'exemple à ses exhortations, Pie V arma douze galères et les confia à un capitaine renommé, Marc-Antoine Colonna. Les trois flottes appareillèrent le 25 août et firent voile vers Candie. Là, une maladie contagieuse se déclara à bord et entrava les opérations.

Bientôt la division s'établit entre les généraux. Zane voulait partir sans délai. Doria, soit jalousie, soit prudence excessive, préférait hiverner dans quelque port, pour commencer au printemps les opérations navales. Colonna obtint que la flotte chrétienne irait au moins jusqu'à Castel-Rugio, placé à moitié chemin entre Candie et Chypre. Là, on apprit avec stupeur les succès des Turcs, la prise de Nicosie et la reddition de l'île à l'exception de Famagouste qui tenait encore, défendue par une poignée de héros. Doria déclara aussitôt que la campagne était manquée, qu'il ne compromettrait pas en une pareille saison les vaisseaux du roi, et il ramena ses galères en Sicile. Zane et Colonna, livrés à leurs seules forces, ne pouvaient plus rien faire. On battit en retraite; tout semblait perdu.

A cette nouvelle, la douleur du Saint-Père fut extrême. Tout autre que Pie V eût lâché prise en face de tant de difficultés, et les côtes de l'Adriatique eussent été ouvertes aux Turcs. Les événements de l'île de Chypre n'étaient pas, en effet, de nature à relever les espérances des catholiques. La flotte ottomane était venue mouiller à Limisso, le 1ᵉʳ juillet 1570: les généraux de Sélim, Piali et Mustapha, avaient aussitôt attaqué les deux villes les plus importantes, Nicosie, la capitale, et Famagouste, place maritime entourée d'ouvrages considérables. Après une héroïque défense, Nicosie avait été prise, le 8 septembre, et la population égorgée. « Huit jours entiers, dit Gratiani, se consumèrent à épuiser la rage des vainqueurs contre les vaincus et à transporter les dépouilles dans le camp des barbares. » Les Turcs concentrèrent ensuite toutes leurs forces contre Famagouste, et, profitant des divisions de la flotte chrétienne, s'emparèrent de la ville après onze mois d'une défense aussi opiniâtre que l'attaque. Bragadini, l'héroïque commandant, fut mutilé et écorché vif; sa peau fut remplie de paille, et Mustapha la fit attacher à une antenne de vaisseau. Plus tard, cette glorieuse dépouille fut rendue à Venise et déposée dans une urne du panthéon de San Giovanni. Tous les habi-

DON JUAN D'AUTRICHE
TENANT LA HACHE D'ABORDAGE EN SOUVENIR DE LA BATAILLE DE LÉPANTE
D'après un tableau attribué à Alonso Sanchez Coello, peintre portugais, et appartenant
à M. Carderera, à Madrid. Fin du xvie siècle.

tants de Famagouste furent chargés de chaînes. Du même coup Corcyre, Candie, Zante, Cerigo et Céphalonie tombèrent sous le joug musulman; les chrétiens, désespérés, n'attendant plus rien de l'Europe, tournèrent leurs regards vers le ciel, et le sultan put croire que ses généraux porteraient bientôt à Malte, en Sicile et jusqu'à Rome l'étendard du Prophète.

Mais, pendant ce temps, la Papauté agissait. Pie V arrêtait le découragement, Pie V relevait les espérances, Pie V exhortait à nouveau Philippe et les princes chrétiens, Pie V enfin formait la ligue catholique qui devait sauver l'Europe.

On peut juger des obstacles qui se dressaient devant ses projets lorsqu'on sait qu'à la même heure le roi d'Espagne était aux prises avec une révolte des Maures et une sédition dans les Pays-Bas, et redoutait le voisinage des huguenots frança's qui mettaient à feu et à sang la patrie de saint Louis. Cependant Philippe sut élever son cœur à la hauteur des événements; il comprit le rôle glorieux que Dieu lui offrait, et il écrivit au Pape qu'il était prêt à entrer dans la ligue et à donner à nouveau une armée et des vaisseaux La joie du Souverain Pontife fut grande à cette nouvelle. Il fit aussitôt prévenir le Sénat de Venise, et, le 25 mai 1571, il signa de concert avec les ambassadeurs espagnols et vénitiens le fameux traité d'alliance dont l'article premier était ainsi conçu :

« Article premier. Le pape Pie V, Philippe II, roi d'Espagne, et la république de Venise, déclarent une guerre offensive et défensive aux Turcs pour recouvrer toutes les places que ceux-ci ont usurpées sur les chrétiens, même celles de Tunis, d'Alger et de Tripoli. »

Le jour même où les ratifications furent échangées, Pie V voulut célébrer la messe au Vatican, devant les ambassadeurs. Du pied de l'autel, il annonça lui-même au peuple la conclusion authentique de la sainte ligue, les prières des quarante heures furent ordonnées, et un jubilé universel fut prescrit pour attirer sur les soldats du Christ la protection du Dieu des armées.

C'est ainsi que la papauté préludait au triomphe de Lépante.

III

Restait à choisir un chef.

Cette question était presque aussi grave que celle des négociations qui avaient précédé le traité d'alliance. La campagne de 1570 avait échoué par suite de la rivalité des généraux : il ne fallait pas que celle de 1571 rencontrât le même obstacle. L'unité dans le commandement était nécessaire. Venise et l'Espagne déférèrent la nomination au Souverain Pontife, et Pie V comprit que le succès de la sainte entreprise allait dépendre de son choix.

Après avoir longtemps prié, il songea d'abord à nommer généralissime le duc d'Anjou, frère de Charles IX, dans l'espoir que la France, flattée par cette nomination, joindrait ses forces à celles de la Chrétienté. Mais le duc d'Anjou, dont les desseins tendaient ailleurs et qui n'avait rien d'élevé ni de généreux dans l'esprit, refusa l'offre du Pape. Pie V pensa alors au duc Emmanuel-Philibert de Savoie, pieux et grand capitaine; mais Venise prit de l'alarme parce que l'un des ancêtres du duc avait eu des droits au royaume de Chypre, et le Souverain Pontife, ne voulant pas prolonger l'attente, nomma don Juan d'Autriche, fils naturel de Charles-Quint, déjà célèbre par sa valeur et sa sagesse, seul et unique chef des armées de terre et de mer.

Don Juan quitta aussitôt l'Espagne, fit un court séjour à Gênes et arriva à Messine où il fut accueilli par les acclamations unanimes des flottes et des armées confédérées. Pie V lui avait fait recommander une extrême diligence : « Que Son Altesse se souvienne perpétuellement, avait-il dit, de la cause qu'elle est chargée de défendre, et se tienne assurée de la

victoire, car je la lui promets, de la part de Dieu ! » Quand
Marc-Antoine Colonna et ses officiers vinrent demander, au
moment du départ, la bénédiction pontificale, le saint Pontife
les accueillit avec les mêmes paroles d'espérance :

« Allez, leur dit-il, allez, au nom du Christ, combattre son
ennemi; vous vaincrez! »

Il leur remit en même temps, pour le général en chef,
le pavillon pontifical, et quand la flotte fut prête à appareiller,
Odelcaschi, nonce du Saint-Siège, ordonna un jeûne de trois
jours, publia, au nom du Saint-Père, une indulgence plénière
en forme de jubilé, distribua parmi les soldats des *Agnus
Dei* bénis par Pie V, et admit les soldats à une communion
générale où les précédèrent leurs officiers.

C'était donc bien l'armée de Dieu qui, forte des bénédictions pontificales, marchait au-devant des Turcs.

Le 15 septembre 1571, la flotte chrétienne leva l'ancre
et se dirigea vers l'Orient.

Nulle pompe n'était comparable, disent les auteurs contemporains et l'historien de saint Pie V, M. le comte de Falloux,
au spectacle de cette innombrable armée quand elle s'élança du
port, sous les rayons du soleil de Sicile, aux plus favorables
jours de l'automne. Toutes les grandes maisons d'Espagne et
d'Italie avaient, en effet, fourni des volontaires à cette expédition, et en prêtant un éclat infini au cortège du jeune capitaine,
redoublaient l'espérance et l'ardeur du soldat. Alexandre
Farnèse, le duc d'Urbino, le duc de Zaragola, Jean, Paul,
Horace et Virgile Orsini, Antoine Caraffa, les Sforzia, qui
avaient récemment quitté la France; Honoré Gaëtani, petit-
neveu de Boniface VIII; Marie de la Rovère, petit-neveu de
Jules II; un Bonelli, frère du cardinal Alexandrin, neveu
de Pie V, ne se distinguaient par aucun titre dans l'armée

et ne voulaient être signalés que par le pur zèle de la
Croix.

La flotte était divisée en quatre escadres. Don Juan commandait le gros de l'armée porté à soixante-dix galères;
André Doria conduisait l'aile droite, composée de cinquante-
quatre galères; Venieri l'aile gauche, formée d'un même
nombre de bâtiments vénitiens; Marc-Antoine Colonna montait la générale du Pape, soutenue par la capitane de Savoie,
que commandait le comte de Ligny. La capitane de Malte
et la capitanesse du grand-commandeur de Castille étaient
montées par Pierre Justiniani et par Louis de Requescens.
Jean de Cardone, à la tête de dix galères, se détacha pour
aller découvrir l'ennemi.

Après quelques démêlés apaisés par le sang-froid du généralissime, la flotte des confédérés parvint en vue des côtes de
la Morée.

Les Turcs avaient été avertis de l'approche des chrétiens,
mais ils avaient refusé d'y croire et ils eurent à peine le temps
de faire les préparatifs nécessaires. La rencontre eut lieu à la
hauteur des îles Cursolari, non loin du rocher de Leucade et
du cap d'Actium. Don Juan, reconnaissant l'ennemi, donna
aussitôt l'ordre de la bataille et disposa sa flotte en quatre corps
séparés. Il se réserva le premier poste au centre, étendit son
aile droite vers la mer, et sa gauche vers les côtes. C'était l'ordre
en croissant, généralement adopté à cette époque pour les
batailles navales.

La flotte turque, plus nombreuse que la flotte chrétienne,
contenait deux cent vingt-deux galères, trente galions, dix-sept
cents canons, trente-quatre mille soldats, treize mille rameurs
et quarante et un mille galériens, en tout environ quatre-
vingt-dix mille hommes. La flotte chrétienne comptait deux

cent sept galères, trente naves, six galiotes, dix-huit cents canons, vingt-huit mille soldats, douze mille marins et quarante-trois mille rameurs, soit environ quatre-vingt-cinq mille hommes.

C'était le 7 octobre 1571, jour mémorable qui doit rester gravé dans la mémoire de tous les enfants de l'Église.

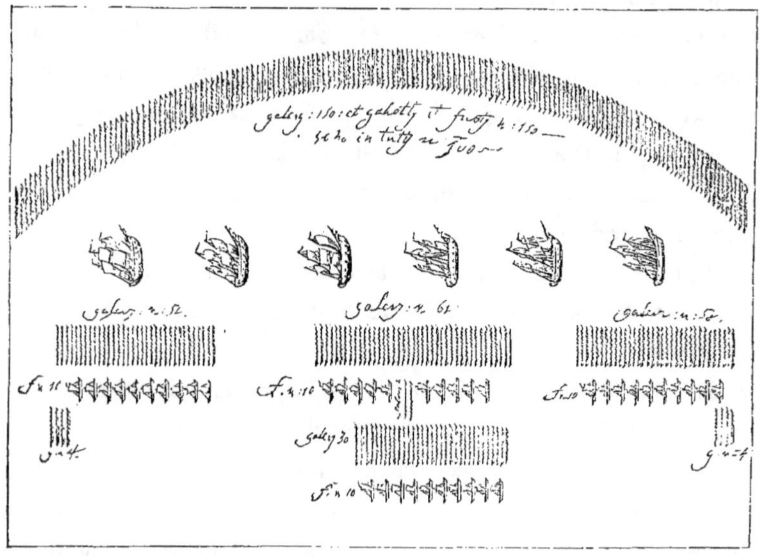

PLAN DE LA BATAILLE NAVALE DE LÉPANTE

D'après le dessin tracé de la main de don Juan, conservé aux archives de Simancas, en Espagne.

Quand les préparatifs furent achevés, dit l'historien de saint Pie V, don Juan arbora l'étendard donné par le Saint-Père. L'image révérée de Notre-Seigneur Jésus-Christ ne fut pas sitôt déployée, que d'unanimes cris d'amour la saluèrent sur toute la ligne. Don Juan, prenant alors à ses côtés Requescens et Cardone, descendit du vaisseau-amiral sur une chaloupe et alla de galère en galère, surveillant l'exécution de ses ordres, stimulant les uns du geste, les autres de la voix, et augurant partout sur son passage de l'élan victorieux de l'armée par les acclamations des combattants. De retour au milieu de son équipage, don Juan s'agenouilla devant l'étendard sacré et appela, avec les expressions de la plus profonde humilité, la faveur de Dieu sur les valeureuses milices dévouées à l'honneur de son saint nom. Dans le même temps les religieux, placés en tête des navires, donnèrent le signal de la prière. D'un seul coup d'œil on put voir d'innombrables rangs de soldats prosternés à la face des infidèles, attachant leurs regards sur le crucifix, demandant pieusement que le pardon de leurs péchés précédât la gloire de leur mort; puis chacun, pénétré de la pensée qu'il tenait dans ses mains la délivrance de la Grèce et le salut de la patrie, se releva pour ne songer qu'à l'ennemi.

L'armée ottomane n'avait plus à sa tête Mustapha et Piali : le premier était allé se glorifier lui-même près de Sélim du sac de Nicosie, et Piali, devenu gendre du sultan, n'avait pu supporter l'ennui d'une longue absence de Constantinople. Hali-Pacha et Pertau, qui les remplaçaient, modelèrent l'ordonnance de leur flotte sur celle de la flotte chrétienne. Un vent favorable, qui les avait secondés d'abord, passa avant l'engagement du côté des chrétiens : préjudice notable pour les barbares, gage précieux de la bienveillance divine envers nos soldats, dont le zèle s'enflamma d'un surcroît de reconnaissance.

Hali prétendit à l'honneur d'ouvrir la lice, et fit tirer le premier, de son bord, une énorme pièce d'artillerie. Don Juan lui répondit par un coup de canon tiré de sa capitane. Les Turcs alors, remplissant l'air de hurlements sauvages auxquels se joignait le bruit discordant de leur musique militaire, heurtèrent les galères de Malte qui s'offraient à leur front. Bientôt la lutte devint générale; la fumée environna les combattants, et la confusion inséparable d'une si gigantesque mêlée enveloppa cette première action dans une sorte d'étourdissement et de ténèbres.

Cependant, grâce aux précautions du généralissime, ce désordre ne fut qu'apparent du côté des chrétiens et ne compromit pas leurs avantages.

Bientôt on s'aperçut qu'un certain nombre de galères ottomanes, voulant prendre le dessus de notre aile gauche, s'étaient approchées trop près de terre et couraient le risque de s'y briser. Siroch voulut se détacher de l'aile droite des Ottomans pour leur porter secours ; mais des galères vénitiennes lui barrèrent passage et le chargèrent en flanc avec une extrême vigueur. La retraite de Siroch, à la vue des deux corps d'armée, commença par abaisser l'orgueil des infidèles et anima dans la même proportion la chaleur des confédérés, qui, dédaignant l'artillerie dont ils s'étaient servis jusque-là, abordèrent les Turcs à coups de mousquet.

L'usage existait encore à cette époque de n'employer que des forçats à tenir la rame des galères, et don Juan leur avait promis la liberté s'il remportait la victoire. Il fit rompre leurs chaînes dès que les vaisseaux furent assez rapprochés pour rendre inutile toute autre manœuvre que l'abordage, et ceux-ci, dans la première ivresse de l'affranchissement, sautèrent, sans rien redouter, dans les galères ennemies. Ils y portèrent un tel ravage que don Juan, à l'accomplissement de sa parole, joignit ensuite de généreuses récompenses. Les Ottomans recoururent au même expédient ; mais leurs esclaves étaient entremêlés de chrétiens, qui, regardant les auteurs de leur servitude comme leurs seuls ennemis, ne se saisirent des armes qu'on leur présentait que pour les décharger contre leurs maîtres. Plusieurs galères périrent par le désespoir même de ceux qu'on y avait amassés, et la guerre intestine mêlait encore sa fureur au carnage universel.

Colonna, Venieri et l'escadre espagnole se battaient à l'aile droite, vers la pleine mer, avec le même acharnement. Don Juan, entouré de quatre cents hommes du régiment de Sardaigne et de l'élite des gentilshommes volontaires, s'attacha au bâtiment d'Hali, que montaient à ses côtés les formidables janissaires, et qui bientôt ne cherchèrent qu'à fuir, comme le jeune prince ne cherchait qu'à vaincre. Les Turcs avaient commencé la journée gonflés de présomption et de jactance. Leur première attaque avait été terrible; mais bientôt l'étonnement ralentit leur ardeur et le découragement s'empara des chefs, qui mesurèrent promptement de quel invincible esprit étaient animés ces nouveaux adversaires. Pertau, l'un des amiraux les plus accrédités parmi les Ottomans, se mit à maudire tout haut sa témérité et, en moins de trois heures, l'issue ne fut plus douteuse, quoique l'effort des combattants ne touchât point encore à son terme.

Notre aile gauche avait tourné son premier succès en une supériorité décisive. Siroch périt sur sa galère qui coulait bas, et cette perte jeta la consternation dans toute cette partie de la flotte ottomane. Hali était mort d'un coup de mousquet, et les Espagnols, maîtres de sa galère, en arrachèrent l'étendard du commandement pour l'arborer en trophée au-dessous de la bannière de don Juan. Luchiali, chef de corsaires, en vint aux prises avec Doria et lui coula cinq galères; les armes chrétiennes furent longtemps tenues en échec sur ce seul point. Il fit courir même un péril évident au capitaine génois qui, par une fausse manœuvre, s'était encore isolé de ses compagnons; mais Justiniani et Santa-Cruz accoururent pour le dégager, firent reculer le pirate et le contraignirent à leur abandonner la mer. Colonna captura le navire qui portait les enfants d'Hali ; Venieri, qui courait impétueusement, l'épée à la main, de la poupe à la proue de sa galère, fut blessé dans le fort de la mêlée, après avoir lui-même prodigué les coups. Enfin, cette bataille semblait destinée à épuiser sur les infidèles la vengeance d'un siècle de cruautés et d'insolences accumulées. La merci ne trouvait plus de place dans le cœur des chrétiens entraînés par la fougue du combat. Les blessés, prêts à disparaître sous l'eau, luttaient en vain contre la mort ; on les immolait sans quartier et, s'ils saisissaient la rame d'un navire, on abattait avec le sabre la main qui s'y cramponnait. La mer elle-même, couverte de cadavres, semblait les repousser de son sein, et les débris jonchaient la côte.

La perte des infidèles ne s'éleva pas à moins de trente mille hommes, parmi lesquels on comptait à peine cinq mille prisonniers. Cent trente galères tombèrent au pouvoir des confédérés ; quatre-vingt-dix se brisèrent contre terre, ou furent coulées à fond, ou consumées par le feu. Huit mille chrétiens furent mis hors de combat. Vingt capitaines de galères vénitiennes perdirent la vie. Trois frères de l'illustre famille Cornaro périrent sous les coups de Luchiali et de ses corsaires. Fabien Gratiani (frère de l'historien de cette guerre) tomba aux pieds de Colonna, sur une galère pontificale. Le poète Cervantès fut dangereusement blessé ; Virgile Orsini, Horace Caraffa, Bernard de Cardenac, succombèrent les armes à la main. Barbarigo, autant regretté à lui seul, disent les témoignages contemporains, que les huit mille autres ensemble, reçut un coup de flèche dans l'œil et mourut entre les bras de ceux qui voulaient lui arracher le trait de la blessure. Il eut cependant la force de demander des nouvelles du corps d'armée éloigné du sien, et, apprenant la déroute des infidèles, de faire signe qu'il mourait content.

La nuit et un gros temps, qui s'éleva vers le coucher du soleil, obligèrent les vainqueurs à cesser la poursuite des

BOUCLIER EN FER

Donné à don Juan d'Autriche par Pie V, en récompense du service rendu à la chrétienté par la victoire de Lépante (1571); avec une inscription qui signifie : *Le Christ a vaincu; c'est lui qui règne et qui commande.* — Tiré de l'*Armeria real* de Madrid, publication de M. Ach. Jubinal.

vaincus. Don Juan partagea la flotte entre les ports les plus prochains, prit autant de soin des blessés qu'il en avait pris des combattants, et ne songea à son propre repos qu'après s'être assuré en personne de l'état de Venieri et l'avoir embrassé cordialement.

Les généraux n'eurent pas plus tôt détourné leur pensée du champ de bataille, qu'ils la reportèrent vers leurs frères d'Europe et vers le Souverain Pontife. Les dépêches furent rédigées en commun, et un courrier expédié à Pie V alla prier Sa Sainteté d'annoncer, en leur nom, la victoire à tous les monarques chrétiens.

Venieri, étendu sur son lit de douleur, pensa peu après que le sénat de Venise lui saurait mauvais gré de n'avoir pas reçu, en même temps que le Pape, information directe d'un si grand événement, et communiqua ses réflexions à Onfroy Justiniani. Le jeune officier, tout bouillant encore de la chaleur du combat, applaudit sans hésiter à son général, et se proposa lui-même comme porteur d'un message. Venieri, toujours incapable de réprimer la vivacité de ses premiers mouvements, traça quelques lignes à la hâte. Justiniani s'élança vers l'Adriatique, sans prendre le conseil ni les ordres du généralissime. Don Juan témoigna beaucoup de mécontentement de ce procédé, dès qu'il en fut averti.

Cependant on dut à cet acte d'insubordination les premières nouvelles qui se répandirent dans la chrétienté, car Contarini, chargé des dépêches officielles, fut assailli par des tempêtes et extraordinairement contrarié dans sa marche. Il ne put aborder à Otrante et, selon son projet, courir la poste jusqu'à Rome, tandis que Justiniani cingla sur Venise avec une si heureuse diligence, que sa traversée ne dura pas plus de neuf jours. Le jeune Vénitien se garda de manquer à l'usage qui prescrit de saluer les châteaux et l'entrée du port. La salve de toutes ses pièces et la vue de son pavillon attirèrent sur le grand canal une population avide de renseignements sur les destinées de la flotte. A mesure que Justiniani pénétrait dans la ville, les enseignes ottomanes dont sa galère était parée se laissaient apercevoir et, faisant naître d'avance l'espoir de quelque bonne nouvelle, soulevaient déjà les battements de mains et les cris de joie.

L'esquif aborde enfin. Justiniani rejette son manteau pour marcher plus légèrement, saute à terre et s'ouvre avec peine un passage à travers la foule qui se précipite sur ses pas. Mocenigo, étonné du tumulte, s'avance aussi à sa rencontre et le reçoit sur les marches du palais ducal. Mais, après avoir entendu ses premières paroles, il le serre étroitement dans ses bras, et répète au peuple ces simples mots : « Victoire ! Victoire ! » Puis, sans prendre le temps de revêtir son costume, le doge marche à l'église patriarcale, pour offrir à Dieu les actions de grâces de la République. La place Saint-Marc était tellement envahie par la multitude, que plusieurs sénateurs ne purent fendre la presse et occuper leur poste auprès de Mocenigo. Après une courte et fervente prière, on lut haut, en présence du peuple, la lettre par laquelle Venieri annonçait que le triomphe des chrétiens avait surpassé tout ce qu'il était permis de souhaiter. Venise, passant ainsi de l'extrême inquiétude au comble de l'allégresse, éclata en transports inexprimables. Les plus illustres personnages pressaient les mains des plébéiens les plus obscurs ; on s'embrassait sans se connaître ; le même cri sortait de toutes les bouches ; la même émotion rayonnait sur tous les visages. Un peuple innombrable reconduisit ou plutôt porta Justiniani jusqu'à son palais, dont les avenues se trouvèrent encombrées de telle sorte que sa mère, qui priait à l'écart dans l'église, lorsque le retour soudain de son fils vint la surprendre, ne pouvait approcher de sa demeure, et se serait trouvée la dernière à lui tendre les bras, si ses larmes et ses instances, la désignant enfin au respect de la multitude, ne lui eussent fait trouver place.

Après ces premières heures d'élan universel, le sénat voulut donner à ces démonstrations un caractère public et une solennité dignes de la Seigneurie. Gusman de Silva, ambassadeur du roi d'Espagne et en même temps revêtu de la dignité épiscopale, célébra le lendemain une messe dans l'église de Sainte-Justine, la bataille s'étant donnée au jour placé sous l'invocation de cette sainte. Le doge et les principaux officiers de l'État, couverts des insignes de leurs charges, communièrent. Ensuite le doge présida les jeux improvisés par les communautés de métiers, puis parut un décret portant que chaque anniversaire serait fêté dans toute l'étendue des États vénitiens, que le peuple cesserait ses travaux, et que les magistrats veilleraient à ces réjouissances. Les familles dont quelque membre avait péri dans le combat étaient invitées à leur accorder plutôt des hommages que des pleurs et à n'en point prendre le deuil, afin qu'aucune douleur domestique ne vînt troubler les joies de la patrie. Les statues de Venieri et de Barbarigo furent coulées en bronze. Vittoria consacra son habile ciseau aux bas-reliefs d'une chapelle du Saint-Rosaire, et Padoue éleva une église nouvelle sous l'invocation de Sainte-Justine.

Tandis que Venise s'occupait ainsi de perpétuer la glorieuse mémoire de sa délivrance, Rome demeurait dans l'anxiété. Pie V ne maîtrisait plus son étonnement, et ce retard dans la confirmation d'un événement qu'il ne mettait pas en doute lui semblait inexplicable. Ce fut à la fin d'octobre seulement que parvint au Vatican, par les soins de Mocenigo, l'écho des foudres de Lépante. Aussi, quoique le messager du doge arrivât au milieu de la nuit, on l'introduisit sur-le-champ près du Saint-Père. Pie V, se prosternant aussitôt, s'écria, dans le langage de l'Écriture : « Dieu a regardé la prière des humbles et n'a point méprisé leur demande. Que ces choses soient écrites pour la postérité future, et le peuple qui naîtra louera le Seigneur ! » Ensuite il fit éveiller tous les habitants du palais, afin que leur adoration se confondît dans la sienne. Le lendemain, dès l'aurore, le peuple romain fut convoqué au cantique du triomphe. Le *Te Deum* retentit dans les quatre basiliques, dans toutes les paroisses et dans tous les cloîtres. Le son des cloches, l'harmonie des hymnes sacrées, furent les premières acclamations de la capitale catholique; le parfum de l'encens, son premier tribut d'amour. Néanmoins le sentiment général se manifesta sur les places publiques avec le même accent qu'à Venise. Mais la vénération qui redoublait envers le Pontife prophète, mais les effusions intarissables envers la Vierge Marie, imprimèrent un aspect auguste à toutes les réjouissances. Dans ces premières fêtes, d'ailleurs, la ville aux victoires éternelles préludait seulement à des pompes plus magnifiques et plus populaires encore. Pie V, en effet, décerna les honneurs du triomphe à Colonna, son fidèle et glorieux représentant près du généralissime; mais les acclamations de la foule saluèrent surtout le Pape qui avait préparé une si belle et si éclatante victoire aux armes de la chrétienté.

En mémoire de ce grand événement, saint Pie V voulut que chaque année on célébrât la fête du Rosaire le premier dimanche d'octobre, et il fit insérer dans les Litanies de la sainte Vierge cette invocation : *Auxilium christianorum, ora pro nobis.*

IV

L'Europe était sauvée !

De l'aveu de tous les historiens chrétiens et musulmans, c'est de la bataille de Lépante que date la décadence de l'empire turc. Les sultans retrouvèrent, en effet, des vaisseaux et des soldats ; mais ils perdirent à jamais, le 2 octobre 1571, la puissance d'opinion, suivant l'heureuse expression de M. de Bonald dans sa *Législation primitive,* puissance qui fait la principale force des peuples conquérants, que l'on acquiert une fois et que l'on ne retrouve plus.

Après Poitiers, au huitième siècle, les peuples chrétiens avaient cessé de craindre les Arabes ; après Las Navas, les Maures ; quand la victoire de Lépante fut connue, l'Europe ne crut plus que les Turcs fussent invincibles. La confiance revint et, avec elle, la résistance et la victoire.

Par un effet contraire, mais également heureux pour la chrétienté, une véritable terreur se répandit à Constantinople. Le sultan accourut dans sa capitale et resta, dit-on, plusieurs jours étendu à terre, ne cessant de pleurer, de gémir, et de maudire ses généraux. On attendait à tout instant l'arrivée de la flotte chrétienne : si don Juan avait pu profiter jusqu'au bout de sa victoire, il eût chassé peut-être les Turcs d'Europe. Mais la saison était mauvaise ; on remit au printemps de l'année 1572 la suite des opérations et, dans l'intervalle, la mort du saint Pape vint mettre fin à la ligue catholique.

C'était donc bien la Papauté qui animait de son souffle le monde chrétien. C'était bien la Papauté qui sauvait les nations, presque malgré elles. C'était bien Pie V qui était l'âme des négociations, des entreprises et des combats. Si l'Europe avait suivi ses conseils et ceux de son successeur, Grégoire XIII, l'empire turc n'eût pas survécu au seizième siècle. Malheureusement, la division régnait entre les princes, et les hérétiques encourageaient les musulmans : l'orgueil des sultans ne tarda pas à renaître : « En vous prenant Chypre, disait Sélim aux ambassadeurs vénitiens, nous vous avons coupé le bras droit, tandis qu'en détruisant notre flotte à Lépante vous ne nous avez coupé que la barbe; les poils repoussent, le bras ne revient plus. »

Le sultan se trompait. A partir de 1571, les invasions turques deviennent moins fréquentes. Plus de cent ans s'écoulent entre la bataille de Lépante et le siège de Candie par Mahomet IV, et les récits qui vont suivre montreront que le colosse impérial ne se releva jamais des coups qu'il avait reçus dans les eaux de la Morée.

Quand on examine de près les événements qui précédèrent et ceux qui suivirent la journée de Lépante, on est frappé de l'extrême difficulté qu'eut le Souverain Pontife à former la ligue, de la rapidité de la victoire, et de la rupture presque immédiate de l'alliance chrétienne après la mort du Pape. C'est comme un éclair qui brille dans la nuit. On doit en conclure que Dieu, cédant aux supplications de son vicaire sur la terre, daigna en sa faveur sauver les nations chrétiennes, mais que celles-ci ne méritaient pas un tel bienfait, uniquement dû aux vertus d'un saint. On lit ainsi tout à la fois, dans le récit de Lépante, la miséricorde et la colère de Dieu : miséricorde envers son Église menacée, et colère contre ces souverains et ces peuples qui se donnaient à l'hérésie à l'heure même où les prières de saint Pie V les arrachaient au péril. Deux nations furent choisies pour le combat, Venise

et l'Espagne : les autres furent rejetées et livrées aux fureurs
de la guerre civile et religieuse. Qui sait ce qui fût advenu de
la France et des Valois, si le duc d'Anjou avait accepté la
mission que lui offrait Pie V ? Dieu mesure ses bénédictions
aux services rendus, et ceux qui ne se fient qu'aux moyens
humains finissent toujours par échouer misérablement.

Nef du XIIIᵉ siècle
D'après le ms. de Guillaume de Tyr.

Le Pape, vicaire de Jésus-Christ, centre de toute autorité.

A la droite du Souverain Pontife, l'autorité ecclésiastique, représentée par les princes de l'Église. A gauche, l'autorité civile représentée par un empereur, des rois et des chefs de tribus. Ces deux autorités se résument dans le Pape qui par elles transmet au monde les ordres du Christ. — D'après une gravure d'Ab. Bosse, dans les *Œuvres du B. Fr. de Sales.* Paris, 1652.

CHAPITRE IX

DÉLIVRANCE DE VIENNE

L'Arche de Noé, image de l'Église.
Tiré de l'*Histoire sainte* du P. N. Talon.
Paris, 1659.

N l'année 1683, cent douze ans après la bataille de Lépante, l'Europe jouissait de la paix qui avait suivi le traité de Nimègue.

Les gloires de Versailles attiraient les regards du monde. L'Europe, vaincue par Turenne et par Condé, s'inclinait avec admiration devant Louis XIV. Seul, le pape Innocent XI, préoccupé avant tout des intérêts de l'Église, était contraint de résister péniblement au grand roi, qui, méconnaissant les traditions de la monarchie chrétienne, portait atteinte aux droits de la Papauté et engageait le clergé français dans une voie fatale par la déclaration de 1682.

Tout à coup un cri de terreur poussé par l'Europe entière, des rives du Danube à l'Océan, fit cesser toute autre préoccupation : « Les Turcs arrivent ! Les Turcs marchent sur Vienne ! »

Ce bruit était fondé. Trois cent mille Ottomans, commandés par le grand-vizir, Kara Mustapha, gendre du sultan, se précipitaient sur l'Empire, en ravageant toutes les contrées qu'ils traversaient.

C'était la revanche de Lépante et d'une autre journée mémorable, celle de Saint-Gothard, que les Turcs venaient chercher. L'Europe, épuisée par les guerres et gouvernée par des princes divisés, semblait devoir être écrasée. Mais Dieu tenait en réserve, pour défendre son Église, un grand pape et un héros : Innocent XI et Jean Sobieski.

I

Après la bataille de Lépante, les Turcs avaient laissé quelque repos au monde. Mais, après quatre-vingt-dix années le préparatifs, un grand vizir, homme énergique, Achmet-Keprilu, s'était mis à la tête des forces ottomanes et avait promis à son maître Mahomet IV de soumettre au Croissant la Hongrie, l'Empire et Candie.

Il ne réussit qu'en partie dans son entreprise. La grande armée qu'il dirigea en personne vers le Nord et vers l'Ouest, en 1664, remonta les rives du Danube, ravagea la Hongrie, enleva plusieurs villes et se dirigea vers la capitale de l'Empire. Mais, avant de parvenir à Vienne, elle rencontra l'armée chrétienne au village de Saint-Gothard, près de la rivière de Raab qui jette ses eaux dans le Danube. Dans ces plaines fameuses, Achmet trouva les Autrichiens, les Hongrois et six mille Français, réunis sous les ordres de l'illustre

maréchal autrichien Montécuculli. La victoire des chrétiens
fut éclatante. Plus de quinze mille Turcs furent tués ou noyés.

Le lendemain, Montécuculli, à cheval, l'épée au poing,
environné de ses bataillons, entonnait le *Te Deum*, et s'écriait,

FUITE DES TURCS APRÈS LA BATAILLE DE SAINT-GOTHARD

au milieu des acclamations de ses soldats : « Rendons grâces
à Marie! »

Le grand-vizir fut plus heureux à Candie : « J'arracherai
Candie aux Vénitiens, s'était-il écrié en rentrant à Andrinople, ou je mourrai les armes à la main dans cette île que
les chrétiens ont trop longtemps possédée. » Le blocus et le
siège commencèrent en 1667, et durèrent deux ans. Les
chrétiens se défendirent avec héroïsme. Ils n'étaient plus, à la

fin, que trois mille combattants. Le pape Clément IX et Louis XIV leur envoyèrent en vain des renforts. L'élite de la noblesse française, les Créqui, les Beauveau, les Dampierre, les Castellane, les Sévigné, les Fénelon, accoururent à Candie, sous le commandement du duc de Navailles et de François de Vendôme, duc de Beaufort. Mais il fallut céder au nombre. Les Vénitiens demandèrent grâce, et le vizir la leur accorda. Achmet reçut, le 27 septembre 1669, les clefs de la ville dans un bassin d'argent, et fournit lui-même des vaisseaux pour transporter les vaincus à Venise. Les chrétiens quittèrent tous en pleurant cette île de Crète que la République de Venise avait possédée pendant quatre-cent soixante-cinq ans. A la nouvelle de ce désastre, le pape Clément IX mourut de douleur.

La prise de Candie enflamma l'ardeur des musulmans. La terreur du nom turc gagna de nouveau l'Europe, comme au temps de Lépante, et, le vainqueur de Saint-Gothard, Montécuculli, étant mort, on se demandait qui pourrait arrêter désormais une nouvelle invasion.

Quelques années s'écoulèrent dans une paix trompeuse. On savait vaguement que les Turcs armaient et qu'une expédition formidable se préparait. On espérait qu'elle serait dirigée vers l'Orient. Achmet était mort, mais il avait été remplacé par un homme d'une ambition peu commune, Kara Mustapha, tellement maître du sultan, que celui-ci, par une rare faveur, lui avait donné sa fille en mariage.

Kara Mustapha, devenu le gendre du sultan, ne rêvait rien moins que de fonder une nouvelle Turquie d'Europe, avec Vienne pour capitale, et de se précipiter ensuite sur l'Italie. Il avait repris pour son compte les plans de son prédécesseur, qui avait fait dire au marquis de Montbrun, l'un des défenseurs de Candie, que, de l'humeur dont il le connaissait,

« le vizir n'aurait de repos qu'il n'eût fait de la basilique de
Saint-Pierre les écuries du sultan ». Kara Mustapha était déjà
avancé en âge ; mais il était plein d'ardeur et il se croyait
appelé à consommer l'ouvrage de Mahomet II et de Soliman.

Pour un tel projet, il fallait une grande armée. Les préparatifs durèrent sept ans. Les provinces les plus reculées fourni-
rent des soldats. Il en vint des rives de l'Euphrate et des sources
du Nil. Kurdes, Mamelucks, Albanais, Tartares et Grecs se
pressèrent dans les plaines d'Andrinople. Le capitan-pacha
parcourait l'archipel pour y acheter ou y prendre de vive force
des soldats ou des vivres. Des vaisseaux de toutes nations, mis
en réquisition, transportaient des munitions de Smyrne, d'Alep
et d'Alexandrie à Thessalonique et à Byzance, et deux mille
chameaux continuaient le service des ports de la mer Égée aux
rives du Danube. Dix mille chariots, dit-on, faisaient arriver les
approvisionnements jusqu'aux villes hongroises soumises au
Grand-Turc. Enfin, pendant l'hiver de 1683, les troupes s'avancèrent d'Andrinople vers Belgrade et Bude, capitale de la
Hongrie, et cette immense armée campa dans les plaines où
jadis Attila groupait et exerçait les Huns.

Mahomet IV, Kara Mustapha, le khan des Tartares et le
voïvode de Transylvanie partirent à leur tour et se réunirent au
pont d'Essek. Là se présenta aussi le comte Tékéli, magnat
hongrois dont le sultan avait fait un roi vassal, en lui
donnant par avance la suzeraineté des provinces hongroises,
encore dépendantes de l'Autriche, et que l'on devait conquérir.
Tékéli, à la tête de ses cavaliers magyars, devait être un adversaire redoutable pour l'Autriche, et un précieux auxiliaire pour
les Ottomans. A peine arrivé, Mahomet IV réunit un conseil
de guerre qui approuva les plans du grand-vizir ; puis, désireux
de rejoindre Andrinople et de reprendre ses chasses des Balkans,

il confia solennellement à Kara Mustapha, outre le soin de sa gloire et la vengeance du Croissant, la robe d'or, le carquois de diamant, la double-aigrette de héron, et l'étendard de Mahomet, emblèmes de l'autorité souveraine.

Ces cérémonies achevées, le grand-vizir donna l'ordre du départ, et cette multitude s'ébranla dans la direction de Raab.

Le Pape et le roi de Pologne furent les premiers avertis de la marche des Turcs. Aussitôt Innocent XI ordonna des prières dans toutes les églises chrétiennes et se hâta d'écrire aux souverains sur lesquels on pouvait compter pour sauver l'Europe. Il engagea l'empereur à ne pas désespérer de la victoire, et à se liguer avec tous les princes d'Allemagne et surtout avec le roi de Pologne, Sobieski, dont le renom militaire valait une armée. Il pressa aussi Louis XIV de venir au secours de la chrétienté, en lui montrant quelle gloire il ajouterait à celle qu'il avait déjà acquise, s'il aidait à repousser l'invasion des barbares.

Malheureusement la politique du roi de France, politique purement humaine, qui ne visait qu'à l'abaissement de la maison d'Autriche et à la conquête des Pays-Bas, était en opposition avec les intérêts généraux de la chrétienté. La paix pesait à Louis XIV et déjà ses conseillers préparaient une nouvelle guerre. Les embarras de l'empereur et l'attaque formidable de Kara Mustapha servaient ainsi les secrets desseins de Versailles. Pour calmer le cri de sa conscience, le roi très chrétien faisait dire par ses ambassadeurs que, si l'empereur Léopold était vaincu, il saurait à lui seul écraser les Turcs sur le Rhin ou en Italie. Mais ces réticences et ces vagues promesses ne trompèrent personne, surtout quand on apprit que Louis XIV, loin de prêter secours à la croisade qui se préparait, cherchait à faire détrôner Jean Sobieski, coupable d'écouter les conseils du Souverain Pontife, dirigeait une armée vers le Rhin pour enlever quelques places fortes, et envoyait sa flotte dans la Baltique pour menacer l'allié de l'empereur. La Pologne dut en

JEAN SOBIESKI, ROI DE POLOGNE

toute hâte mettre ses rivages en défense, et Léopold diviser ses troupes. Il ne resta que trente mille hommes sur le Danube! Jamais l'Empire, l'Italie et Rome n'avaient couru un plus grand danger.

Innocent XI tourna alors ses regards vers le héros polonais et le conjura, au nom du Christ, d'accourir sur le Danube. Jean

Sobieski était digne d'entendre ce langage. Sa piété égalait sa valeur. Tout jeune il avait deux fois sauvé sa patrie : la couronne élective avait été sa récompense ; mais, soit qu'il combattît comme général, soit qu'il marchât en roi à la tête de ses armées, il n'avait jamais en vue que le bien de la Pologne et celui de la chrétienté. Sa lettre au Souverain Pontife est digne des chevaliers croisés qui prirent Jérusalem.

« Très Saint-Père, très clément seigneur, ces jours derniers nous avons reçu, moi et les généraux de l'armée, la bénédiction du nonce de Votre Sainteté, et aujourd'hui, jour de l'Assomption de la Vierge, je monte à cheval pour aller aux combats sacrés, et, avec l'aide de Dieu, rendre à Vienne sa liberté. En faisant part à Votre Sainteté de mes desseins, je dois lui dire à quel point ses paternelles exhortations ont fait impression sur mon cœur, et combien j'ai attaché de prix à ses saintes sollicitudes envers la république chrétienne. J'offre volontiers ma personne, ma vie, ma tendresse pour les miens au salut de notre cause, assuré que je suis que les bénédictions de Votre Sainteté me suivront dans les combats où je vais pour la gloire de la Croix et la conservation de la chrétienté. »

Pour prendre une telle détermination, Jean Sobieski avait dû rompre avec Louis XIV et résister aux représentations de quelques seigneurs qui voyaient dans l'empereur d'Allemagne l'unique ennemi de la Pologne. Dieu l'en récompensa, dès ici-bas, en couvrant son nom d'une gloire aussi pure que celle de Godefroi de Bouillon. Jean fut l'un de ces hommes privilégiés que la Providence daigne employer comme instruments de ses desseins.

Par les soins des nonces apostoliques, un traité fut conclu entre l'empereur et le roi de Pologne. Léopold, si jaloux de ses prérogatives impériales, offrait au roi dont il avait un si pres-

sant besoin une alliance de famille et la souveraineté hérédi-
taire de la Moldavie et de la Valachie. Jean n'accepta que ce
qui convenait à sa patrie et à l'expédition : un engagement d'assistance mutuelle pendant la durée de la guerre, l'abandon des
prétentions de l'Autriche sur les salines de Wielizça, et un
subside de 1 200 000 florins. Il exigea aussi que des tentatives
de conciliation fussent faites près de Louis XIV. Déjà sa pensée
allait jusqu'à former une sainte ligue entre l'Empire, Venise,
la Pologne, les tzars, et même la Perse, pour chasser les Turcs
d'Europe et leur enlever tout au moins la Hongrie et la Morée.
Pensées dignes d'un si grand homme, que les jalousies des
nations chrétiennes firent seules échouer! Sobieski fit en outre
un traité de paix avec la Suède et alla chercher des soldats
jusqu'en Ukraine et chez les Zaporogues. Enfin, il se rendit
lui-même dans les Karpathes pour y rencontrer le comte Tékéli
et l'amener à conclure un armistice secret avec la Pologne.

Quand tous ces préparatifs furent achevés, le roi ne songea
plus qu'à réunir ses troupes et à marcher sur Vienne. Mais il
avait déjà cinquante-neuf ans, il était gros et goutteux, et l'Europe entière crut que l'empereur n'avait obtenu que l'assistance
des Polonais et non celle de leur glorieux chef.

Pendant ce temps, les Turcs s'avançaient à marches forcées.
On pensait qu'ils s'attarderaient, selon l'usage militaire de
l'époque, au siège de Raab. Mais le plan du grand-vizir
était plus hardi. A l'étonnement général, Kara Mustapha se
borna à une démonstration devant la forteresse, laissa quelques troupes pour contenir la garnison, et tout à coup, franchissant le Raab, il se précipita sur la route de Vienne.

L'historien Hammer raconte ici un singulier incident. Le
vieux pacha de Bude, Ibrahim, trouvait la marche du vizir
très dangereuse. Courir sur Vienne en laissant une forteresse

derrière soi lui semblait une faute énorme. Et, pour expliquer sa pensée, il racontait au conseil de guerre l'apologue suivant : « Un jour, un sultan jeta une bourse sur un tapis et la promit à celui qui pourrait la prendre sans marcher sur le tapis. Les courtisans, confus, baissaient la tête. Tout à coup l'un d'eux imagina de rouler le tapis devant lui, et il s'empara ainsi du trésor à la grande joie du sultan. Il faut imiter cet habile homme, ajoutait Ibrahim, et ne mettre la main sur Vienne qu'après avoir pris les forteresses qui nous en séparent ! » Mais Kara Mustapha se moqua des conseils du vieillard et l'entraîna à sa suite.

Les Turcs se heurtèrent presque aussitôt aux 30 000 hommes de l'armée impériale commandés par le duc Charles de Lorraine. Une lutte sérieuse était impossible, car les forces turques couvraient, dit-on, huit lieues de terrain. Charles le comprit, et son plan habile sauva l'empire. Il fit une lente retraite devant l'ennemi, bataillant sans cesse, reculant avec ordre et ayant soin de laisser toujours le Danube entre les Turcs et lui. Les deux armées arrivèrent ainsi, et en même temps, l'une sur la rive gauche, l'autre sur la rive droite, à une lieue de la capitale. Le duc de Lorraine jeta en hâte 14 000 hommes dans la ville, fortifia les contrescarpes, brûla une partie des faubourgs et se retira ensuite vers le Nord. Il était temps : les Turcs arrivaient !

Tous les historiens ont dépeint à l'envi la terreur qui s'empara des habitants de Vienne et des campagnes voisines, lorsque, le 7 juillet 1683, les cavaliers tartares apparurent sur le revers des hautes plaines, brûlant tout sur leur passage. On ne les attendait pas, et la sécurité était si grande que les moissonneurs étaient encore aux champs ! Une effroyable panique se produisit. A neuf heures du soir, à la lueur des flambeaux, l'empereur, l'impératrice mère, l'impératrice, les archiduchesses, la duchesse de Lorraine, toute la cour et plus de 60 000 personnes se précipitèrent hors des murs. Mais, les ponts n'ayant pas été coupés, la cavalerie tartare faillit enlever le souverain. L'ambassadeur de France, marquis de Septenville, le sauva en défendant avec sa suite l'accès du pont de Krems. L'abbé Coyer, qui écrivait en 1761 l'histoire de Jean Sobieski, rapporte que l'impératrice, grosse de plusieurs mois, dut coucher dans un bois duquel on apercevait au loin les incendies de la basse Hongrie. Il ajoute ce singulier détail, que les Tartares avaient amené avec eux des chiens dressés à chasser les hommes et à les découvrir dans leurs retraites souterraines. La cour impériale s'enfuit jusqu'à Passau : là seulement, Léopold se crut en sûreté.

Le siège de Vienne commença aussitôt. Il devait être un des plus grands événements de l'histoire. Dès le 14 juillet, la tranchée était ouverte à cinquante mètres de la contrescarpe. On connaît l'admirable situation de cette ville, située sur la rive droite du Danube, au confluent d'un des bras du fleuve; protégée au Nord et au Couchant par de hautes montagnes, formant la chaîne du Kahlemberg, détachée des monts du Tyrol, qui la couvrent et s'arrêtent court en plongeant dans le Danube; environnée à l'Est et au Sud, vers la Hongrie, par une vaste plaine, et défendue à cette époque par des fortifications très négligées. De riches faubourgs s'étendaient de ce côté. Leurs ruines fumaient encore quand les Turcs s'y établirent. Le grand-vizir plaça ses batteries dans les jardins publics de Rottenhoff et de Spina. Dès le premier jour, la ville se trouvait étroitement cernée derrière ses remparts, entre sa rivière, le Danube et le Kahlemberg, et l'on n'apercevait, émergeant au-dessus des murailles et des édifices, que la flèche de la cathédrale Saint-Étienne, avec sa célèbre cloche qui seule se fit entendre pendant le siège pour appeler les soldats aux remparts ou les femmes à la prière, et que pour cette raison l'on appela *Angstern*, la cloche d'angoisse !

La garnison, commandée par le comte Staremberg, comprenait les 14 000 hommes de l'armée de Lorraine et cinq mille membres armés des corporations ouvrières. Les étudiants de l'Université formaient un petit corps distinct, qui se signala par sa valeur.

Au dehors, les Turcs avaient tout massacré. On célèbre encore chaque année, dit Hammer, à Perchtoldorf, un service funèbre en souvenir de la mort de 3 800 habitants de cette ville traîtreusement égorgés malgré la promesse donnée par le vizir. Plus de 40 000 personnes avaient été réduites en esclavage et emmenées à Andrinople. La marche des infidèles avait été si rapide, qu'on n'avait pu ni fuir ni se cacher.

Dès le lendemain de son arrivée, Kara Mustapha inspecta les remparts, et prit ses dispositions pour le siège.

Le camp turc, dit M. de Salvandy, formait comme un vaste croissant qui appuyait ses deux extrémités au Danube. Les assiégés entendirent avec effroi un bruit extraordinaire de clochettes, de trombones, de cymbales : ils virent bientôt les postes fixés, les diverses nations établies, les tentes dressées. Ce fut une seconde ville qui s'éleva en amphithéâtre devant eux, s'étendant depuis les cendres de leurs faubourgs et les sépultures de leurs pères jusqu'aux pieds des montagnes du Couchant, jusqu'aux flancs de celles du Nord, plus populeuse, plus belle, plus commerçante que leur propre cité, pleine de caravanes de marchands d'Europe et d'Asie, éclatante de tout le luxe de l'Orient et destinée à les engloutir. Aujourd'hui

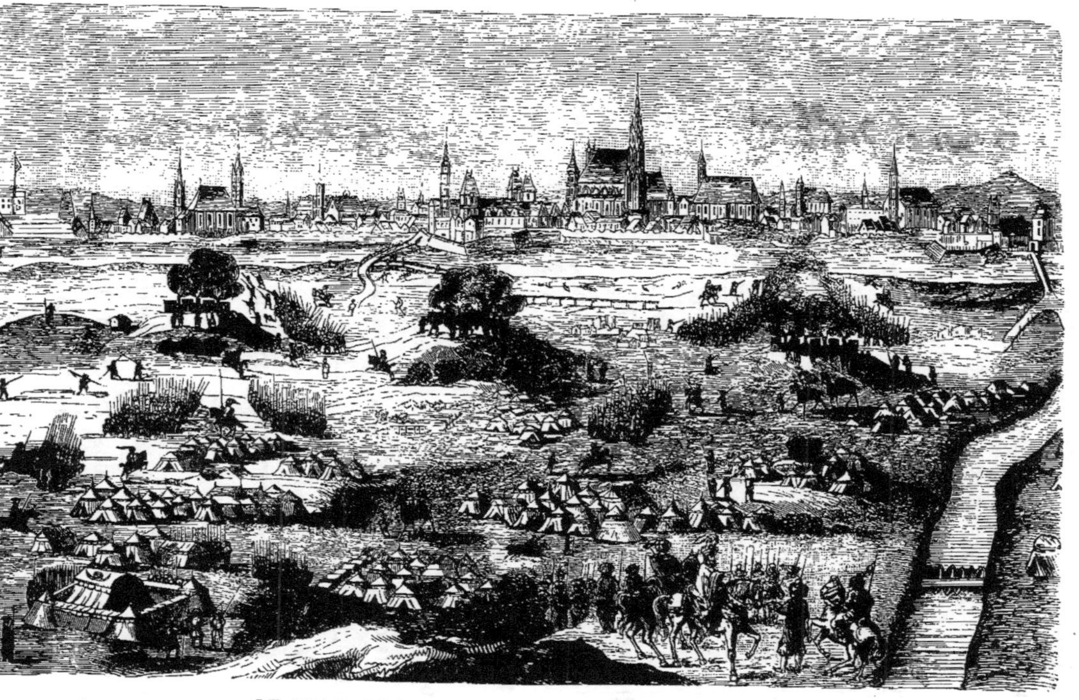

LE CAMP DES TURCS DEVANT VIENNE, EN 1683

encore le voyageur en retrouve les vastes lignes et en étudie les débris.

Le jour, les habitants contemplaient dans une muette terreur ces dômes, ces banderoles, ces queues de cheval sans nombre, ces troupes de chameaux et d'éléphants qui montraient l'Afrique et l'Asie conjurées, ces armées de bétail qui allaient, en troupes immenses, se désaltérer au Danube et promettaient une longue subsistance à l'infidèle; puis, la tente des exécutions, qui, suivant l'usage, dominait le camp tout entier parce qu'il fallait que le pouvoir absolu et la mort planassent sur toute cette vaste scène. Le soir était-il venu : près de chaque drapeau et aux mains de chaque sentinelle brillait un fanal; ces feux rougissaient le ciel; aux bruissements de l'artillerie qui n'avaient point de relâche, se mêlaient les cris aigus des musseims appelant à la prière les soldats du Koran. Tout était menaçant pour les assiégés, la nuit comme le jour, le ciel comme la terre.

On ne peut douter qu'en mettant de côté les esclaves, les musiciens, les ouvriers, les marchands, les femmes, le grand-vizir n'eût quelque 3oo ooo combattants de toutes les nations. Le terrible Sélim Giéraz, le plus renommé des khans tartares depuis longtemps, les sultans ses fils, Michel Apaffi, le prince Ducas de Moldavie, l'hospodar de Valachie, Sirvan Cantacuzène, Emeric Téléki, formaient au lieutenant du Prophète un cortège de souverains tributaires. Et, ce qui ne s'était pas vu encore, plus de cent bouches à feu étaient charriées dans l'attirail immense de tous ces instruments de destruction, de victoire ou de plaisir.

L'arrivée des Turcs, la fuite précipitée de l'empereur, le siège de Vienne, avaient jeté au loin la terreur. Les alarmes de l'Europe redoublèrent. Léopold multipliait ses appels aux

princes de l'Empire ; Waldeck assemblait les troupes des
cercles ; l'électeur de Bavière se mettait en marche ; l'électeur
de Saxe s'apprêtait à le suivre ; Frédéric-Guillaume promettait
son contingent, dès que seraient terminées les négociations de
la Diète avec Louis XIV. La Savoie annonçait des soldats et
donnait des subsides. Le roi d'Espagne vendait un de ses
domaines pour en offrir le prix au chef de sa maison. A son
exemple, les communautés, les conseils, toutes les corporations,
s'engageaient pour des sommes énormes. En Italie, les listes de
contributions volontaires couraient de ville en ville, aussi bien
que les pèlerinages et les processions. Innocent XI était l'âme
de la résistance, et prêchait partout la nouvelle croisade. Il
envoya cent mille écus à l'empereur et une somme égale au roi
de Pologne. Les membres du Sacré-Collège vendirent leur
vaisselle. Le cardinal Barberini donna seul 20 000 florins de
ses deniers. Le neveu du pontife, Livius, souscrivit pour
10 000 écus, tirés de ses domaines. L'élan devint général et la
Papauté fut une fois de plus le salut du monde. Innocent XI ne
se lassait pas d'offrir à Dieu des prières, aux guerriers des
indulgences, aux souverains de l'argent. Il alla jusqu'à permettre l'aliénation des biens ecclésiastiques dans l'Italie et dans
l'Empire. Rien ne lui paraissait trop onéreux pour se racheter
des barbares.

La cause de la Croix éveilla l'ardeur guerrière de la noblesse
dans toute l'Europe. Les volontaires se pressèrent bientôt sous
les drapeaux du duc de Lorraine. Enchaînée par son roi, la
noblesse française rongeait son frein à l'aspect de cette grande
lutte. Conti s'évada pour voler sur le Danube. Le roi fit courir
après lui et ses ordres l'arrêtèrent. Le prince de Carignan-
Soissons, qui l'accompagnait, poursuivit seul sa route, précédé
de son frère, Eugène de Savoie, qu'une vocation indomptable

appelait à ceindre l'épée. On sait quel mot malheureux échappa au grand roi quand il apprit que celui qu'on appelait dédaigneusement le petit abbé de Savoie avait enfreint ses instructions et porté son épée au service de l'Empire.

L'historien chrétien ne peut s'empêcher d'admirer en cette occasion la justice de Dieu. En applaudissant aux succès des infidèles, en jouissant des embarras de Léopold, en défendant à sa noblesse de voler au secours de Vienne, Louis XIV manquait à ses devoirs royaux et mettait en grand péril l'Église, la chrétienté, la civilisation. La Providence l'en punit plus tard, et. pour exécuter le châtiment, elle se servit de ce jeune homme qui, brûlant d'ardeur pour la foi, franchissait la frontière et courait se mettre aux ordres du duc de Lorraine. A partir de cette époque, Dieu se détourna de la France et la décadence commença. Lumineuse leçon de l'histoire, apprenant aux rois, comme autrefois à Saül, le sort qui les attend quand ils prévariquent.

Tous les regards, cependant, se tournaient vers le Nord. L'empereur n'était pas un soldat et les Allemands étaient remplis de frayeur à la seule pensée de combattre contre les Turcs : le duc Charles de Lorraine, vaillant capitaine, était impuissant à la tête de son armée affaiblie et démoralisée. Seuls, les Polonais et leur chef, habitués à vaincre les Ottomans, pouvaient relever le courage des Impériaux et sauver la capitale. Léopold et le duc de Lorraine écrivirent au roi et le pressèrent d'accourir, sans perdre un instant. Jean Sobieski quitta Villanow où il s'était rendu pour les couches de sa femme, fit pieusement, pour le succès de la campagne, le pèlerinage de Czentoczowa, et arriva enfin à Cracovie où était le rendez-vous général. La noblesse polonaise accourut et l'armée se forma rapidement. Les subsides du Saint-Siège permirent d'équiper quatre mille hussards de plus. A mesure que les bataillons se groupaient, Jean, plein de confiance, leur jetait ce mot d'ordre : *Sous les contrescarpes de Vienne !*

Pendant ce temps, le siège se poursuivait. Le 16 juillet, le bombardement commença, une sortie de Staremberg fut repoussée, et le grand-vizir somma Vienne de capituler. En deux jours, la tranchée avait été poussée jusqu'à la contrescarpe où les fossés étaient malheureusement à sec. Les Turcs relevaient la terre à neuf pieds et la recouvraient de poutres et de sacs de sable en forme de planchers, sous lesquels ils travaillaient en sécurité. Leur artillerie foudroyait la ville, et des incendies se déclaraient à tout instant. Le gouverneur se multipliait pour faire face à tous les périls, il vivait avec les soldats et couchait chaque soir sur un matelas dans le corps de garde du palais impérial. L'évêque de Neustadt, comte de Kollonits, organisait les ambulances et allait chercher les blessés jusque sur les remparts. Sa présence, son calme, sa piété confiante, encourageaient la garnison et exaltaient l'énergie des habitants. Le 22 juillet, les Turcs arrivaient à la palissade. On commença à se battre à travers les pieux avec de longues faux et des piques. Les Turcs faisaient sans cesse jouer des mines, et chaque habitant reçut ordre de veiller sur sa cave. Les remparts s'écroulaient déjà. Le 7 août, la contrescarpe fut prise, les Turcs arrivèrent au pied des murailles, et la brèche parut praticable !

A cette nouvelle, connue par un soldat courageux qui traversa le Danube à la nage sous les yeux des musulmans, une véritable panique s'empara de la chrétienté. On se prépara partout à voir arriver les barbares. Le Pape écrivit de nouveau à Jean Sobieski, et le duc de Lorraine, ancien compétiteur à la couronne de Pologne, joignit ses exhortations à celles du Souverain Pontife. Le nonce apostolique et le ministre de Léopold coururent même à Cracovie et supplièrent le roi d'arriver en toute hâte. L'empereur épouvanté lui faisait offrir la Hongrie s'il venait en personne au secours de Vienne ! Jean, qui travaillait nuit et jour à l'organisation de son armée, répondit qu'il ne voulait « que la gloire de bien mériter de Dieu » !

Avant de partir, Sobieski fit toutes ses stations à pied dans les églises de Cracovie. Ce jour-là, le marquis d'Arquien lui ayant montré sur une carte les dispositions des Turcs, le roi sourit : « Ils sont à nous, dit-il, Dieu nous les livre, Vienne sera sauvée. » Il ne voulut partir que le 15 août en l'honneur de la sainte Vierge, sous la protection de laquelle il avait placé son armée et la campagne qui allait s'ouvrir. Son fils aîné, Jacques-Louis, âgé de seize ans, et les deux grands hetmans de Pologne, Jablonoski et Sienawski, étaient près de lui. La reine et sa sœur l'accompagnèrent jusqu'aux frontières de l'empire. La séparation fut douloureuse. Jean aimait tendrement sa femme, qui avait alors quarante-neuf ans. Dès le lendemain, il lui écrivait, du monastère de Glœvitz, à cinq heures du matin :

« Seule joie de mon âme, charmante et bien-aimée Mariette ! j'ai passé ici une très mauvaise nuit... Mais Dupont m'a fait plus de mal encore. Il est revenu de chez vous à neuf heures du soir, et m'a dit que l'extrême agitation que vous éprouviez pourrait vous rendre malade. Je vous demande, en grâce, ma chère âme, de vous calmer, et de vous soumettre à la volonté de Dieu. Il daignera m'accorder ses anges conducteurs, et me permettra de revenir sain et sauf parmi les miens. »

Quand on sut que le héros arrivait à cheval, précédant son armée, n'ayant avec lui que deux mille cavaliers, l'enthousiasme s'empara des populations. Dans tous les villages on accourait à sa rencontre, on le saluait, on l'acclamait, on baisait ses mains. Les vieillards et les femmes pleuraient d'émo-

tion : les jeunes gens s'armaient pour le suivre. On avait si
longtemps douté de sa présence ! A partir de ce moment, le
Pape ordonna de prier nuit et jour, et l'empereur envoya remercier Sobieski. Seul peut-être, en Europe, parmi tous les
rois, Louis XIV se montra jaloux et mécontent, et donna

LE COMTE DE STAREMBERG, BLESSÉ
DIRIGE LA DÉFENSE DE VIENNE

ordre à son armée d'attaquer Bruxelles. Un cri d'indignation
s'éleva dans toute l'Europe.

Cependant Vienne était aux abois. Un assaut général eût
tout perdu. Le bombardement, les combats souterrains, les
mines et contremines, les assauts partiels et aussi la dysenterie avaient épuisé la petite garnison. Heureusement, Kara
Mustapha avait épuisé sa première énergie. Il s'oubliait dans
les débauches, et craignant qu'un assaut violent ne détruisît les

richesses de la capitale dont il croyait être sûr de s'emparer, il attendait qu'une capitulation les lui livrât entières. Vainement le mufti lui reprochait sa mollesse, vainement les soldats murmuraient, le vizir n'écoutait personne et se bornait à sortir de temps à autre, dans une litière grillée, pour inspecter les tranchées.

C'est alors que le comte Staremberg put envoyer au duc de Lorraine le billet suivant :

« Monseigneur, il est temps de nous secourir parce que nous perdons beaucoup de monde, plus encore par la dysenterie que par le feu de l'ennemi. Nous n'avons plus de grenades, qui étaient notre meilleur appui. Notre canon a été ruiné en partie par l'ennemi et s'est crevé en partie. Nos mineurs viennent de m'avertir que sur le bastion du château ils voient travailler l'ennemi sous eux de sorte qu'il doit avoir passé le fossé. Il n'y a plus de temps à perdre ! »

Cette lettre redoubla les inquiétudes du Pape et de l'empereur. Innocent XI ordonna que le Saint Sacrement fût exposé dans toutes les églises de l'univers. Et pourtant, le 1er septembre, un présage favorable ranima un instant les espérances des Viennois : huit cigognes s'élevèrent du sommet du Kahlemberg et descendirent sur la ville assiégée.

Les jours suivants, le bombardement devint plus vif; dans un assaut partiel, une demi-lune fut prise et le rempart s'écroula. Staremberg éleva en toute hâte des retranchements à l'entrée des rues. La prise de la ville paraissait imminente. Chaque nuit, des fusées de détresse étaient lancées du haut du clocher de Saint-Étienne; mais la sentinelle avait beau interroger l'horizon ; nul signal ne répondait à celui des assiégés. Blessé et malade, mais déterminé à mourir sur la brèche, Staremberg déclara à l'évêque de Neustadt et au général de

Capliers qu'il ne comptait plus que sur trois ou quatre jours de résistance possible. Presque tous les officiers étaient blessés; les soldats, les gens de métier et les étudiants se traînaient aux brèches aux signaux répétés de la cloche d'alarme, et on n'entendait plus que le bruit continu de la canonnade. Dans l'intérieur de la ville, le silence régnait. Les munitions faisant défaut, le baron de Kielmansegg avait inventé un moulin à poudre et des grenades d'argile. La dysenterie enlevait jusqu'à soixante hommes par jour. Une fatigue extrême avait saisi tous les combattants; le siège durait depuis soixante jours; il y avait eu dix-huit assauts et vingt-quatre sorties. Les Turcs avaient fait jouer quarante mines, et les Autrichiens dix contremines. Staremberg, au comble de l'inquiétude et ne comprenant rien à l'inaction de l'Europe, put encore faire parvenir au duc de Lorraine un dernier billet, plus laconique et plus pressant que le premier : « Monseigneur, hâtez-vous d'arriver. Il n'y a plus un instant à perdre! »

Le gouverneur avait dit que la ville tiendrait trois jours : le deuxième jour était écoulé. C'était le samedi 11 septembre. Tout à coup, le soir, la sentinelle du clocher poussa un grand cri : des sommets du Kahlemberg avait jailli une flamme éclatante, éclairant les forêts qui couvraient la montagne, et s'élevant joyeuse au-dessus des arbres! C'était le salut, c'était la délivrance, c'était le secours divin assurant la victoire.

La cloche de Saint-Étienne sonna toute la nuit; mais on ne l'appelait plus Angoisse : on l'appelait Espérance.

Le lendemain matin, l'armée chrétienne parut, couvrant la montagne dans un ordre magnifique et s'apprêtant à fondre sur le camp des infidèles. Les habitants, pressés sur les remparts, reconnurent bientôt, à l'éclat des lances et des banderoles, les hussards de Pologne, si fameux pour leur bravoure et si redoutés des musulmans, et de toutes parts un cri joyeux s'éleva dans les airs : « Le roi est là ! Le roi est là ! » De leur côté, les Turcs se divisèrent en deux armées : l'une alla au-devant des chrétiens, l'autre s'approcha de la ville pour livrer un dernier assaut. Aussitôt l'évêque entraîna les femmes et les enfants dans les églises, Staremberg les hommes sur la brèche et aux remparts, et le combat commença.

Pour arriver si promptement devant les murs de Vienne, il avait fallu que Sobieski déployât toutes les richessses de son génie militaire. Nous avons dit qu'il était parti, presque seul, avant son armée. Le duc de Lorraine avait couru à sa rencontre. Les deux illustres capitaines s'étaient joints et concertés à Heilbrun, et tout aussitôt le commandement général avait été remis au roi. Les divisions et les rivalités qui régnaient entre les princes de l'Empire s'éteignirent, tous les généraux jurèrent obéissance au héros, et ils tinrent leur serment.

L'armée polonaise, conduite par Joblonowski, arriva presque au même moment. On admira beaucoup cette marche si rapide et si heureuse, et à partir de ce jour, le courage revint aux Impériaux. Le duc Charles avait pu faire construire un pont sur le Danube sans être inquiété par les Turcs. En visitant l'ouvrage, Sobieski parut joyeux : « Point de revers à craindre, s'écria-t-il ! Le général qui, avec trois cent mille hommes, a laissé construire ce pont, ne peut manquer d'être battu. »

Puis, rentré sous la tente et oubliant un instant ses préoccupations, Sobieski écrivit à sa femme :

« Il faut que je me plaigne de vous à vous-même, ma chère

et incomparable Mariette… Pouvez-vous dire sérieusement que je ne lis pas vos lettres ? Pouvez-vous le croire, tandis qu'il est de fait qu'au milieu de tous mes embarras et de toutes mes sollicitudes, je lis chacune d'elles pour le moins trois fois : la première lorsqu'elles arrivent; la seconde en me couchant, lorsque je suis libre enfin; et la troisième, quand je me mets à répondre. Tout ce compte des années de notre union, du nombre de nos enfants, n'avait rien à faire dans votre lettre pas plus que dans votre pensée : si parfois je manque à vous écrire longuement, ah ! ma chère amie, n'est-il donc pas facile de s'expliquer ma précipitation sans le secours de suppositions injurieuses ? Les combattants des deux parties du monde ne sont plus qu'à quelques milles les uns des autres : il faut penser à tout, il faut pourvoir au moindre détail !… »

Ces lettres si naïves et si affectueuses nous font bien connaître le caractère à la fois héroïque et tendre, vraiment chrétien, de Jean Sobieski.

Le 6 septembre, au matin, l'armée chrétienne franchit le Danube. On remarquait que l'infanterie polonaise était mal vêtue, et le prince Lubomirski proposa au roi de ne la faire défiler devant les Impériaux que pendant la nuit. Jean, dit l'abbé Coyer, se récria : « Regardez bien ces hommes, dit-il : c'est une troupe invincible qui a fait serment de ne porter que les vêtements de l'ennemi ! » Ces paroles n'habillaient pas les hommes, remarque l'abbé, mais elles les cuirassaient.

Le soir, Sobieski planta sa lance sur le sol qu'il devait sauver.

Le lendemain, les Impériaux passèrent à leur tour avec l'électeur de Saxe, le prince de Waldeck, l'électeur de Bavière et le duc de Lorraine. L'armée entière comprenait soixante-dix mille hommes, dont vingt mille Impériaux, dix mille Saxons, douze mille Bavarois, neuf mille hommes des cercles, les volontaires et dix-huit mille Polonais. Ils marchaient sur la même rive que les Turcs, mais séparés de ceux-ci par le mont Kahlemberg qui se dressait devant eux. Jean ne doutait pas de vaincre : il ne regrettait que l'absence de ses éclaireurs cosaques, et plus d'une fois on l'entendit murmurer : « Où est Mynzinski ? »

Le plan du roi était extrêmement hardi. On pouvait longer le fleuve et atteindre ainsi le camp du vizir, mais en marchant en colonne étroite et en se heurtant aux défenses turques. Sobieski eut une inspiration de génie. Il ordonna de couper au plus court, en gravissant la montagne, en franchissant ses ravins, ses gorges, ses forêts, pour descendre ensuite à pic sur les infidèles. Cette inspiration fit gagner deux ou trois jours et sauva Vienne.

Le 8 septembre 1683, l'armée commença à gravir le Kahlemberg. Plusieurs milliers de paysans furent employés à frayer des chemins à travers la forêt, les grosses pièces furent abandonnées, les autres tirées à bras par les Polonais. Les Turcs ne paraissaient pas. Le grand-vizir était endormi dans la plus profonde sécurité. Un Murza tartare, qui cherchait du butin, ayant demandé qui étaient ces avant-postes qu'il voyait cheminer dans la forêt, et ayant obtenu cette réponse : « C'est le roi Jean ! » se prit à rire et regagna tranquillement son camp. C'était bien le roi, cependant, qui allait d'un corps à l'autre, surtout aux Impériaux, relevant les courages, se moquant des infidèles, riant avec les soldats, et les excitant du geste et de la voix dans les passages périlleux.

Après des difficultés inouïes, l'armée parvint sur les hauteurs et y campa le samedi soir. C'est à ce moment que Vienne l'aperçut. Les chrétiens occupèrent sans coup férir le vieux

L'EMPEREUR LÉOPOLD ET JEAN SOBIESKI
APRÈS LA DÉLIVRANCE DE VIENNE

château qui couronnait la montagne, le couvent des Camaldules,
l'église du Léopoldsberg suspendue sur ces hauteurs, et aux

dernières lueurs du crépuscule les soldats purent admirer un magnifique spectacle : l'immense plaine, le Danube, le camp turc, la capitale fumante, et les escadrons que Kara Mustapha, enfin éclairé, précipitait à la rencontre des alliés.

Un conseil de guerre fut tenu au couvent. Jean n'était pas sans inquiétude ; le nombre des ennemis et les difficultés de la descente le préoccupaient. Mais sa confiance était en Dieu. Il écrivit de sa main l'ordre de bataille suivant que l'abbé Coyer nous a transmis : « Le corps de bataille sera composé des troupes impériales avec quatre ou cinq escadrons de nos gendarmes. Le corps sera commandé par M. le duc de Lorraine. L'armée polonaise occupera l'aile droite qui sera commandée par le grand-général Jablonowski. Les troupes de MM. les électeurs de Bavière et de Saxe seront à l'aile gauche. Les canons seront partagés... Je prie tous MM. les généraux qu'à mesure que les armées seront descendues de la dernière montagne en entrant dans la plaine, chacune prenne son poste comme il est marqué dans le présent ordre. »

Puis, avant de se reposer, le roi voulut encore écrire à son *incomparable Mariette,* et sa lettre contient des détails si pleins d'intérêt, que nous n'hésitons pas à la reproduire :

« Nous avons trouvé les choses tout autrement qu'on ne nous les avait représentées... Il s'est élevé depuis dix heures un vent violent qui nous donne tout droit dans les yeux. Les cavaliers ont peine à se tenir en selle. Les généraux nous avaient assuré qu'aussitôt que nous aurions franchi le mont Kahlemberg les difficultés seraient aplanies, et que de là le chemin de Vienne ne serait plus qu'une pente douce le long des vignobles. Arrivés ici, nous apercevons d'abord l'immense camp des Turcs, et la ville de Vienne dans le lointain ; mais loin d'en être séparés par des champs, ce sont des forêts, des précipices et une grandissime montagne que nous avons devant nous et dont personne ne nous avait parlé. Il nous faut changer à présent notre ordre de bataille et faire la guerre à la manière des Spinola et autres qui s'avançaient à la *secura*, gagnant peu à peu le terrain. Toutefois, humainement parlant et en mettant d'ailleurs tout notre espoir en Dieu, il est à croire qu'un chef d'armée qui n'a pensé ni à se concentrer ni à se retrancher, mais qui s'est campé là comme si nous étions à cent milles d'ici, est prédestiné à être battu.

« Le commandant de Vienne nous a déjà aperçus, puisqu'il lâche des fusées et tire du canon sans cesse ; quant aux Turcs ils n'ont rien fait jusqu'ici, si ce n'est qu'ils ont détaché une cinquantaine d'escadrons vers notre aile gauche. Notre armée occupe l'espace d'un bon demi-mille à travers des montagnes et des bois dans un terrain si coupé, que ce n'est que par de petits sentiers que l'on arrive d'une aile à l'autre.

« J'ai passé la nuit à l'extrême droite auprès de l'infanterie. On y voyait tout le camp turc, et le canon ne laissait pas fermer l'œil. Nous avons si bien fait maigre ces deux derniers jours de vendredi et de samedi, que chacun de nous pourrait chasser le cerf sur ces montagnes.

« J'ai reçu, mon cœur, votre lettre du 6 septembre ; c'était justement au moment où nous nous préparions à gravir les montagnes ; ne vous vantez pas tant d'être à votre numéro 6, puisque celle-ci est mon numéro 8 : elle m'a entraîné jusqu'au lever du jour. Mais il faut finir enfin, en embrassant un million de fois mon aimable et incomparable Mariette. J'embrasse tendrement les enfants. »

Enfin, le jour se leva.

C'était le dimanche 12 septembre 1683, jour à jamais célèbre pour la chrétienté.

Dès l'aube, les alliés se rangèrent en bataille, envoyant des avant-gardes pour chercher des passages. Le roi se tint au centre, entouré des princes.

Un premier engagement eut lieu à gauche. Eugène de Savoie vint prévenir le duc de Lorraine, qui l'avait fait son aide de camp, que l'on avait rencontré les Turcs sur le versant de la montagne, que le duc de Croy avait été blessé et le prince Maximilien tué. Sobieski salua ces premières victimes offertes au Dieu des batailles, et donna ses derniers ordres.

Puis, aussi tranquille que s'il avait été à une revue, il prit le bras du duc de Lorraine et se rendit avec lui à la chapelle du Léopoldsberg. Sur le seuil, Jean s'arrêta. Ses yeux contemplèrent un instant, au Nord les Carpathes de Pologne, au Sud Vienne, le camp turc et la plaine éclairée par les premières lueurs du matin. Il pénétra ensuite dans l'église, et derrière lui entrèrent les princes et toute la noblesse. Le nonce du Pape, un capucin, le P. Marco d'Aviano, les attendait. La messe fut célébrée dans un recueillement profond. Le roi la servit à genoux, les bras en croix, et communia. Après le dernier évangile, il fit approcher son fils des marches de l'autel, et, redressant sa haute taille, invoquant Dieu du fond de son âme, il toucha Jacques à l'épaule du plat de son épée et l'arma chevalier. Tout était noble, tout était grand dans les actions de ce héros.

Le nonce sortit ensuite de l'église, tenant à la main un crucifix et fit quelques pas sur la montagne. L'armée entière était en marche sur Vienne. Le nonce la bénit, puis, se tournant vers les princes : « Je vous déclare dit-il, au nom du Saint-Siège, que, si vous avez confiance en Dieu, la victoire est à vous. » Il avait à peine achevé ces paroles que Sobieski montait à cheval en s'écriant :

« Marchons présentement avec assurance ! Dieu nous assistera. »

Pendant ce temps, un premier parapet de terre élevé à la hâte par les Turcs avait été enlevé. Au loin, Vienne, électrisée, résistait héroïquement à un assaut général ordonné par le vizir.

Sobieski avait lâché adroitement quelques prisonniers qui regagnaient en hâte le camp turc et y annonçaient que le roi de Pologne arrivait avec l'armée chrétienne. Cette nouvelle effraya Mustapha et jeta le trouble parmi les infidèles. Il semblait d'ailleurs qu'une grande indiscipline régnât dans le camp turc, les ordres du vizir n'étaient exécutés qu'avec mollesse, et les janissaires et les Tartares ne songeaient qu'à conserver le butin qu'ils avaient fait en Hongrie et en Autriche.

A dix heures, les Impériaux sortaient des défilés, les colonnes se formaient en bataille, et l'armée s'avançait sur trois lignes profondes. On s'arrêta un instant pour attendre les traînards, et un grand cri s'éleva alors d'un bout à l'autre des lignes : *Vive le roi Jean !*

Le roi dîna sous un chêne, avec les chefs. Les soldats mangèrent ce qu'ils portaient sans quitter leurs armes. A midi, malgré une chaleur accablante, on s'ébranla. Les chrétiens formaient un demi-cercle : Jean allait d'un corps à l'autre, parlant à chacun sa langue et promettant la victoire.

Les Turcs s'étaient formés aussi et attendaient les chrétiens. Les escarmouches de la montagne leur avaient été défavorables ; mais ils espéraient encore prendre leur revanche dans la plaine. Bientôt la bataille s'engagea sur tous les points. Le village de Nusdorf fut enlevé ; Héligenstadt aussi, après une vive résistance. Les Polonais, emportés par leur ardeur, perdirent beaucoup de monde, et Sobieski accourut à leur aide avec les dragons de l'empereur. Le choc fut terrible. Les musulmans furent écrasés, et le mouvement en avant continua.

L'armée chrétienne arriva enfin en vue du camp turc. C'était là que devait se décider la bataille. Le grand-vizir avait fait déployer son étendard : il avait près de lui Kara Mehemet Pacha, célèbre par ses combats dans l'Ukraine, et le vieil Ibrahim. Les Transylvains, les Valaques, les Arabes, les Tartares et une partie des janissaires, avec une artillerie formidable, se rangèrent devant les alliés. Sobieski se porta en face du vizir, tandis que Jablonowski couvrait la droite et balayait dans la plaine la cavalerie tartare. Le duc de Lorraine était en réserve sur le Danube. Il était alors cinq heures. Le plan du roi était de coucher sur les positions conquises et de ne donner que le lendemain la bataille définitive; mais les événements en décidèrent autrement. Les alliés étaient pleins d'ardeur, tandis que l'épouvante se répandait chez les Turcs. Un long sillon de poussière se forma à ce moment vers le Sud et s'éleva dans les airs jusqu'à l'horizon. C'étaient de longues files de chameaux qui, déjà, reprenaient en hâte le chemin de la Hongrie.

Kara Mustapha, cependant, semblait toujours tranquille et l'on eût dit qu'il tenait la victoire. Son cheval était tout bardé d'or, lui-même était abrité, sous une tente cramoisie, contre les rayons du soleil, et prenait son café avec ses deux fils. A l'aspect de cette tente superbe, dit M. de Salvandy, la colère prit au roi. Jean pointa lui-même quelques pièces de canon. Il donnait cinquante écus par volée. Malheureusement, on manquait de munitions. Un officier français bourra une fois avec ses gants, sa perruque et un paquet de *Gazette de France*. Enfin, l'infanterie polonaise, qui avait eu un long détour à faire, arriva en ligne, et aussitôt Sobieski l'envoya s'emparer d'une

ARMURE DE JEAN SOBIESKI
Conservée à l'Arsenal historique de Dresde.

hauteur qui dominait les quartiers de Mustapha. Le comte de
Maligny, un autre officier français, arriva le premier sur la

redoute. Après un combat sanglant, les Turcs furent contraints de se retirer.

L'incertitude se manifesta alors dans les mouvements de l'ennemi. Kara Mustapha appela à lui son infanterie de l'aile droite et laissa ses flancs à découvert.

« Ce sont des gens perdus ! » s'écrie Sobieski en voyant cette faute, et aussitôt il donne ordre au duc de Lorraine d'attaquer brusquement. Puis, comme le grand Condé à Rocroy, lui-même s'élance au centre, vers la tente rouge, avec toute sa cavalerie. « Entouré de ses escadrons, dit l'abbé Coyer, reconnaissable à son aigrette brillante, à son arc et à son carquois d'or, à sa lance royale, au bouclier homérique porté devant lui, plus que tout à l'enthousiasme qu'excite chez cette vaillante milice la présence de son glorieux chef, il brandit au premier rang son épée en criant : *Non nobis, Domine, non nobis, sed nomini tuo des gloriam !* »

Le combat s'engage corps à corps; **Tartares** et spahis reculent devant Jean. On entendait le nom du roi courir d'un bout à l'autre des lignes ottomanes. Les hussards du prince Alexandre, qui tenaient la tête des colonnes, s'élancent au cri national : « Dieu bénisse la Pologne ! » Palatins et séna-teurs les suivent et entrent, tête baissée, dans les rangs ennemis.

Les Turcs tourbillonnent alors sur eux-mêmes, et quatre pachas tombent à terre. Lorraine et Waldelck tournent les Ottomans et menacent le camp. Kara Mustapha fond en larmes, la défaite lui paraît maintenant inévitable. Il crie au khan de Crimée : « Et toi, ne viendras-tu pas me secourir ? — Je vous l'avais bien dit, répond le khan en tournant bride; je connais le roi de Pologne. Avec lui, il n'y avait qu'à partir. »

Puis, désignant une éclipse de lune qui se dessinait au moment même :

« Regardez le ciel ! Voyez si Dieu n'est pas contre nous ! »

Cependant Kara Mustapha, désespéré, essaye encore de rallier ses troupes. Mais tout fuit. Une multitude immense se précipite vers la Hongrie. Le vizir fuit à son tour, après avoir embrassé son fils en pleurant.

La victoire était gagnée.

A six heures du soir, Sobieski franchissait les retranchements turcs, entrait dans le camp, et arrivait le premier à la tente du vizir. Un esclave en sortit qui, pour sauver sa tête, lui présenta le cheval de bataille et l'étrier de Mustapha. Jean donna aussitôt ordre de porter cet étrier à sa femme et de dire à la reine que « celui à qui il avait appartenu était vaincu ». Puis il arbora lui-même le drapeau chrétien, et défendit sous peine de mort tout désordre et tout pillage. De toutes parts, les Impériaux se précipitaient sur les fuyards ; le roi calma cette ardeur dangereuse, et sans perdre un instant envoya le duc de Lorraine et le prince de Bade aux contrescarpes et aux tranchées. Mais, à la faveur de la nuit, après de vains efforts pour s'emparer de la ville, les janissaires avaient disparu, et ce fut le comte de Staremberg lui-même, à la tête de ce qui restait de la garnison, qui parut sur les remparts et reçut les libérateurs !

Après soixante jours de siège, Vienne était libre.

On ne sait au juste combien de morts jonchaient le champ de bataille : la *Gazette de France*, peu bienveillante, parle de 8 ou 10 000 Turcs. Les Polonais avaient perdu un millier d'hommes, les Impériaux au moins autant. C'était bien la victoire de Dieu.

La Croix avait une fois de plus écrasé le Croissant.

Sobieski, toujours prudent, coucha sous un arbre au milieu de ses soldats. Le lendemain matin, au lever du soleil, on ne voyait plus un seul Turc dans la plaine; mais un spectacle horrible s'offrait aux yeux des chrétiens. Plus de 30 000 captifs, les femmes, les enfants et jusqu'aux animaux domestiques, avaient été la veille égorgés par les barbares. Au loin s'élevaient les flammes des incendies que les Tartares allumaient en fuyant. Le roi envoya aussitôt sa cavalerie légère à la poursuite de Mustapha, qui, en un seul jour, dépassa Raab et se mit à l'abri. Puis le pillage commença. Il y avait dans le camp 120 000 tentes, pleines de richesses, dont les vainqueurs s'emparèrent.

Enfin, Sobieski entra à cheval dans la ville, par la brèche où, sans lui, les Turcs devaient passer le même jour. La garnison et les habitants le saluèrent d'acclamations enthousiastes. Près du roi se tenaient le duc de Lorraine, le comte Staremberg et les princes alliés. Jean s'arrêta d'abord aux Augustins où il entonna lui-même le *Te Deum;* puis il fut reçu avec une grande pompe à la cathédrale. Une messe solennelle d'actions de grâces fut célébrée en sa présence, et le héros, bénissant Dieu de lui avoir donné la victoire, resta tout le temps le front prosterné dans la poussière. Après la messe, un prêtre monta en chaire et traduisit le sentiment populaire en commentant ce verset de l'Écriture : *Fuit homo missus a Deo, cui nomen erat Johannes.*

Après la cérémonie, Sobieski, peu jaloux des honneurs, revint au camp et expédia à Innocent XI son secrétaire italien Talenti, en le chargeant de raconter la bataille au Saint-Père et de lui remettre, au nom des princes, l'étendard du Prophète pris dans la tente du vizir, en gage de la reconnaissance de l'Europe chrétienne.

TOMBEAU DE JEAN SOBIESKI

Dans la crypte de la cathédrale de Cracovie.

Un tel hommage était bien dû au Pontife qui avait armé le bras de Sobieski.

Plus de trois cents pièces de canon furent capturées. L'évêque Colonitz, admirable pendant le siège, le fut plus encore peut-être après la victoire : il recueillit six cents enfants abandonnés dans le camp turc, les nourrit et les éleva dans la religion catholique. Un vieux tableau, trouvé dans le butin, fut remis au roi, comme un délicat hommage des princes et des soldats ; c'était une peinture de Notre-Dame de Lorette, au pied de laquelle étaient gravés ces mots : *In hac imagine vinces, Johannes !*

Toutes les grandes journées de la chrétienté ont un trait commun. Qu'on soit au pont Milvius, à Lépante ou à Vienne, c'est toujours la Croix qu'on voit aux mains des soldats de Dieu.

Enfin, dans l'ivresse de son cœur, Sobieski prit la plume et envoya à sa femme cette dernière et admirable lettre :

> « Dans les tentes du vizir,
> « Le lundi 13 septembre 1683, la nuit.

« Seule joie de mon âme, charmante et bien-aimée Mariette.

« *Dieu soit béni à jamais !* Il a donné la victoire à notre nation. Il lui a donné un triomphe tel, que les siècles passés n'en virent jamais de semblable. Toute l'artillerie, tout le camp des musulmans, des richesses infinies, nous sont tombés dans les mains. Les approches de la ville, les champs d'alentour, sont couverts des morts de l'armée infidèle, et le reste fuit dans la consternation. Nos gens nous amènent à tout moment des chameaux, des mulets, des bœufs, des brebis que l'ennemi avait avec lui et, en outre, une multitude innombrable de prisonniers.

De plus, il nous arrive un grand nombre de transfuges, la plupart renégats, bien habillés et bien montés. La victoire a été si
subite et si extraordinaire, que, dans la ville comme dans notre
camp, on était toujours en alarmes; on croyait voir l'ennemi
revenir à tout moment.

« Le vizir a tout abandonné dans sa fuite. Il n'a gardé que
son habit et son cheval. C'est moi qui me suis établi son héritier, car la plus grande partie de ses richesses me sont tombées
dans les mains.

« Avançant avec la première ligne, et poussant le vizir devant moi, j'ai rencontré un de ses domestiques qui m'a conduit
dans les tentes de sa cour privée. Ces tentes occupent, à elles
seules, un espace grand comme la ville de Varsovie ou de Léopol. Je me suis emparé de toutes les décorations et drapeaux
qu'on a coutume de porter devant le vizir. Quant au grand
étendard de Mahomet, que son souverain lui a confié pour cette
guerre, je l'ai envoyé au Saint-Père par Talenti. De plus, nous
avons de riches tentes, de superbes équipages, et mille autres
hochets fort beaux et fort riches. Je n'ai pas encore tout vu;
rien que quatre ou cinq carquois montés de rubis et de saphirs
équivalent seuls à quelques milliers de ducats. Vous ne me direz
donc pas, mon cœur, comme les femmes tartares à leurs maris
lorsqu'ils reviennent sans butin : *Tu n'es pas un guerrier
puisque tu ne m'as rien rapporté; car il n'y a que l'homme qui
se met en avant qui peut attraper quelque chose...*

« Aujourd'hui, je suis allé voir la ville; elle n'aurait pu tenir
au-delà de cinq jours. Le palais impérial est criblé de boulets;
ces immenses bastions, crevassés et à moitié croulés, ont un aspect épouvantable : on dirait de grands quartiers de roc.

« Toutes les troupes ont bien fait leur devoir; elles attribuent à Dieu et à nous leur victoire.

« Le *padre d'Aviano* m'a embrassé un million de fois dans l'effusion de sa joie : il prétend avoir vu pendant la bataille une colombe blanche planer sur nos armées.

« Nous nous mettons en marche dès aujourd'hui pour poursuivre l'ennemi en Hongrie. Les électeurs m'ont dit qu'ils m'accompagneraient. Notre *Fanfan* est brave au dernier point.

« C'est vraiment une grande bénédiction de Dieu. Honneur et gloire lui en soient rendus, à présent et à jamais ! »

II

La joie du monde entier fut immense, à la nouvelle de la délivrance de Vienne et de la fuite des Turcs.

A Rome, le Pape, en écoutant le récit de la victoire, tomba à genoux, fondant en larmes, aux pieds d'un crucifix. Des fêtes et des réjouissances publiques furent ordonnées pendant un mois. On illumina le dôme de Saint-Pierre. L'ivresse du peuple se manifesta surtout au passage de Talenti, portant et montrant l'étendard du Prophète. Pendant des mois entiers, cet étendard fut promené de ville en ville et de couvent en couvent. On en fit des images qui coururent toute l'Europe. Dans toutes les chaires chrétiennes, en Italie, en Espagne, en Portugal, et surtout dans l'Allemagne catholique, le nom de Sobieski fut salué comme il l'avait été dans la capitale de l'Autriche au lendemain de la délivrance. Les princes protestants eux-mêmes envoyèrent leurs félicitations au vainqueur. Tous les rois, sauf Louis XIV, écrivirent à Innocent XI et à Sobieski, et Jean fut salué d'une commune voix le libérateur de la chrétienté.

La reine de Suède disait dans sa lettre : « C'est à Votre

Majesté, après Dieu, que tous les autres rois doivent la conservation de leurs royaumes. »

A cette occasion, l'histoire rapporte un trait qui peint
bien le caractère du héros polonais.

L'empereur, accouru à Vienne le surlendemain de la bataille, semblait quelque peu honteux de son rôle et jaloux de
la gloire de Jean. Il accorda à grand'peine une audience, à
cheval, sur le champ de bataille, et comme il cherchait des
expressions pour remercier le vainqueur : « Je suis bien aise,
Sire, s'écria le roi en souriant, de vous avoir rendu ce petit
service ! »

Puis il tourna bride, et rejoignit ses Polonais.

Petit service, en effet, s'il ne s'était agi que d'un homme et
d'une bataille ordinaires ; mais au-dessus de l'homme, au-dessus
de Vienne et de l'empire, Sobieski avait vu la chrétienté !

Monnaie de Louis XIV
Avec cette inscription : « Le Christ règne, il est vainqueur, il commande. »

CHAPITRE X

BATAILLE DE PETERWARDEIN

Le Sacrifice.
Tiré des *Œuvres du B. François de Sales*,
Paris, Sébastien Huré, 1652.

E 5 août 1716, au matin, deux grandes armées étaient en présence près de Peterwardein, dans l'angle formé par la réunion de la Save et du Danube, et se préparaient à en venir aux mains.

L'une était l'armée turque, envoyée de Constantinople par le sultan Achmet III, et commandée par le grand-vizir Ali.

L'autre était l'armée chrétienne, levée par l'empereur d'Allemagne Charles VI, et dirigée par le plus grand homme de guerre de cette époque, le prince Eugène de Savoie.

On allait voir, encore une fois, la civilisation aux prises avec la barbarie, comme à Vienne et à Lépante, avec cette différence, toutefois, que cette journée devait être la dernière, et que les invasions ottomanes allaient être à jamais arrêtées par l'épée du héros chrétien.

Pour comprendre l'importance de ce résultat, il est nécessaire de revenir en arrière et de rappeler les événements qui s'étaient produits depuis la délivrance de Vienne par Jean Sobieski. Nous avons dit que nous ne nous placions que sur les sommets de l'histoire; il y a cependant certains faits que nous ne pouvons passer sous silence, parce qu'ils servent d'explication aux grandes journées de la chrétienté, comme, dans un tableau, un objet secondaire placé au pied d'un monument permet d'en mesurer la hauteur et la beauté.

I

Après la bataille et la déroute de Vienne, Kara Mustapha s'était enfui précipitamment en Hongrie, avec une telle rapidité que les vainqueurs ne purent l'atteindre. La guerre continua sur les rives du Danube. Jean Sobieski, d'abord, puis le duc de Lorraine, gagnèrent plusieurs batailles et mirent, en 1684, le siège devant la forteresse de Bude, capitale de la Hongrie. Le sultan, furieux et désespéré, avait fait trancher la tête à son ancien favori et avait nommé un nouveau grand-vizir. La ville de Bude ne fut prise qu'en 1686, après une vive résistance, pendant laquelle brillèrent déjà d'un vif éclat l'énergie et la sagesse du prince Eugène de Savoie, alors âgé de vingt-trois ans [1]. A

1. Tout récemment, le 2 septembre 1886, à l'occasion des fêtes publiques pour le deuxième centenaire de la délivrance de Buda-Pesth, la Hongrie témoignait de sa reconnaissance envers la papauté et la chrétienté. Le cardinal-primat, Mgr Simor, prononçait un discours dans lequel il faisait ressortir la part que l'Eglise catholique, et en particulier le pape Innocent XI, avait prise à la délivrance de la capitale de la Hongrie. Cette participation de l'Eglise était également reconnue par le vice-bourgmestre de Pesth, M. de Gerloczy, dans le discours qu'il prononçait lors de la pose solennelle d'une plaque commémorative sur la place Ferdinand. Cet acte de reconnaissance portera bonheur au royaume de saint Etienne.

partir de ce moment, les Turcs furent sans cesse vaincus et refoulés vers le Sud. En 1687, ils perdaient la bataille de Hersan,
sur les bords de la Drave, et laissaient trente mille hommes
et un immense butin sur le champ de bataille. L'année suivante,
le duc de Lorraine prenait Erlau, Mongatz, et s'avançant le
long du Danube mettait le siège devant Belgrade. A cette nouvelle, il y eut une sédition à Constantinople. Le grand-vizir fut
tué et le sultan remplacé par son frère Soliman qui, depuis
quarante ans, était en prison. La guerre recommença aussitôt
avec vigueur; mais, en dépit de tous les efforts des Turcs, Belgrade fut prise d'assaut. Toute la garnison ottomane fut égorgée, les Impériaux perdirent quatre mille hommes et eurent
deux mille blessés. On trouva dans la place, outre un butin
considérable, quatre-vingts pièces de canon, six mortiers et
une quantité innombrable de boulets et de grenades. Cet événement remplit de joie l'Europe entière et surtout le Saint-
Siège. On se flattait déjà de l'espoir d'en avoir fini à jamais
avec les invasions ottomanes : ces espérances étaient malheureusement prématurées.

« Peu de jours après le siège de Belgrade, raconte un des
historiens du prince Eugène, il arriva une chose remarquable :
quelques soldats trouvèrent, en fouillant dans une mosquée, la
tête du grand-vizir Kara Mustapha, qui avait assiégé Vienne
en 1683. Elle était enfermée dans une cage de fer, ayant à son
côté une chemise blanche et de l'autre un alcoran. L'électeur
jugea que c'était un présent à faire au cardinal de Colonitz,
parce que le grand-vizir s'était vanté plusieurs fois, en écrivant
au sultan, qu'il lui enverrait au premier jour la tête de ce prélat. Le cardinal reçut ce présent extraordinaire et permit qu'il
fût placé dans l'arsenal de Vienne, avec la chemise, l'alcoran et
le cordon même dont on avait étranglé le vizir. »

C'est ainsi que les secrets desseins de la Providence, qui veille sur les destins du monde et particulièrement sur ceux de son Église, se manifestent parfois d'une manière extérieure et pour ainsi dire palpable.

A cette époque, l'Empire aurait pu poursuivre ses succès sur les Turcs et conduire ses armées jusqu'au Bosphore ; mais la guerre éclata tout à coup avec la France, et l'empereur dut diriger vers les rives du Rhin et du Pô ses meilleurs généraux. Le prince Eugène, notamment, fut envoyé en Italie, près du duc de Savoie. Aussitôt les Turcs, secondés secrètement par Louis XIV, dont la politique fut encore en cette circonstance contraire aux intérêts de l'Église, reprirent courage et soutinrent vaillamment la lutte. Les années s'écoulèrent sans amener de grands résultats. En 1695, les Turcs eurent l'avantage, reprirent Lippa, Titul, Belgrade même, et battirent le général autrichien Veterani. L'année suivante, l'électeur de Saxe fut plus heureux, et repoussa les musulmans près de Témeswar ; mais il dut presque aussitôt quitter l'armée pour aller recueillir la couronne de Pologne. Le sultan Mustapha II crut alors que le moment était venu de venger le désastre de Vienne. Il leva une armée de cent trente mille hommes, et, se plaçant lui-même à leur tête, il prit le chemin de Sophia et de [Belgrade. Derrière les bagages venaient plusieurs chariots chargés uniquement de chaînes, ceps et menottes, destinés à enchaîner les officiers de l'armée impériale et à les ramener captifs à Stamboul. Quand on apprit ces préparatifs, l'effroi se répandit de nouveau au centre de l'Europe : le pape Innocent XII ordonna des prières publiques, et l'empereur Léopold, bien inspiré, nomma le prince Eugène généralissime de ses troupes en Hongrie.]

Le prince accourut aussitôt à Verismarton où se réunissait

l'armée impériale, forte de cinquante mille hommes, et, dès,
le 14 juillet, s'avança avec elle jusqu'à Illock en envoyant de
la cavalerie vers Peterwardein pour connaître la situation de
l'ennemi. On sut bientôt que le grand-seigneur était à Belgrade,
s'apprêtant à franchir le Danube et à faire le siège de quelques
places fortes. Eugène devina les plans du sultan, et se jeta
avec toutes ses forces au-devant de Peterwardein. L'armée

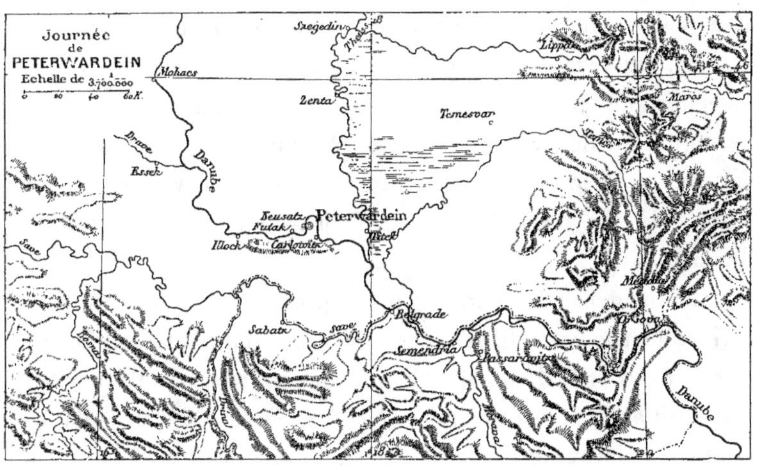

turque se présenta en effet devant cette ville dans les premiers
jours de septembre; mais, la trouvant si bien défendue, elle dut
reculer, et repassa le Danube en se rapprochant de la Theiss.
Les Impériaux la suivirent à peu de distance en observant tous
ses mouvements. On pensait que les Turcs, repoussés de Peterwardein, se porteraient sur Szégédin. Telle était en effet la
pensée première du sultan; mais, le 11 septembre au matin, le
prince Eugène, ayant su qu'un pacha avait été pris, le fit amener devant lui et le somma de lui faire connaître la situation pré-
cise et les desseins de l'ennemi. Le pacha n'ayant pas répondu

tout d'abord comme on le souhaitait, le prince fit approcher quatre hussards, le sabre nu à la main, en menaçant son prisonnier de le faire hacher par ses soldats s'il ne consentait pas à dire la vérité. Le pacha, épouvanté, déclara alors que le sultan avait renoncé à assiéger Szégédin et qu'à l'heure même il franchissait la Theiss avec toute son armée, près de Zenta, pour marcher vers la haute Hongrie et la ravager.

Eugène sut mettre à profit ces renseignements précieux, et son génie militaire lui fit prendre à l'heure même une résolution hardie, qui devait sauver l'Empire. Sachant que les révélations du pacha étaient exactes, il donna immédiatement à son armée le signal du départ et la dirigea à marches forcées vers la Theiss : lui-même prit les devants avec la cavalerie et arriva vers les deux heures de l'après-midi à une lieue de l'ennemi.

Un incident faillit alors tout compromettre. Pendant que le prince marquait en hâte les postes de son infanterie, qu'on attendait à tout instant, il fit venir un courrier de l'empereur qui était arrivé à l'armée un moment après son départ, et l'avait suivi pour lui remettre un paquet de la plus haute importance. Eugène ouvrit le paquet. C'était la défense expresse de livrer bataille, signée de la propre main de l'empereur. Léopold et ses ministres avaient pensé que, si le prince Eugène était vaincu, la Hongrie entière serait ouverte aux barbares, sans qu'on pût les arrêter avec une seconde armée, à cause de la guerre avec la France qui retenait encore en Italie et sur le Rhin toutes les forces impériales. Eugène comprit bien la pensée et les craintes de l'empereur; mais il n'était plus temps de reculer sans risquer de compromettre l'armée. Dans cette occurrence, le prince montra la fermeté de son caractère et la hardiesse de ses résolutions. Il cacha la lettre impériale, jeta un dernier regard sur l'armée turque qui se formait en désordre, et donna le signal de l'attaque.

Il était alors cinq heures du soir, et il ne restait guère que deux heures de jour. C'en fut assez pour permettre au prince de ranger son infanterie et de la lancer sur les retranchements élevés par les infidèles. Surpris dans une situation extrêmement défavorable, leurs forces étant coupées en deux par la rivière, les Turcs, malgré tout leur courage, ne purent résister aux Impériaux. Leurs retranchements furent forcés et ils s'enfuirent au premier choc vers le pont; mais la foule était si énorme, que le passage devint impossible, et les fuyards furent précipités dans la Theiss où la plupart se noyèrent.

La nuit étant devenue sombre, le prince Eugène fit sonner la retraite; mais les soldats ne l'écoutèrent point et se jetèrent à la poursuite des Turcs. Le massacre dura jusqu'à dix heures du soir, les Impériaux ne faisant aucun quartier, pas même aux pachas qui leur offraient des sommes considérables. La fatigue seule et l'obscurité complète arrachèrent les armes des mains des vainqueurs.

Les premiers rayons du soleil levant, le 12 septembre 1697, éclairèrent un spectacle horrible. La victoire des chrétiens était beaucoup plus considérable qu'ils n'eussent eux-mêmes pu l'espérer. Les retranchements, la plaine et la Theiss étaient couverts de cadavres turcs. On en compta plus de vingt mille, avec un grand nombre de pachas et le grand-vizir lui-même dont le sceau fut apporté au prince Eugène. A cette vue, le prince se jeta à genoux devant ses troupes et entonna le *Te Deum*, qui fut chanté par toute l'armée impériale au comble de l'allégresse. Eugène n'avait perdu que quatre cent trente morts et seize cents blessés. Le sultan, désespéré, versant des larmes de colère, s'arrachant la barbe et se roulant par terre, s'était enfui jusqu'à Belgrade avec les débris de son armée !

Le prince Eugène écrivit le même jour à l'empereur et au Souverain Pontife : « Cette grande et signalée victoire, disait-il à Léopold, finit avec le jour, et l'on aurait dit que le soleil n'avait différé de se coucher que pour voir triompher et éclairer de ses rayons les armes de Votre Majesté. » Le pape fit célébrer des prières d'actions de grâces et envoya au vainqueur une épée d'honneur. En Allemagne, on frappa une médaille pour éterniser le souvenir de la victoire, avec cette légende tirée du cantique de Moïse : « Il a taillé leur armée en pièces, il a renversé les roues de leurs chariots, et ils ont été précipités dans les flots. »

La victoire de Zenta obligea les Turcs à traiter, et la paix de Carlowitz, signée le 26 janvier 1699, démontra la décadence de l'empire ottoman qui perdit la Transylvanie et recula jusqu'au Danube. C'était la première fois que les Turcs s'avouaient vaincus dans un traité de paix.

Il ne fallait plus qu'un effort pour briser à jamais la puissance musulmane. Cet effort fut fait dix-sept ans plus tard, à Peterwardein.

II

La paix de Carlowitz dura quinze ans. Pendant cette courte période d'années, l'Europe entière fut livrée à toutes les horreurs de la guerre de la Succession d'Espagne. Heureusement, les Turcs, occupés à réparer leurs forces, résistèrent aux suggestions de Louis XIV et restèrent tranquilles. Ce ne fut qu'après la signature de la paix d'Utrecht et de Radstadt que le sultan Achmet III, successeur de Mustapha II, eut la pensée de laver les hontes de Zenta, de déchirer le traité de Carlowitz, et de faire de nouveau sentir aux chrétiens le poids des armes turques.

Il y avait, à cette époque, dans tout le monde musulman, des rives du Danube à celles du Nil et de l'Euphrate, un courant belliqueux d'une irrésistible violence. Le souvenir des gloires et des conquêtes des premiers califes et de Mahomet II hantait l'esprit des vieux Turcs. On attribuait à la trahison seule ou à l'incapacité notoire de certains sultans les défaites de Vienne et de Zenta, à la fin du dix-septième siècle, et l'on brûlait du désir de les effacer par une marche glorieuse sur la Hongrie, l'Empire et l'Italie.

Avec ces dispositions d'esprit, la guerre était inévitable. Elle éclata tout à coup, et les Turcs, suivant leur coutume, négligèrent tous les préambules et tous les avertissements de la diplomatie. Le sultan savait que les Grecs du Péloponèse lui étaient en partie favorables et préféraient, comme leurs aïeux, le joug des infidèles à celui d'une puissance catholique. Il envoya tout à coup sa flotte qui fit voile des Dardanelles et vint débarquer dans la petite île de Tine une armée de cinquante mille hommes qui pénétra dans la Morée par l'isthme de Corinthe.

L'émoi fut grand à Venise et dans toute l'Europe à cette nouvelle inattendue. La République n'avait point d'armée capable de résister à l'invasion. Tous les chrétiens de la Morée, sauf les traîtres, furent massacrés sans pitié, les femmes, les enfants et les vieillards réduits en captivité, les villes brûlées, les campagnes ravagées et les Vénitiens contraints d'abandonner cette terre conquise quinze ans auparavant par l'illustre Morosini.

Un cri d'horreur et de vengeance retentit alors dans toute l'Europe centrale, et le Saint-Siège, qui tant de fois déjà

avait armé les peuples et les rois au nom de la liberté des
nations chrétiennes et de la civilisation, fit entendre de nouveau sa grande voix. Le pape Clément XI envoya dans toutes
les cours des légats et des brefs apostoliques pour encourager
les chrétiens, et fit lui-même d'immenses sacrifices d'argent
pour la guerre sainte : « J'achèterai, s'il le faut, disait-il,
j'achèterai le succès de cette entreprise par la vente de tous
les calices et de tous les ciboires de l'Italie. » A sa voix,
l'Espagne, le Portugal, Gênes, la Toscane, l'Ordre de Malte,
armèrent des vaisseaux, et une flotte fut envoyée dans l'archipel sous le pavillon pontifical, qui avait bien mérité d'être
à l'honneur après avoir été tant de fois à la peine.

Cependant l'empereur d'Allemagne était alors le pieux
Charles VI, qui ne pouvait oublier que le Saint-Empire, héritier
des traditions de Charlemagne, était en Orient le boulevard de
la chrétienté, et qu'il devait prêter main-forte à ses alliés les
Vénitiens. Le prince Eugène, son premier ministre, et généralissime de ses armées, fit sommer le Divan de rentrer dans
la paix de Carlowitz dont l'Allemagne était garante et de
quitter la Morée injustement enlevée à Venise. Le Divan
répondit par une déclaration de guerre, et des lettres de
Constantinople apprirent à la fois que les pachas rassemblaient
partout des troupes, que l'étendard du Prophète avait été arboré,
qu'une animation extraordinaire régnait dans toute la Turquie,
et que les musulmans de toutes les contrées orientales semblaient avoir juré de reprendre la grande entreprise de Mahomet II sur l'Europe. Elles ajoutaient que le sultan faisait
fortifier Temeswar et Belgrade qu'il soupçonnait devoir être
attaquées par les Impériaux.

Aussitôt l'empereur assembla son conseil de guerre, et
chargea le prince Eugène de conduire encore une fois ses

troupes sur le chemin de Constantinople. Tous les vieux soldats
d'Italie furent rappelés, et Charles VI les passa lui-même en
revue dans l'île Léopoldine. Le comte de Raunitz fut envoyé
auprès des princes de l'Empire pour obtenir des troupes et
de l'argent. Ses démarches ne furent pas infructueuses. Le 27
juin 1716, les trois collèges du corps germanique prirent la
résolution unanime de secourir l'empereur. Un autre appui,
dont l'importance était grande, vint de Rome. Clément XI
accorda un indult pour lever les décimes et les droits extraordinaires sur tous les biens ecclésiastiques des États héréditaires
de l'empereur, et le nonce apostolique fit afficher cet indult
dans toutes les églises de Vienne. C'est ainsi que, de l'aveu
même des historiens protestants que nous avons sous les yeux,
la Papauté préludait au succès de cette mémorable campagne.

Le 13 juin fut signé entre l'empereur et la République
de Venise un traité d'alliance offensive et défensive. Des troupes
arrivaient sans cesse à Vienne, ainsi que des volontaires venus
de toutes les nations occidentales. On apprit à cette époque
que l'armée turque, forte d'au moins cent vingt mille hommes,
était entrée en Hongrie. Le prince Eugène avait l'habitude de
marcher toujours au-devant de l'ennemi et de ne jamais se
laisser attaquer. Il fit ses derniers préparatifs, envoya devant
lui son régiment de dragons et, le 3 juillet, vint coucher lui-
même à Bude.

L'empereur fit alors implorer les bénédictions de Dieu sur
son armée. Le 11 juillet, on fit à Vienne une procession
générale de tout le clergé séculier et régulier, des magistrats
et des personnes les plus considérables de la cour et de la
ville. La procession sortit de l'église des Augustins-Déchaussés
et, après un grand tour, se rendit à l'église cathédrale de
Saint-Étienne, où l'évêque, Mgr Colonitz, célébra la messe à

Jaquelle l'empereur et l'impératrice assistèrent avec de grandes marques de piété.

Le lendemain eut lieu une autre cérémonie non moins pieuse et non moins grandiose : la bénédiction de sept vaisseaux de guerre construits sur le Danube. Les noms de ces vaisseaux, qui devaient aller seconder l'armée impériale, étaient d'un bon présage ; c'étaient les noms de la Vierge et des plus grands saints protecteurs de l'Empire : la *Sainte-Marie,* le *Saint-Joseph,* le *Saint-Léopold,* le *Saint-Charles-Borromée,* la *Sainte-Élisabeth,* le *Saint-Étienne* et le *Saint-François.*

Nous savons maintenant que les campagnes qui commencent ainsi, par des prières publiques et par une reconnaissance nationale de la puissance divine, sont toujours les plus utiles, les plus glorieuses et les plus fécondes en grands résultats.

A la fin du mois de juillet 1716, les deux armées, chrétienne et turque, n'étaient plus qu'à une petite distance l'une de l'autre. L'armée turque était dirigée, comme nous l'avons dit au début de ce récit, par le grand-vizir Ali, homme de fortune, qui ne manquait ni de cœur ni d'esprit, mais qui n'avait aucune expérience de la guerre. C'était à sa persuasion que le sultan avait rompu avec Venise et déchiré le traité de Carlowitz. Il détestait profondément les chrétiens. Le sultan, qui l'aimait beaucoup, lui avait donné en mariage sa fille âgée de huit ans. Il était donc tout-puissant à la cour ; il voulut l'être aussi dans les camps en luttant contre le prince Eugène. Sa fatuité égalait son inexpérience. Mauvillon rapporte que, lorsqu'on lui parlait du génie et de la fortune du généralissime des armées impériales : « Oui, je le sais, répondait-il, le grand-vizir des chrétiens est un bon général ; mais le grand-vizir des musulmans peut devenir un meilleur général aux dépens de

son adversaire. » Et il rassurait ses troupes, que le nom
d'Eugène et le souvenir de Zenta effrayaient d'avance.

Par une étrange coïncidence, la guerre commença dans
l'endroit même où la paix avait été signée, près de Carlowitz.
Le prince Eugène avait envoyé le comte de Palfi en observation avec trois ou quatre mille chevaux allemands et hongrois,
les dragons de Bayreuth et les cuirassiers de Gondrecourt :
70 000 chevaux turcs fondirent sur eux et les obligèrent à
battre en retraite en perdant 400 hommes. Au retour du
comte, le prince assembla un conseil de guerre près de
Futack, un peu au-dessus de Peterwardein, sur le bord opposé
du Danube, et il fut décidé que, puisque l'ennemi avait
franchi la Save et témoignait tant d'envie de se mesurer avec
l'armée chrétienne, il ne fallait pas hésiter à marcher à sa
rencontre.

Pour trouver les Turcs, on devait franchir le Danube.
Eugène prit aussitôt ses mesures pour cette opération difficile.
L'armée s'approcha de Peterwardein et, le 2 août, défila
en bon ordre. La cavalerie passa pendant la nuit. L'infanterie avança en diligence au-delà de la ville, dans le cam-
pement qui lui avait été indiqué et qui était couvert de quelques vieux retranchements élevés pendant la dernière guerre.
En même temps, Eugène fit dire au prince Alexandre de
Wurtemberg, qui campait près de Szégédin avec un corps
de quatorze mille hommes, de venir le rejoindre en toute
hâte.

Peterwardein, nous apprend Dumont dans son *Histoire
militaire du prince Eugène,* était alors une assez bonne place.
Il y avait quatre retranchements, deux principaux, l'un faisant
front à la campagne, l'autre plus en arrière, et deux autres
plus petits, enfermant l'espace mitoyen. Bien que ces retran-

chements eussent beaucoup souffert par le temps, la situation était toujours avantageuse. Du côté droit, c'était une pente fort raide, au bas de laquelle se trouvait un grand chemin qui en occupait toute la largeur depuis la montagne jusqu'au Danube. A gauche, c'était encore une autre pente, mais plus douce, puis un vallon spacieux qui se terminait à un marais, et le marais au Danube.

A mesure que les Impériaux s'installaient dans ce camp, les Turcs avançaient sur eux. Le 3 août, ils n'étaient plus qu'à une lieue du camp chrétien devant lequel ils ouvraient la tranchée par deux endroits et tiraient des parallèles. « C'est la coutume de cette nation, écrit Mauvillon, d'aller à l'ennemi, dès qu'il est un peu retranché, par des approches et de la même manière dont on assiège une ville de guerre. » Les Turcs travaillèrent avec tant d'activité pendant la nuit, que le lendemain leurs lignes se trouvèrent poussées à cinquante pas des Impériaux, avec une parallèle et de bonnes batteries de canons et de mortiers protégeant l'élite de leur infanterie. Dès huit heures du matin, la canonnade commençait.

Le prince Eugène se voyait ainsi comme assiégé dans son propre camp, adossé à la place et au Danube. Cette situation ne convenait guère à son tempérament et, dans la journée même, il se prépara à donner la bataille le lendemain.

Ses ordres de combat furent aussitôt envoyés aux généraux. Rappelons ici, pour l'honneur de l'Autriche et de la chrétienté, les noms de quelques-uns de ceux qui secondèrent le prince et prirent part à cette glorieuse journée.

En chef, S. A. S. le comte de Palfi commandait la cavalerie, le comte de Heister l'infanterie.

A l'aile gauche, les généraux de cavalerie étaient les comtes de Merci, Falkenstein, Graven, Veterani, Hamilton et le prince de Lobkowitz.

Au corps de bataille, étaient les généraux d'artillerie comtes Maximilien de Stahremberg, de Regal, prince de Wittemberg, etc.

A l'aile droite, les généraux de cavalerie étaient MM. de Falkenstein, Debergéni, Hochberg, Croix, Hauben et Cordona.

Derrière eux venait la seconde ligne, avec les généraux Batti, comte Nadasti, Gondrecourt, prince de Beveren, comte de Harrach de l'ordre Teutonique, Schelling, Saint-Amour, etc.

Le corps de réserve était commandé par le général Spléni.

La première ligne avait quatre-vingt-quatre escadrons et trente-six bataillons ; la seconde soixante dix-huit escadrons et vingt-six bataillons ; la réserve vingt-cinq escadrons, faisant ensemble cent quatre-vingt-sept escadrons et soixante-deux bataillons.

Cette belle armée fut rangée en bataille sur l'espace d'une lieue, dont le retranchement occupait un peu plus de moitié. La cavalerie de gauche était couverte par le marais, celle de droite par des hauteurs en précipice. Les historiens du prince Eugène observent tous qu'un des plus grands soins de ce général était de bien appuyer ses flancs, surtout en combattant contre les Turcs, dont les troupes, ordinairement plus nombreuses que celles des Impériaux, pouvaient les déborder et les charger.

De leur côté, les Turcs ne restaient pas inactifs et se disposaient à prévenir les chrétiens. On les vit dès le matin se mettre en mouvement de tous côtés. Les coteaux et les vallons furent bientôt couverts de leurs troupes. Ils étaient cent cinquante mille hommes dont quarante mille janissaires et trente mille spahis ; le reste était formé de Tartares, Valaques, Arnautes, etc. Le front turc était plus étendu que le front impérial, mais moins régulier et moins compact. Les approches furent remplies de janissaires, et le surplus de ce corps se forma dans une vallée oblique d'où il pouvait facilement secourir l'avant-garde. Un autre grand corps se forma vers la gauche ; mais il resta immobile pendant toute l'action, soit qu'on l'eût oublié, soit qu'on n'eût pu le faire marcher. Quant à l'artillerie, quoique les Turcs en eussent beaucoup, elle leur fut pourtant d'un petit secours dans le combat, tant parce qu'elle était pesante et qu'il n'était pas aisé de la faire avancer, que parce que le grand-vizir n'eut pas le temps de la disposer. Il n'y eut ainsi que trois batteries en jeu : l'une contre la gauche du retranchement impérial, l'autre contre le centre, et la troisième contre le flanc droit.

Les deux armées mirent trois ou quatre heures à se ranger en bataille. Il en était sept lorsque le prince fit sonner la charge. Le combat commença aussitôt.

Dès le début, le prince Alexandre de Wittemberg se précipita sur l'armée turque avec sa brigade forte de six bataillons. Il parvint jusqu'à une batterie de canons dont il se rendit maître. La cavalerie chargea avec le même succès. Déjà la victoire se déclarait pour les chrétiens et l'on commençait à se féliciter du peu de sang qu'elle allait coûter, lorsqu'on s'aperçut tout à coup que l'infanterie de la droite était rompue par une cause qui aurait dû produire un effet tout contraire. Cette infanterie avait dû traverser les retranchements pour aller à l'ennemi, et n'avait pu les franchir de front. On l'avait donc divisée en huit colonnes, conduites chacune par un général-major ou par un lieutenant de feld-maréchal. L'ordre avait été donné de s'étendre dès qu'on serait hors des lignes ; mais l'étroit espace qui séparait le camp des Impériaux de celui des Turcs ne le permit pas. En voyant déboucher les huit colonnes, les janissaires sortirent de leurs

tranchées en poussant de grands cris et se jetèrent sur elles. Il
y eut une mêlée effroyable. L'infanterie allemande tout d'abord
gagna du terrain et refoula l'ennemi ; mais cet avantage dura
peu. Le corps entier des janissaires posté dans la vallée vint
fondre sur elle d'une course rapide. Les colonnes à demi passées

LE PRINCE EUGÈNE DEVANT LE CADAVRE DU GRAND-VIZIR
APRÈS LA BATAILLE DE PETERWARDEIN

ne purent résister à une charge si brusque et si pesante, et les
barbares, profitant de leur trouble, les poussèrent et les renver-
sèrent l'une sur l'autre. Ils s'avancèrent jusqu'au premier
retranchement et pénétrèrent même jusqu'au second. Vainement
les lieutenants feld-maréchaux de Bonneval, Lanken et Wellenstein s'efforcèrent de rétablir l'ordre ; tout fut inutile, et les
Turcs sabrèrent les soldats chrétiens. Lanken et Wellenstein
tombèrent, mortellement frappés, en s'efforçant de rallier leurs
troupes.

Au milieu de ce carnage et de cette défaite partielle et momentanée des chrétiens, un fait isolé montra le courage et la force d'âme d'un de leurs généraux. Le comte de Bonneval avait été séparé de sa colonne et il s'était égaré au milieu des ennemis, n'ayant avec lui que deux cents hommes. Néanmoins, il ne se déconcerte point et range ses hommes en carré derrière les retranchements mêmes des Turcs. Faisant ainsi face de tous les côtés à la fois, l'héroïque petite troupe se défend plus d'une demi-heure ; mais à la fin elle est réduite à vingt-cinq hommes : alors le comte de Bonneval pense à la retraite, et s'élançant à la tête de ses derniers soldats il se fait jour avec eux à travers un gros de janissaires. Ce ne fut pas sans donner et recevoir encore bien des coups. Sa troupe fut pour ainsi dire passée par les armes : dix soldats périrent encore et lui-même reçut un coup de lance qui le jeta à terre ; mais, se relevant aussitôt, il tua d'un coup d'épée à travers le corps celui qui l'avait blessé et se retira ensuite, couvert de sang et d'honneur, vers le Danube.

Heureusement, pendant que les Turcs enfonçaient la droite des Impériaux, la cavalerie chrétienne battait celle des musulmans. Les spahis s'étaient précipités, en voltigeant et en caracolant avec de grands cris, sur les escadrons allemands ; mais ceux-ci, serrés comme des murs, solides comme la cavalerie austrasienne devant Abdérame à la bataille de Poitiers, marchant d'un pas grave et réglé, avaient bientôt su pousser la cavalerie turque, s'emparer de son terrain et le conserver, malgré plusieurs retours offensifs. La brigade du prince de Wittemberg se maintenait aussi. La réserve n'était point ébranlée et les flancs étaient gardés ; mais la victoire ne se dessinait point..

Le prince Eugène eut alors une inspiration de génie. Les Turcs, éblouis par un rayon de victoire à la droite, ne prenaient pas garde, en s'élançant sur les retranchements, qu'ils prêtaient le flanc aux Impériaux, et que ce flanc, trop long et flottant, serait percé au premier choc. Mais s'ils ne font pas cette remarque, Eugène la fait et profite de leur faute. Il donne ordre au comte de Palfi de détacher deux mille chevaux de la gauche pour passer à la droite et de charger en flanc les janissaires, occupés à forcer le second retranchement derrière lequel la moitié de l'infanterie impériale s'était réfugiée et où probablement elle n'eût pu faire une longue résistance. L'ordre s'exécute sans délai. Les deux mille chevaux allemands ont bientôt percé les bataillons ouverts des janissaires : ceux-ci sont foulés aux pieds des chevaux et poussés à leur tour. Cet avantage donne le temps à l'infanterie de la première et de la seconde ligne des Impériaux de se rétablir. Les bataillons se forment de nouveau et se remettent en ligne. La réserve s'avance, l'artillerie de la place tonne contre les Turcs. L'ennemi, pris entre deux ou trois feux, tourbillonne en tumulte. S'il avait su former un bataillon carré, il eût pu faire tout au moins une retraite honorable ; mais il ignore cette manœuvre, et les janissaires se sauvent éperdus vers leurs retranchements. On les poursuit l'épée dans les reins : l'armée chrétienne, tout entière, se précipite sur eux, Eugène est aux premiers rangs, les soldats poussent des cris de victoire, les Turcs sont forcés, massacrés ou mis en fuite. La bataille est gagnée !

A midi précis, au milieu des acclamations enthousiastes des chrétiens, le prince Eugène entrait dans la tente du grand-vizir, qui était abandonnée, comme tout le camp, par les barbares en pleine déroute. Cette tente était d'une étendue et d'une magnificence extraordinaires. Le héros chrétien y fit tout d'abord une courte prière pour rendre grâces à Dieu de la victoire éclatante qu'il venait de lui accorder. Mais il ne suffisait pas que le général en chef remerciât Celui qui tient en ses mains le sort des batailles, et, d'après Mauvillon lui-même, « toute l'armée, ayant un genou en terre, fit aussi une prière sur le champ de bataille couvert de cadavres turcs, où les aumôniers de l'armée victorieuse eurent beaucoup d'occupation auprès des mourants et des blessés ».

L'œuvre de Charles Martel, de Charlemagne et des Croisades s'achevait enfin par la retraite définitive du Croissant, et s'achevait, comme elle avait commencé, par un hommage à Dieu et à la Papauté.

Le prince Eugène, en effet, dès qu'il eut fini de rendre grâces au ciel, pensa à l'empereur et au pape Clément XI, à qui l'Europe devait en grande partie cette belle journée. Il envoya à Charles VI une courte relation de la bataille et au Saint-Père plusieurs drapeaux conquis sur l'ennemi. Puis il ordonna de poursuivre les Turcs. Le grand-vizir, voyant venir la cavalerie allemande, rallia deux mille chevaux et essaya d'arrêter les Impériaux ; mais, abandonné des siens, il reçut deux blessures dont il mourut le lendemain à Carlowitz. Une heure avant d'expirer, il fit égorger un prisonnier de haute distinction, le comte de Brenner, qu'il traînait avec lui depuis le commencement de la campagne : « Je ne veux pas, disait-il, que ce chien me survive, et plût à Dieu que je pusse exterminer avec lui tous les chrétiens ! »

Mais la rage des musulmans était impuissante à relever de sa chute l'empire du Prophète. La dernière invasion turque venait d'être repoussée !

On ne sait pas au juste le nombre de morts que les barbares laissèrent sur le champ de bataille de Peterwardein. Dumont parle de plus de six mille. Les chrétiens avaient perdu de leur côté trois mille morts et ils avaient près de deux mille blessés.

Le butin royal consistait dans une quantité prodigieuse
de bombes, de boulets, de poudre et de grenades, cent
soixante-quatre pièces de canon, cent cinquante drapeaux,
cinq queues de cheval et une foule de tentes riche-
ment ornées. Le tout fut porté à Vienne et placé dans
l'église de Saint-Étienne. La tente du grand-vizir resta au
prince Eugène. Le reste fut abandonné aux soldats. « Si tout le
butin trouvé par les troupes avait pu être vendu à sa valeur, dit
Dumont, il y eût eu de quoi mettre chaque soldat à l'aise pour le
reste de sa vie. Mais le butin de guerre ne profite point, il se
dissipe, il se détruit, et l'on ne sait ce qu'il devient. »

II

La nouvelle de la victoire de Peterwardein remplit de joie
toute la chrétienté. Le bruit en courut en quelques jours des
rives du Danube aux bords de l'Océan, et partout, dans les
villages comme dans les villes, on organisa des fêtes, on chanta
des *Te Deum*. A la cour de Vienne, les réjouissances furent
plus grandes encore, et pour garder le souvenir d'une bataille
qui honorait tant l'Allemagne et les États d'Autriche, on frappa
une médaille qui représentait l'empereur assis sur son trône
et le prince Eugène lui présentant un étendard turc en signe de
la victoire, avec cette légende : *Les prémices de la victoire
obtenue sur les Turcs*, et à l'exergue : *Deux cent mille Turcs
forcés dans leur camp, le 5 août 1716.*

A Rome, le Souverain Pontife avait manifesté la joie la plus
vive dès la première réception de la nouvelle. Convoquant
aussitôt le Sacré-Collège, il s'était rendu à sa tête à l'église
Sainte-Marie-Majeure pour remercier le Dieu des armées, et
avait déposé lui-même sur l'autel de la Vierge les étendards

envoyés par le prince Eugène. Puis le *Te Deum* avait été chanté au milieu d'une foule considérable.

Clément XI voulut ensuite honorer le vainqueur d'une manière particulière. Il envoya au héros chrétien un présent que les souverains pontifes avaient autrefois adressé à des hommes qui s'étaient signalés d'une façon spéciale en combattant contre les infidèles, et notamment aux empereurs Frédéric IV, Maximilien Ier, Charles-Quint, Ferdinand Ier, et à plusieurs autres rois et princes. Ce présent consistait en un glaive et un bonnet d'honneur, *Stocco et Berettone*, qui furent portés au prince par un chevalier de l'ordre de Saint-Jean, Horace Rasponi. L'épée était longue de quatre pieds. Sa garde était d'argent, pesant près de sept livres ; son fourreau était de velours rouge, comme le ceinturon. Le bonnet était de couleur violette, doublé et redoublé d'hermine, avec un Saint-Esprit en forme de colombe, formé par de petites perles artistement placées, deux rubans d'or sur les côtés, et sur le sommet trois petites perles d'une grande finesse. A cet envoi précieux, qui montre une fois de plus comment la Papauté sait distinguer et remercier ses serviteurs, le Souverain Pontife joignit une lettre dont nous donnons ci-dessous la traduction :

« *Le pape Clément XI au prince Eugène*

« Salut et bénédiction apostolique.

« Très cher fils,

« La glorieuse et mémorable victoire que vous venez de remporter sur les Turcs a si fort excédé la confiance, quoique très grande, que la chrétienté avait déjà en cette admirable valeur dont vous avez donné des marques en tant d'occasions, que tous les fidèles ne peuvent se lasser de célébrer vos louan-

ges à l'envi les uns des autres. En effet, vous avez mis en fuite,
avec autant de rapidité que de bonheur, des troupes innombrables de barbares : de sorte qu'il semble qu'on pourrait vous
comparer à ce fameux capitaine romain, pour qui *venir*, *voir* et
vaincre ne furent qu'une même chose. C'est donc à bon droit
que vous triomphez, non pas tant par la perte des ennemis que
vous avez vaincus, que par l'amour que les peuples vous portent,
et les bénédictions que toutes les nations vous donnent, vous
appelant le dompteur de la perfidie et de l'orgueil des barbares,
le plus ferme appui de la religion orthodoxe, et élevant jusqu'aux
astres votre nom déjà glorieux et illustre par lui-même. Nous
joignons Notre suffrage aux applaudissements des fidèles, et
Nous reconnaissons que c'est à votre valeur et à votre sagesse
que l'on doit attribuer l'avantage d'avoir sauvé la chrétienté
d'un péril imminent. Nous vous félicitons de tout Notre cœur
de la gloire immortelle qui vous en revient. Mais, comme Nous
sommes plus intéressé que personne au bien de cette même
chrétienté et qu'il Nous regarde d'une manière plus particulière,
Nous avons cru que Nous devions aussi vous donner un témoignage plus particulier de Notre reconnaissance. C'est pourquoi
Nous vous envoyons par Notre cher et bien-aimé Fils, le
S. Horace Rasponi, chevalier de l'ordre de Saint-Jean, l'estoc
et le bonnet bénits, dont les papes Nos prédécesseurs ont souvent
décoré autrefois les défenseurs de la foi et de la religion chrétienne, afin que, ceignant cette épée autour de vos reins, vous
vous sentiez animé par la vertu secrète de ce sacré présent, et
que ce bonnet dont vous couvrirez votre tête vous soit comme un
casque salutaire qui vous excitera à briser l'orgueil des ennemis
du nom chrétien. Nous voulons cependant et entendons que
vous soyez revêtu de ce saint présent par une personne constituée
en dignité ecclésiastique, et, s'il se peut, revêtue du caractère

épiscopal ; le tout selon la forme et l'usage accoutumés en pareille occasion, et après le sacrifice de la sainte messe. Cependant, Nous continuerons d'élever au ciel des vœux très ardents pour prier le Dieu des armées d'ajouter de nouveaux triomphes à la victoire que vous venez de remporter, et qu'après la ruine entière des débris de l'armée fugitive, il vous accorde la conquête des forteresses que vous avez dessein d'attaquer. Sur quoi Nous vous donnons du fond du cœur Notre bénédiction apostolique, comme un présage des heureux succès que Nous vous souhaitons.

« Fait à Rome, dans l'église de Sainte-Marie-Majeure, sous l'anneau du Pêcheur, le 7 septembre 1716. »

Pendant que le chevalier Rasponi était en route, le prince Eugène poursuivait la campagne et tirait habilement tout le fruit possible de sa grande victoire. Il avait déjà assiégé et enlevé Temeswar, le dernier boulevard de la domination ottomane en Hongrie, puis il était remonté vers Vienne aux approches de l'hiver. L'envoyé du Pape le rejoignit à Raab, et la cérémonie solennelle de la remise de l'épée et du bonnet bénits est racontée d'une manière touchante par l'un des historiens du prince : il faut connaître ces détails qui mettent si bien en lumière la foi et la simplicité des guerriers chrétiens.

Le 6 novembre 1716, le prince Eugène, étant parti de Bude pour venir à Raab, trouva en approchant de cette dernière ville deux compagnies de cavalerie très proprement habillées, et fort lestes, composées de jeunes gentilshommes et des meilleurs bourgeois de la ville. Dès que la berline du prince parut, les trompettes et les timbales commencèrent à sonner, et les deux compagnies formèrent deux files au milieu desquelles Son

Altesse Sérénissime passa. Cette troupe se partagea en quatre
corps, dont un galopa devant la berline du prince, deux autres

SAINT JEAN DE CAPISTRAN

Religieux franciscain, défenseur de Belgrade contre les Turcs, en 1456.
Tableau de Bartolommeo Vivarini au Musée du Louvre. xvᵉ siècle.

à côté, et le quatrième derrière. Le gouvernement envoya un
capitaine de la garnison à la rencontre du prince, pour le complimenter de sa part, et le prier de vouloir bien accepter un

appartement dans le château. Ce que Son Altesse refusa à cause de la trop grande distance qu'il y avait de là à l'église. Elle aima mieux loger dans une maison particulière qui fût plus à portée. Ce prince fit son entrée par la porte de Stuhlweissembourg, où il trouva un corps d'infanterie bourgeoise qui l'attendait, rangé en haie, tambours battants, enseignes déployées. Toute la garnison était aussi sous les armes, rangée en bataille sur la grande place.

En entrant dans la ville, Son Altesse Sérénissime trouva le feld-maréchal Heister qui l'attendait avec un carrosse à six chevaux. Ce vénérable vieillard, après avoir complimenté son généralissime, le pria d'accepter une place dans le carrosse qui était là. Le prince y monta avec le général Heister et le chevalier Rasponi qui avait eu aussi l'honneur de complimenter Son Altesse Sérénissime, à qui il remit ensuite le bref du Pape.

Le lendemain, à dix heures, le prince se rendit à l'église cathédrale, où M. de Gondor, évêque suffragant et vicaire général de Raab, le reçut et le complimenta à la tête de son clergé et le conduisit à la place qui lui était destinée, sur un siège magnifique, couvert d'un dais où brillaient l'or et les pierreries. Le prélat célébra la messe qui fut chantée solennellement au bruit des décharges continuelles de l'artillerie et de la mousqueterie de la place. L'évêque fit la lecture du bref du Pape, après quoi il présenta au prince l'estoc et lui mit le bonnet sur la tête. Pendant cette cérémonie, le prince eut toujours à ses côtés le prince Emmanuel de Portugal et le feld-maréchal Heister, avec plusieurs seigneurs et officiers généraux.

Après la cérémonie, Eugène dîna chez le gouverneur et s'empressa ensuite d'adresser à Clément XI la lettre suivante en réponse au bref pontifical :

« Très Saint-Père,

« Après la faveur qu'il a plu à la bonté de Dieu d'accorder aux armes de Sa Majesté Impériale dans la victoire qu'elles ont remportée près de Peterwardein contre le plus cruel ennemi du nom chrétien, il ne pouvait rien m'arriver de plus doux ni de plus désirable que les félicitations gracieuses que Votre Sainteté a bien voulu me faire à ce sujet, et l'épée avec le bonnet qu'il lui a plu m'envoyer par le Sr. Rasponi, chevalier de l'ordre de Saint-Jean, personnage estimable par toute sorte d'endroits, desquels Votre Sainteté juge à propos que je sois décoré, ce qui a aussi été exécuté avec toute la solennité possible. Ce présent ne me rappellera pas seulement les faveurs que j'ai déjà reçues de la bonté divine, mais m'excitera même à faire de nouveaux efforts pour soutenir la cause de Dieu, et celle de l'empereur et de la chrétienté. Je me flatte que sous les auspices de votre saint pontificat ces efforts ne seront pas inutiles. Je prierai le Ciel de mon côté qu'il lui plaise de m'accorder à cet effet le secours dont j'ai besoin, et me rende digne des grâces qu'il m'a déjà faites. Je le prierai aussi afin qu'il lui plaise de conserver longtemps, pour l'avantage de la sainte cause et l'intérêt de l'empereur, Votre Sainteté dont je baise humblement les pieds, étant avec un très respectueux dévouement, » etc.

Après avoir renseigné l'empereur sur l'état de ses troupes, le prince Eugène ne songea qu'à tirer de nouveaux avantages de la victoire de Peterwardein. Dès le printemps de l'année 1717, il fit ses préparatifs pour retourner sur les bords du Danube. Avant qu'il quittât la cour, l'empereur Charles le fit venir, et avec une solennité inaccoutumée « le fit ressouvenir que les succès dépendaient de Dieu qui tient dans ses mains le sort des armées et des généraux. En disant cela, Sa Majesté Impériale présenta au héros chrétien un magnifique crucifix enrichi de diamants et d'un grand prix, en lui recommandant de ne jamais oublier qu'il allait combattre pour les intérêts de Celui qui est mort pour nous sur la croix, et de reconnaître dans cette figure qui le représentait les auspices supérieurs sous lesquels il allait faire la guerre contre l'ennemi du nom chrétien. Eugène reçut ce présent avec les sentiments les plus vifs de respect et de reconnaissance, et la réponse qu'il fit à Sa Majesté Impériale se trouva conforme à la piété du monarque [1] ».

Comment de tels souverains et de tels généraux n'auraient-ils pas été victorieux, et comment le Dieu des batailles n'aurait-il pas béni et fécondé leurs efforts ?

Le prince Eugène partit le 2 mai. Il avait avec lui des volontaires accourus de toutes parts : six mille Bavarois avec le marquis de Maffei, les Hessois avec le prince Maximilien, le prince électoral, le prince Ferdinand de Bavière, et beaucoup d'autres seigneurs allemands que l'amour de la gloire et l'élan de la foi attiraient comme au temps des croisades vers les rives du Danube : les princes de Beveren, de Culmbach, de Wirtemberg, de Lichtenstein, d'Anhalt-Dessau, et aussi, disons-le à l'honneur de notre pays, quantité de princes français bouillants d'ardeur et d'enthousiasme, le prince de Marsillac, de la maison de la Rochefoucauld ; le prince de Pons, le marquis d'Alincourt, fils du maréchal de Villeroi ; le comte d'Estrade, maréchal de camp des armées de France, et plusieurs autres officiers de distinction. On aime à détourner ses regards des hontes de la régence pour les reporter sur ces jeunes gens qui venaient maintenir en Orient le vieil honneur français.

1. Mauvillon.

L'armée chrétienne s'avança rapidement vers le Sud, bannières déployées, et ne s'arrêta que devant Belgrade. Belgrade, l'antique rempart de la chrétienté, vainement assiégée en 1442 par Amurat, en 1456 par Mahomet II, défendue héroïquement par Hunyade et le cordelier Capistran, prise à la fin en 1521 par Soliman II, reprise d'assaut en 1688 par le duc de Lorraine et le prince Eugène, et perdue de nouveau en 1690 ! Il semblait que toutes les mottes de terre qui entouraient la ville fussent imprégnées du sang chrétien, et que des rives du Danube, qui coulait au pied des remparts, s'échappassent encore les cris et les plaintes des héros morts en ce lieu pour l'Église et la patrie. Il était temps que le prince Eugène vînt rendre à la chrétienté cette héroïque cité. L'entreprise paraissait très difficile parce que les Turcs, prévoyant l'attaque des Impériaux et sachant qu'aucune autre place forte ne pourrait couvrir Constantinople, avaient construit de redoutables fortifications, creusé des fossés, amené de l'artillerie et une forte garnison : mais Eugène ne connaissait pas d'obstacles et, dès le 15 juin, l'armée chrétienne investissait la ville pendant que les vaisseaux de guerre la bloquaient du côté du Danube.

A partir de ce moment il y eut presque tous les jours des combats acharnés entre l'armée assiégeante et la garnison. Celle-ci se défendait avec d'autant plus d'énergie qu'elle savait que la dernière armée turque s'avançait de Constantinople et d'Andrinople pour venir à son secours. C'étaient les réserves de l'empire ottoman, le suprême espoir du sultan Achmet. Le 25 juillet, cette armée, forte de cent cinquante à deux cent mille hommes, arriva à Semendria, derrière le prince Eugène qui se trouvait ainsi pris entre deux feux. Le 29, un gros de cavaliers turcs parut à une demi-portée de canon. Eugène prit aussitôt ses dispositions pour la bataille et dépêcha en même temps un courrier à l'empereur. Des prières publiques furent ordonnées dans toute l'Allemagne. La situation de l'armée chrétienne épuisée par le siège et les chaleurs, cernée entre le Danube, Belgrade et l'armée turque, paraissait, en effet, extrêmement critique. Une défaite eût été un désastre et on ne pouvait plus songer à reculer sous les yeux de l'ennemi. Aussi le héros disait-il à ses officiers : « Je resterai ici et je prendrai Belgrade, ou les Turcs me prendront moi-même. »

Dans ces difficiles circonstances, le génie militaire d'Eugène parut une fois de plus dans tout son éclat. Les Turcs ayant ouvert des tranchées devant eux, comme ils avaient fait à Peterwardein, le prince résolut d'aller à eux et de leur livrer bataille. La nouvelle fut accueillie avec joie par les troupes qui commençaient à souffrir dans leurs retranchements, et toute la journée du 15 août fut employée aux préparatifs.

Le 16, au matin, le gros de l'armée chrétienne quitta ses quartiers et marcha en silence vers les Turcs. Elle laissait derrière elle des troupes destinées à contenir la garnison de Belgrade. Eugène avait décidé que les volontaires allemands seraient mêlés aux escadrons impériaux, et il avait seulement retenu près de lui le prince de Bavière, ceux du sang de France, ceux de Lorraine et les principaux jeunes seigneurs que l'amour de la gloire avait amenés en Hongrie.

L'action s'engagea dès le point du jour. Les infidèles, surpris, se formèrent en désordre, tandis que l'armée impériale pénétrait dans les retranchements à la faveur d'un épais brouillard. La cavalerie repoussa et sabra les spahis et les Tartares, tandis que l'infanterie luttait corps à corps avec les janissaires. Pendant un moment, l'issue de la bataille fut douteuse; le prince Eugène, légèrement blessé d'un coup de

VUE DE BELGRADE

sabre, multipliait ses efforts. La réserve fut appelée; mais ce fut l'infanterie bavaroise, commandée par un gentilhomme français nommé la Colonie, qui décida de la victoire. « Cette brave infanterie, dit Mauvillon, franchit les fossés, les ravines, qui se trouvaient en grand nombre de ce côté, les parapets et mille autres obstacles dont les Turcs se couvraient. Elle joint les infidèles, les charge, les culbute. On les voit fuir de tranchée en tranchée. Ils veulent s'y cacher, on les y poursuit, et ils y sont percés à coups de baïonnette ou écharpés à coups de sabre. Ces Bavarois marchent ensuite à une batterie de dix-huit canons qui les incommodait extrêmement. Il n'était pas aisé de s'en rendre maître; vingt mille janissaires et plus de quatre mille Tartares la gardaient. Mais comme toute la cavalerie et l'infanterie de l'aile gauche s'étaient avancées, sur ces entrefaites, par le chemin que les Bavarois leur avaient frayé et qu'elles étaient à portée de les soutenir, ils marchèrent sans balancer. Le prince Alexandre de Virtemberg fit avancer sa seconde ligne d'infanterie pour renforcer l'attaque des Bavarois, et après une légère résistance les Turcs abandonnèrent la batterie qui fut aussitôt tournée contre eux. »

L'aile droite ayant obtenu un succès semblable, les infidèles prirent la fuite de tous côtés, vers la montagne et la plaine. On lança à leur poursuite les hussards et les Rasciens qui en firent un grand carnage, et, vers onze heures, le prince Eugène était maître du champ de bataille.

Les Turcs avaient perdu plus de dix mille hommes, trois mille dans la déroute et cinq mille blessés. Ils laissaient entre les mains des Impériaux tout leur camp rempli de richesses, cent trente canons, trente mortiers, vingt mille boulets, trois mille bombes, six cents barils de poudre, cinquante-deux drapeaux et neuf queues de cheval qui furent expédiées à Vienne et à Rome ; la tente du grand-vizir, la plus magnifique qu'on eût jamais vue, demeura la propriété du prince Eugène.

Dès le lendemain, la garnison de Belgrade, qui avait assisté de loin à la déroute de l'armée turque et qui n'ignorait pas qu'il n'y avait plus pour elle d'espoir de délivrance, capitula et livra la place au héros chétien.

Cette magnifique victoire, fruit de celle de Peterwardein, électrisa l'armée impériale. Le chemin de Constantinople était ouvert. Eugène s'y précipita. Le grand-vizir s'était enfui jusqu'à Nitza où il avait rallié à peine trente mille hommes des débris de son armée. Eugène le poursuivit. Successivement, les Turcs abandonnèrent Ram, Semendria sur le Danube, Méadia, à l'approche du baron de Pétrasch, Sabatz sur la Save et plusieurs autres places. Ils voulaient défendre Orsowa, qui était alors un excellent poste situé entre des montagnes de difficile accès ; mais le général Merci, que le prince Eugène y envoya, les en délogea et occupa la forteresse.

La cour d'Allemagne et le Saint-Siège étaient dans l'enthousiasme. L'empereur remerciait Dieu ; on chantait partout des *Te Deum* ; à Rome le peuple se portait en foule dans les églises où le Souverain Pontife et les cardinaux faisaient entendre leurs actions de grâces, et pendant ce temps le héros chrétien marchait vers les Balkans. Quel rêve pour un prince qui s'était vu dans sa jeunesse méprisé par Louis XIV, et dont l'âme était animée par le zèle de la foi ! Chasser les Turcs en Asie ! S'emparer de Constantinople ! Délivrer l'Europe du joug ottoman et la chrétienté de ses terreurs périodiques !

Mais un nouvel obstacle, tout à fait imprévu, obstacle invincible, qui existe encore de nos jours, se dressa devant le prince Eugène : la jalousie des nations chrétiennes !

L'Angleterre, la France, l'Espagne, la Russie, eurent peur

des progrès de l'Autriche et de la puissance croissante de l'empereur. Pour la première fois, la diplomatie se posa cette grande question : Si Constantinople était prise, qui l'occuperait ? Et la question n'étant pas résolue, les puissances intervinrent, comme elles sont intervenues tant de fois depuis cette époque, imposèrent leur médiation, et sauvèrent le sultan et les Turcs. L'empereur dut rappeler le prince Eugène, et le héros, frémissant d'impatience et de regrets, reprit la route de Vienne.

Les ambassadeurs du Grand-Seigneur, ceux de Venise, de la Russie, de la Pologne et des nations garantes se réunirent à Passarowitz et, après de longues conférences, signèrent, le 21 juillet 1718, le plus glorieux traité que la chrétienté eût jamais enregistré dans ses annales.

Les Turcs reconnaissaient enfin les conséquences de leurs défaites. Ils reculaient vers le Sud, abandonnant à l'empereur toute la Hongrie, Peterwardein, Belgrade, Temeswar, Semendria avec leurs dépendances. Les limites de la Valachie et de la Moldavie étaient fixées, comme celles de la Croatie et des pays adjacents, et la Porte confirmait toutes ses promesses au sujet de la liberté des Lieux Saints.

Les vœux du Saint-Siège étaient donc accomplis ; grâce au génie du prince Eugène et aux efforts de tous les héros chrétiens qui l'avaient précédé, le péril turc était à jamais conjuré ! L'Europe ne devait plus revoir au-delà du Danube ces janissaires, ces spahis et ces Tartares qui, pendant tant de siècles, avaient fait son effroi. Le Croissant, si longtemps redoutable, reculait définitivement.

Si l'on fait, en pensée, un retour sur les grandes journées de Poitiers, de Jérusalem, de Las Navas, de Grenade, de

Lépante, de Vienne, de Zenta, de Peterwardein, de Belgrade
et sur tant d'autres batailles ; si l'on embrasse d'un coup d'œil
tous ces siècles pendant lesquels, sur terre et sur mer, en
Occident comme en Orient, les disciples de Mahomet ne cessè-
rent de menacer l'indépendance et l'existence même des nations
catholiques ; si l'on mesure ce péril séculaire et si l'on recherche
à qui l'Europe fut redevable de son salut, on ne peut hésiter
à reconnaître qu'elle le dut à LA PAPAUTÉ, qui arma les héros,
prêcha les croisades, unit les rois et les peuples contre les barbares, et par sa politique, toujours constante à travers tous
les siècles, atteignit enfin son grand but : *la liberté des peuples
chrétiens*.

« Je suis l'alpha et l'oméga »
D'après le sceau de l'abbaye de Saint-Tibery. 1303.

D'après une gravure d'Abraham Bosse. — *Œuvres du B. François de Sales.*
Paris, Sébastien Huré, 1652.

HERVÉ-BAZIN

Le Phénix, symbole de l'immortalité.
Tiré des *Œuvres du B. François de Sales.* — Paris,
Sébastien Huré, 1652.

'AUTEUR de cet ouvrage mourait l'an dernier, prématurément enlevé à l'Église et à la France qu'il aimait, et servait de toutes ses forces. Sa vie, trop courte, fut très remplie de bonnes œuvres. Elle sera bientôt publiée, et l'on y pourra constater que, dans les différentes voies où il déploya son activité, comme professeur d'économie politique à l'Université catholique d'Angers, comme orateur politique, l'un des plus vaillants et des plus applaudis parmi les conférenciers populaires de ces dix dernières années, enfin comme homme d'œuvres, il a vraiment, suivant une expression ancienne, simple et touchante, cherché le service de Dieu en toutes choses. Nous ne pouvons ici nous étendre sur ce sujet, et notre intention est seulement de montrer brièvement comment Hervé-Bazin fut amené à écrire *les Grandes Journées de la chrétienté*, quel caractère il essaya de donner à son livre, et le fruit qu'il en attendait.

Hervé-Bazin était né en 1847, au petit manoir de Rousson, en Anjou. Il dut aux épreuves de sa jeunesse, bientôt isolée par la mort qui lui enleva coup sur coup ses parents et ses grands-parents, aux contradictions qu'il dut subir pendant de longues années passées dans le milieu peu chrétien et peu moral de l'internat d'un lycée, il dut une nature sérieuse et forte, accoutumée à la lutte, exempte de respect humain, très bonne et compatissante en même temps, et qui le faisait aimer dès la première fois qu'on l'abordait. De très bonne heure aussi, une inclination de son esprit le porta vers l'histoire. Il y trouvait des idées grandes, larges, utiles, des exemples pour la vie, lui à qui manquait l'exemple plus immédiat d'un père et d'une mère, des traits de courage et de dévouement, un charme sérieux enfin qui correspondait en tous points aux qualités maîtresses de sa nature. Ce fut d'abord l'histoire profane qu'il étudia. Il le fit avec une passion tenace qu'il apportait d'ailleurs dans toutes ses entreprises : histoire ancienne, moyen âge, temps modernes, il lisait tout avec un égal entraînement. Pendant les vacances, quand il retrouvait la petite bibliothèque paternelle, dépareillée, poussiéreuse, composée en grande partie de ces livres qui meublent des rayons, mais qui n'attirent pas la main, lui se jetait au hasard sur des Annales d'Égypte ou d'Assyrie, de l'Inde ou de la Perse, et relisait jusqu'à cinq fois l'Histoire de Tamerlan.

Mais bientôt une autre histoire le séduisit, et celle-là bien plus complètement. Il était chrétien sans reproche, on pourrait dire chrétien d'une façon plus éprouvée, plus complète que la plupart des jeunes hommes, et cependant il n'avait pas encore étudié l'histoire du christianisme. On sait quelles déplorables lacunes les éducations les mieux conduites renferment à cet égard, et il ne faut pas s'étonner si, dans le milieu universitaire où Hervé-Bazin avait été élevé, on avait quelque peu négligé cette branche des connaissances humaines. Il avait bien vingt-cinq ans quand le premier volume traitant des origines de l'Église, de sa fondation, de ses luttes, de ses triomphes, de la suite ininterrompue des bienfaits qu'elle apportait au monde, lui tomba sous la main. C'était, croyons-nous, l'Histoire de l'abbé Darras. Il s'y plongea avec une ardeur plus vive encore que l'ancienne. Ce fut pour lui comme une révélation d'un monde nouveau. Il éprouva ces étonnements, ces enthousiasmes, tous ces tressaillements que donnent la beauté et la vérité aperçues, et qui sont pour l'esprit des dates inoubliables. Il se promit de s'attacher désormais à cette histoire, la plus noble, la seule où apparaisse la raison du monde, la seule où l'on puisse apercevoir, par éclairs sans doute, une unité, un ordre, un plan dans cette succession prodigieuse d'hommes et de faits qui produisent sans cela sur nous une impression dont l'esprit peut s'amuser, mais dont la raison ne saurait être satisfaite.

Et il tint cette promesse. Plus tard, au milieu d'occupations sérieuses, jamais il ne négligea l'histoire religieuse. Il la conseillait aux étudiants qu'il avait la charge d'enseigner, et ce conseil, il le leur donnait sous toutes les formes, à son cours, dans ses lettres, dans la conversation; il le répétait encore à la dernière page qu'il ait écrite, dans ce *Jeune Homme chrétien*, qui fut le testament si poétique et si élevé de son amour pour la jeunesse.

« L'étude aussi complète que possible de la religion catholique, y disait-il, de ses dogmes, de son culte et de son enseignement, sera pour vous la source de la vigueur dans la foi, le complément nécessaire à votre instruction classique et la base indispensable de votre apostolat...

« Songez-y : parcourir les annales de l'Église, c'est repasser la vie de sa mère... Quelle étude peut être plus profitable pour un fils ?

« Le premier fruit que vous tirerez d'une semblable lecture sera un attachement respectueux et tendre à l'égard de la papauté, dont vous connaîtrez alors les immenses services. Or, ce bienfait est un des plus grands que puisse recevoir votre âme, et il aura sur votre vie une influence décisive. »

De ces études toujours aimées, sans cesse reprises au milieu de travaux et de soucis de toutes sortes, sortirent deux volumes : *les Grandes Journées de la chrétienté* et *les Grands Ordres et Congrégations de femmes*.

Nous n'avons ici à parler que du premier. En l'écrivant, Hervé-Bazin voulait montrer ces triomphes éclatants de l'Église, qui furent aussi des triomphes pour la civilisation, et qui s'appelèrent les journées du Pont Milvius, de Tolbiac, de Poitiers, de Pavie, de Jérusalem, de Las Navas de Tolosa, de Grenade, de Lépante, de Vienne, de Peterwardein. Il pensait que de tels spectacles étaient de nature à faire aimer l'Église et aussi à relever tant de courages abattus. Il savait, lui, si vivement engagé dans la lutte, qu'il y a besoin pour lutter d'avoir une espérance au cœur. Il en avait une, une bien grande : il n'a jamais cessé de croire à la résurrection de son pays ; il n'a jamais voulu le condamner, comme ont fait tant d'autres, trop fréquemment, pour se dispenser d'agir ; il a toujours cru que cette nation si merveilleusement douée, généreuse à l'excès, qui donne l'exemple des plus coupables attentats, mais aussi des plus admirables initiatives, créatrice incomparable dans le domaine de la charité, pépinière fertile entre toutes de missionnaires, d'apôtres, d'hommes d'œuvres, il a cru qu'elle ne mourrait pas, qu'elle se réveillerait, qu'elle retrouverait sa grandeur d'autrefois, et qu'on la reverrait encore dans son fier et beau rôle de Fille aînée de l'Église. C'était sa conviction profonde et raisonnée, et, comme il sentait en lui toute la force qu'il devait à une telle espérance, il voulut la répandre. Il groupa donc dans un même livre les dates que nous avons dites, et qui portent toutes en elles une même leçon d'espérance, puisqu'on y voit le monde sauvé plusieurs fois, souvent même de maux plus grands que ceux que nous traversons.

Le style se ressent de cette pensée maîtresse de l'œuvre. Il est alerte et vibrant. Il a ce cachet oratoire dont Hervé-Bazin, orateur par nature, ne pouvait se défaire en écrivant. Un livre de cette sorte demandait de l'enthousiasme, de la chaleur, je ne sais quoi d'abondant et de coulant à la fois, comme une onde de fleuve. Tout cela s'y trouve, et par-dessus tout la double leçon que l'auteur y voulait mettre : l'amour reconnaissant pour l'Église, et le sentiment raisonné de l'espérance.

Les Grandes Journées parurent en 1885. L'accueil qui leu fut fait prouva que l'auteur ne s'était point trompé, et qu'il était compris. L'édition fut rapidement épuisée, malgré le peu de goût qu'on prête à notre temps pour les œuvres sérieuses. Aujourd'hui, une nouvelle édition paraît, plus belle, plus riche, comme il convient à un livre consacré par le succès et désormais assuré de faire son chemin. Qu'il le fasse donc ! Qu'il aille à cette jeunesse étudiante et à ces hommes droits, simples, croyants, vrais héritiers du vieux peuple chrétien de France pour lesquels écrivait l'auteur; qu'il leur rappelle, dans de saisissants tableaux, ce souvenir si nécessaire aujourd'hui de « l'intervention providentielle aux heures solennelles pour la chrétienté[1] »; qu'il augmente en eux la connaissance et l'amour de l'Église; qu'il leur mette au cœur une joyeuse confiance, et quelque chose de ce dévouement, de cette ardeur pour la propagation de la vérité, dont Hervé-Bazin a donné l'exemple dans ce livre et dans toute sa vie !

1. « Hervé-Bazin », article publié dans la *Revue du Monde catholique* par M. Alex. Célier.

L'Élu couronné par son ange gardien
D'après Luca Siguorelli. xvie siècle.

TABLE DES GRAVURES

La Foi
D'après une fresque de Raphaël. XVIe siècle.

TABLE DES MATIÈRES

FIN

PARIS

IMPRIMERIE D. DUMOULIN ET Cie

5, rue des Grands-Augustins, 5